모듈러 아키텍처

Modular Architecture

모듈러 아키텍처

복잡성을 이겨 내고, 승리를 설계하라

Modular Architecture

김진회 지음

한언

모듈화 전략에서 모듈러 디자인으로

"기업의 다양한 의도가 제품에 대한 콘셉트concept로 귀결되고, 콘셉트는 제품 아키텍처product architecture로 다시 제품 아키텍처는 상세한 설계 결과물로, 종국엔 제품으로 완성이 된다. 제품으로 완성된 후에는 최대한 다양한 고객이 원하는 바를 최대한 효율적으로 대응한다."

위의 문단은 모듈화 전략modular strategy에서 모듈러 디자인modular design까지의 흐름을 표현한 문장이다. 기업의 전략적 의도와 콘셉트까지는 모듈화 전략의 영역이고, 이에 대한 상세한 내용은 저자의 전작 『모듈화전략』[1]에서 다뤘다. 그리고 모듈러 아키텍처modular architecture부터 제품을 개발하고 운영하는 과정은 모듈러 디자인의 영역이다. 이 부분은 저자의 또 다른 전작 『모듈러 디자인』[2]에서 다뤘다.

---

1 모듈화전략. 김진회. 한언출판사. 2018.
2 모듈러 디자인. 김진회. 한언출판사. 2016.

중간 부분인 콘셉트에서 모듈 구조 정의modular architecturing, 즉 모듈화modularization까지의 영역인 모듈러 아키텍처는 모듈화 전략과 모듈러 디자인에서 모두 다뤘지만, 그 부분을 중심에 두고 기술한 바는 없다. 모듈러 아키텍처는 당연히 이해하고 있을 거란 가정하에 두 권의 책을 집필하였다. 하지만 저자의 기대와 달리 모듈러 디자인 강의를 나가서 가장 많이 듣는 질문 중 하나는 모듈러 아키텍처, 또는 아키텍처architecture의 정의에 대해서였다. 우리는 당연히 알고 있다고 생각했던 개념에서 종종 낯섦을 느낀다. 개념이 어렵기 때문만은 아니다. 오히려 너무나도 기본적인 개념이기에 이해했다고 생각하고 넘어가서 그런 것이리라.

이 책을 쓰기 위해서 『모듈화전략』이 출간된 후 블로그에 쓴 글과 세미나, 강의에서 사용했던 자료를 모았다. 항상 느끼는 거지만 역시나 부끄러운 글들이 많다. 이전에는 이렇게 생각했으나, 지금은 생각이 바뀐 부분도 있었다. 일부러 모두를 고치지는 않았다. 생각의 변화 또한 귀중한 기록이라고 생각하기 때문이었고, 오히려 완벽하지 않은 생각이 이 책을 읽는 사람에게 더 깊은 생각을 할 수 있게 만든다고 생각한다.

전작인 『모듈화전략』, 『모듈러 디자인』을 읽은 독자에게 우선 감사의 말과 함께 고생했다는 위로를 전하고 싶다. 전문 작가가 아니었기에 저자의 생각을 평이하게 전달하지 못한 졸저를 읽어준 데 대한 고마움과 미안함이다.

앞서 언급했던 바와 같이 『모듈러 아키텍처』는 『모듈화전략』과 『모듈러 디자인』의 중간 다리 역할을 하는 책이다. 완벽한 이론서도 아니면서, 완벽한 실용서라고도 할 수 없다. 그렇지만 한 번 읽고 쌓아 두는 책이 아니라, 필요할 때마다 두고두고 읽을 수 있는 책을 쓰고 싶었다. 이 책을 읽는 순간 저자와 모듈러 디자인에 관한 관심으로 묶인 동지가 되었다. 쉽지 않은 길을 가는 것에 대한 건투를 빌며, 포기하지 말고 성과를 얻길 바란다. 그 결과를 위해서 이 책이 조금이라도 도움이 되기를 바란다.

책을 읽는 과정에서 부족하다고 느끼는 부분이나 잘못된 내용에 관한 책임은 모두 저자에게 있음을 말해두고 싶다. 이 책을 출간하는 과정에서 도움을 준 많은 분에게 감사 인사를 드린다.

모듈화 전략	모듈러 디자인	모듈러 아키텍처
제품 전략의 한 종류로, 모듈러 디자인 수행을 위한 방향성을 설정한다.	모듈 기반의 운영체계를 수립하기 위한 세부적인 방법론을 제시한다.	모듈러 디자인 방법론을 도입하기 위한 제품의 변화를 나타내고, 모듈러 디자인의 기준을 의미한다.

김진회

| 목 차 |

제5장. 모듈러 아키텍처

제6장. 다양성 최적화

제10장. 다양성 개선 및 모듈 기반의 제품 아키텍처 최적화

제11장. 모듈 기반의 운영

| 표 목차 |

|Box 목차|

복잡성-다양성-시스템-아키텍처 간의 관계

표 1. 복잡성-다양성-시스템-아키텍처의 개념

모듈러 아키텍처			
복잡성	다양성	시스템	아키텍처
시스템의 성과performance에 영향을 미치는 시스템 고유의 특성	복잡성을 일으키는 요인 중 하나로 제어 가능한 복잡성 관리 대상	개선하고자 하는 대상	복잡성에 대응하는 방식

이 책을 관통하는 줄기는 복잡성complexity, 다양성variety, 시스템 system, 아키텍처 간의 관계이다. 주제는 모듈러 아키텍처이지만, 위 네 가지 개념을 명확히 하지 않고는 모듈러 아키텍처를 이해했다고 볼 수 없다.

따라서 책의 구성은 다음과 같이 이루어져 있다.

먼저 복잡성, 다양성, 시스템, 아키텍처의 개념에 대해서 다룬다. 이 책의 주제인 모듈러 아키텍처에 접근하는 데 필요한 네 가지 핵심 개념을 다루고, 자연스럽게 모듈러 아키텍처를 받아들일 수 있는 준비를 한다.

두 번째, 모듈러 아키텍처를 다룬다. 생각보다 모듈러 아키텍처를 다루는 장은 짧은데, 모듈러 아키텍처 그 자체보다 모듈러 아키텍처를 만드는 과정과 활용하는 방법이 중요하기 때문이다. 앞선 네 개의 장에서 모듈러 아키텍처에 대한 핵심을 다뤘다.

세 번째, 모듈러 아키텍처를 만드는 과정과 활용하는 방법을 다룬다. 『모듈러 디자인』과 상당 부분이 중첩되지만, 그보다 심화된 내용을 담고 있다.

요약하면 본서는 네 가지 주요 개념에 대해서 다룬 이후에 모듈러 아키텍처, 모듈러 디자인으로 연결하는 구성으로 이루어져 있다.

그럼 모듈러 아키텍처를 위한 네 가지 개념부터 간략하게 설명하겠다.

첫 번째, 복잡성은 시스템의 성과에 영향을 미치는 시스템이 가지고 있는 고유의 특성을 의미한다. 복잡성에 관심을 두는 것은 시스템의 체질 개선을 통해서 종국에는 시스템의 성과를 높이기 위함이다. 기업이라는 시스템이 복잡성에 관심을 두는 이유 역시 매출이나 이익을 높이기 위한 것이고, 그중에서도 특히 이익을 높이는 것에 우선순위를 두고 있다.

두 번째, 다양성은 복잡성을 일으키는 요인 중 하나이다. 복잡성 그 자체는 정의하거나, 측정하거나, 가시화할 수 없으므로 복잡성의 요인을 개선하는 방향으로 복잡성을 관리한다. 그러나 대부분의 복잡성 요인complexity factor은 제어가 불가능하거나 제어하기 어렵다. 반면에 다양성은 측정이 가능하고, 제어가 가능하기 때문에 복잡성을 개선한다고 하면 다양성으로 인한 복잡성variety-induced complexity을 개선하는 것을 의미한다. 이 책에서 말하는 복잡성의 의미도 대체로 다양성으로 인한 복잡성을 의미한다.

세 번째, 시스템은 복잡성을 개선하고자 하는 대상이다. 복잡성을 개선한다는 것은 시스템을 변화시킴을 의미한다. 시스템의 변화가 양적인 변화인가, 질적인 변화인가에 따라서 다음 개념인 이키텍처의 변화 여부가 결정된다.

마지막, 아키텍처는 복잡성에 대응하는 방식을 의미한다. 아키텍처를 구현한 결과가 시스템이고 시스템의 성과에 직접적으로 영향을 미치는 상위 설계 결과물이 아키텍처이기 때문에 어떻게 아키텍처를 구현하는가에 따라서 시스템의 성과가 결정된다.

여기서 간략하게 설명한 복잡성, 다양성, 시스템, 아키텍처의 개념을 명확히 하고 네 가지 개념 간의 관계를 설명할 수 있다면 이 책의 주제인 모듈러 아키텍처에 대해서 이해하고 있다고 해도 무방하다. 반대로 네 가지 개념 중 하나라도 명확하지 않으면 모듈러 아키텍처를 이해하기 어렵다.

제1장

복잡성 개론

**"복잡성은 시스템의 성과에 영향을 주는
시스템의 고유 특성이다."**

복잡성만큼이나 다양한 상황에서 다양한 의미로 사용되는 용어는 없다. 익숙한 용어인 만큼 복잡성에 대해서 쉽게 설명할 수 있을 것 같지만, 정의 내리는 건 쉽지 않다. 모듈러 아키텍처, 모듈러 디자인 모두 복잡성에서부터 시작한 만큼 개념을 명확히 이해하는 게 중요하다.

1. 복잡성의 시작

「백종원의 골목식당」은 소외된 상권을 살리고자 자영업자들에게 직·간접적으로 도움을 주는 SBS 인기 프로그램이다. 프랜차이즈 대표이자 요리 연구가인 백종원은 신청 식당이 처한 어려운 상황을 개선할 솔루션을 제시하고 코칭한다.

그가 거의 공통적으로 제시하는 솔루션을 보면 경험적으로 복잡성에 대한 문제 인식과 해결 방안을 습득한 것으로 생각된다. 다음은 백종원이 자주 제시하는 솔루션 중 복잡성과 직간접적으로 관련된 내용이다.

첫 번째 솔루션! 메뉴를 줄이자!

신청하는 가게 중 많은 수가 감당할 수 없는 메뉴의 개수를 가지고, 그것이 경쟁력이라고 생각하는 경향이 있다. "손님이 원하니까", "내가 좋아하니까", "경쟁 식당이 판매하니까", 메뉴를 줄일 수 없는 다양한 이유가 있어서 쉽게 메뉴를 줄이지 못한다.

백종원의 생각은 다르다. 많은 메뉴를 운영할 역량이 없다면 확실하게 자신 있는 메뉴 몇 개만으로 장사하는 것이 훨씬 유리하다고 말한다. 그가 처음부터 의도한 건지, 아니면 경험에서 자연스럽게 묻어나온 건지는 확실치 않지만 여기서부터 다양성과 복잡성의 문제가 제기된다.

다양한 메뉴를 운영하면 그만큼 다양한 재료, 재료 손질법, 요리법, 주방 도구, 인원이 필요하다. 종국에는 원하는 메뉴를 모두 운영하다 보면 하나의 메뉴도 제대로 만들지 못하고 고객에게 불만족스러운 서비스를 제공할 수밖에 없게 된다. 즉, 다양성이 복잡성의 문제를 일으킨다. 여기서 말하는 "복잡성이 무엇인가?"라는 질문의 '복잡성의 정의'는 이후에 설명하도록 하겠다. 우선 지금은 복잡성을 비용을 일으키는 무언가로 생각하자.

간단한 예를 들면, 동일 메뉴를 여러 손님이 시킬 때는 메뉴를 조리하는 시간뿐만 아니라, 메뉴를 준비하는 시간을 줄일 수 있다. 재료 손질부터 조리까지 같이 할 수 있기 때문이다. 반면에 메뉴가 바뀌면 개별적으로 재료를 손질해야 하고 밑작업을 해야 하므로 그만큼의 준비 시간과 메뉴 간의 전환 시간인 스위칭 시간이 필요하다.

다양성은 복잡성을 일으킨다.

같은 크기의 복잡성이라도 경험이 많은 요리사, 식당 인원이 충분하다면 이를 추가 비용 없이 이겨 낼 수 있을지 모른다. 그렇지만 「백종원 골목식당」에 출연하는 영세한 식당의 규모라면? 그것을 감당치 못하고, 제시간에 손님이 시킨 음식을 내놓지도 못하고, 맛에도 문제가 생길 가능성이 크다. 그래서 백종원은 가장 처음에 메뉴판 정리부터 시작한다.

메뉴를 줄이는 솔루션을 받아들이지 못하는 식당 주인을 말로 설득할 수 없을 때 조치하는 방법도 있다. 식당에 많은 손님이 방문하는 상황을 만드는 것이다. 현실에서 충분히 있을 수 있는, 손님이 극단적으로 몰리는 상황에서 식당 주인은 몰려드는 주문을 감당하지 못하고 평소에 자신 있던 요리도 제때, 제대로 된 품질로 내놓지도 못한다. 이 모든 것이 복잡성으로 인한 문제 중 하나이고, 대부분의 식당 주인은 이러한 문제를 직접 겪고 나면 솔루션을 받아들인다.

그렇다면 그가 권하는 대로 메뉴를 줄이면 무엇이 좋아질까? 메뉴를 줄이면 우선 운영해야 하는 조리법을 단순하게 만들 수 있다. 단순하게 만든 조리법은 반복하면서 숙달되고, 조리 시간이 빨라진다. 빨라진 조리 시간으로 고객의 기다리는 시간을 줄일 수 있고, 가장 맛있는 상태의 음식을 제공할 수 있다. 아무리 맛있는 음식도 1시간 이상 기다려야 한다면 과연 만족스럽게 식사를 할 수 있을까?

그리고 식자재 관리에 있어서도 이점을 얻을 수 있다. 식자재에 대한 재고 관리가 간단해지므로 식자재 회전율이 올라가고, 음식을 만드는 재료를 신선한 상태로 유지할 수 있다. 신선한 상태의 재료는 음식의 질을 높이는 데 기여한다. 백종원이 솔루션을 제공하기 전에 식당에 방문해서 가장 먼저 하는 일은 주방과 주방 내 냉장고나 창고의 식자재 보관 상태를 확인하는 것이다. 장사가 잘 안되니까 식자재 재고가 쌓이고, 버리긴 아까우니까 오래된 식자재로 손님에게 품질이 낮은 음식을 제공하고, 그로 인해 손님은 영원히 떠나게 된다. 그렇게 하지 않으려면 식자재를 버려야 하고, 버리지 않으면 다시 식자재 재고가 쌓이는 악순환이 발생한다. 메뉴의 종류를 줄이면 이러한 악순환을 끊고 새로운 시작점을 만들 수 있다.

이뿐만이 아니다. 동일한 식자재를 대량으로 구매하면서 규모의 경제로 전체 비용을 줄일 수 있다. 소수의 식자재를 대량으로 구매하면 그만큼 할인을 받을 수 있고, 식자재 회전율이 높기 때문에 폐기해야 하는 식자재도 줄일 수 있다.

그 외에도 고객 입장에서 메뉴가 많으면 해당 식당을 기억하는 대표 이미지를 잡기 어렵다. 개수가 적더라도 확실한 메뉴로 승부하면 해당 식당에 관한 확실한 이미지가 각인된다. 그리고 메뉴가 단순화되면 조리법을 표준화하기도 쉬워져서 고객에게 품질 편차가 거의 없는 음식을 제공할 수 있다는 장점도 있다. 갈 때마다 맛이 달라지는 식당을 어느 손님이 반길까?

그렇다고 영원히 메뉴를 줄인 상태로 있는 게 아니다. 백종원은 현재 식당 주인의 역량 수준에 맞춰서 일단 많은 수의 메뉴를 정리하고, 확실히 경쟁력을 갖춘 메뉴 중 소수를 운영하다가 역량이 갖춰지면 메뉴를 늘리기를 권장한다. 즉, 복잡성을 이겨 낼 수 있을 정도의 역량에 맞춰서 메뉴를 유지하기를 권하는 거다.

지금까지의 내용을 정리하면 다음과 같다.

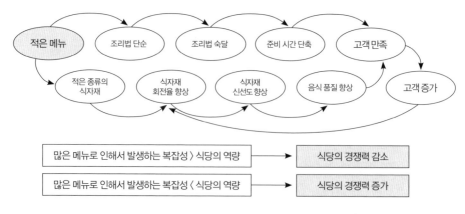

그림 1. 복잡성 절감의 선순환

두 번째 솔루션! 만능 양념장, 만능 간장 등 여러 요리에 공통으로 쓰일 수 있는 양념 베이스를 만든다.

판매를 위한 요리는 정해진 시간 내에 완성해야 한다. 그 시간은 주문한 후 짧으면 짧을수록 좋다. 그래서 사전에 만들 수 있고 준비할 수 있는 재료들은 최대한 미리 만들어 두는 것이 좋다. 이를 위해서 백종원은 다양한 양념 베이스 등 사전 제작이 가능한 베이스를 미리 만드는 방법을 전수한다.

이렇게 음식 베이스를 사전에 준비하면 조리하는 시간, 즉 고객에게 요리를 제공하는 시간을 줄여 최대한 맛있는 상태에서 음식을 제공할 수 있다. 또 식당의 좌석 회전율을 높여서 매출을 높일 수 있으며, 다양한 요리에 적용할 수 있으므로 전체적으로 요리의 품질을 표준화하고 향상할 수 있다. 다시 말하면, 만능 양념장 같은 베이스는 누가 요리하든 언제 요리하든 품질의 변화가 없도록 하여 높은 수준의 요리를 표준화하는 데 기여할 수 있다. 이것과 복잡성이 무슨 관계가 있을까?

장사를 위해서 요리를 한다는 것은 매번 새로운 고객을 상대로 새로운 프로젝트를 시작하는 것과 같다. 그것도 취향이 다른 손님, 고객 수가 다른 손님, 시기가 다른 손님에게 음식을 제공하는 프로젝트와 같다. 그래서 최대한 공통화할 수 있는 부분을 늘리고, 사전에 준비해서 프로젝트 시간을 줄이고, 프로젝트의 변동성을 줄이면 결과적으로 복잡성을 줄이게 된다.

다시 정리하면 다음과 같다.

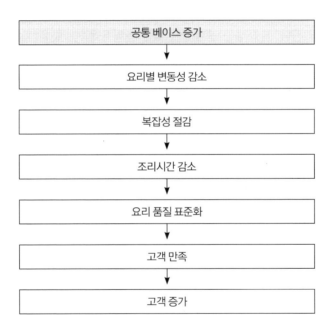

그림 2. 만능 양념장의 효과

마지막 솔루션! 위 두 가지 방법으로 원가를 낮출 수 있으면, 그 결과를 메뉴의 가격에 반영하여 고객에게 가치를 일부 환원한다.

앞선 두 가지 솔루션으로 매출을 높이고 이익을 얻었다면 그중 일부는 고객을 유지하고 신규로 유치하는 데 사용한다. 기업에서 복잡성을 관리하는 것도 관리하여 얻을 수 있는 이익을 다시 미래에 투자하거나 고객에게 제공하여 성장의 기반을 탄탄히 하기 위함이다. 단순히 비용을 줄이려는 목적이 아니다. 단순히 비용을 줄이기 위해서 복잡성을 관리하는 회사는 처음에는 효과를 볼 수 있겠으나, 시간이 지날수록 복잡성을 절감하는 활동에 반감이 생겨서 체질화가 안 된다. 복잡성을 절감하여 얻는 이익은 좀 더 높은, 매력적인 목표를 달성하는 데 사용해야 한다.

지금까지 소개한 솔루션을 통해서 복잡성을 줄임으로써 비용을 절감하고 성장할 수 있는 기반을 마련하는 것이 백종원의 골목식당의 노하우 중 하나이다. 앞으로 본 장에서는 복잡성은 무엇이고, 무엇이 문제이고, 왜 발생하는지, 어떻게 관리해야 되는지를 살펴보게 될 것이다.

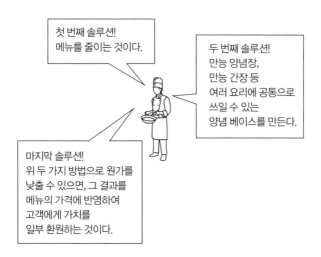

그림 3. 백종원 씨의 복잡성과 관련된 조언

2. 복잡성이란 무엇인가?

복잡성의 정의나 개념은 복잡성이라는 이름 그대로 복잡하다. 다만 여기에서는 기업 경영에 영향을 미치는 시스템 고유의 속성으로써의 복잡성으로 그 의미를 한정하고자 한다. 그런 관점에서 복잡성은 시스템이 가지고 있는 고유의 특성으로, 시스템이 가지고 있는 목적을 달성하는 데 필요한 활동의 성과에 영향을 미치는 속성 중하나이다. 모든 시스템은 고유의 목적성을 가지는데, 목적을 달성하는 결과를 시스템의 성과라고 한다. 결론부터 언급하면 복잡성은 시스템이 성과를 내는 데 있어서 부정적인 영향을 미치게 된다.

일반적으로 복잡성에 대한 정의를 내릴 때 복잡성 그 자체와 복잡성을 발생시키는 요인을 혼용하는 경우가 있다. 둘을 혼용하는 것은 복잡성 자체가 정의, 측정, 가시화하기 어렵기 때문이다. 복잡성의 요인을 가지고 설명해야 하는데, 복잡성과 그에 영향을 미치는 복잡성 요인을 명확하게 분리할 수 있어야만 복잡성을 관리하는 활동을 정의하는 데 어려움을 겪지 않는다.

다음에서 복잡성이 가지는 몇 가지 특성을 살펴보자.

복잡성은 시스템 고유의 특성이지만, 그 자체를 수치화 또는 정량화하는 것이 불가능하다. 다만 시계열상의, 또는 동일 시스템인 경우 그 시스템이 가진 특성을 차이로 알아볼 수 있겠으나, 이 또한 복잡성이 일으키는 결과만을 인지할 수 있을 뿐이다. 즉 복잡성이 현재 얼마인지는 알 수 없으나, 복잡성에 영향을 미치는 시스템의 특성을 변화시킨 후에 그 결과로 얻을 수 있는 시스템의 성과만을 인지할 수 있는 것이다. 그래서 많은 사람이 저지르는 실수가 복잡성을 수치화하는 것과 복잡성에 영향을 미치는 요인을 수치화하는 것을 혼동하는 것이다. 복잡성 그 자체가 시스템에 영향을 미치는 메커니즘을 파악하는 것이 어렵기 때문에 시스템의 어떤 특성이 복잡성을 발생시키는지 파악하는 것 또한 불가능하다고 볼 수 있다.

복잡성 문제는 성장하는 시스템이 겪을 수밖에 없는 문제이다. 일반적으로는 성장에 따른 역량 향상 속도보다 복잡성이 커지는 속도가 크기 때문에 문제가 일어나고 비용을 일으킨다. 복잡성이 성장으로 인해서 필연적으로 발생한다면, 복잡성 그 자체를 시스템에 악영향을 미치는 나쁜 것이라고 판단해도 될까?

꼭 그렇지는 않다. 복잡성이 나쁘다고 판단하는 건 결과가 명확했을 때 내릴 수 있는 가치 판단의 결과이다. 그런데 시스템에 미치는 복잡성의 수준이 미비할 때, 또는 우리가 가지고 있는 역량으로 충분히 커버가 가능할 때는 나쁘다는 판단을 내리기는 애매할 수 있다. 그래서 일부 문헌에서는 복잡성을 좋은 복잡성good complexity, 나쁜 복잡성bad complexity으로 구분하기도 한다. 그러나 정확히 말하면 나쁘다고 판단하기 어려운 수준의 복잡성은 무시 가능한 복잡성과 이미 악영향을 미치고 있는 나쁜 복잡성으로 구분해야 한다. 즉, 좋은 복잡성은 없지만 그렇다고 모든 복잡성을 나쁘다고 판단할 수는 없다.

예를 들어 하나의 메뉴를 판매하던 가게에도 인지할 수 없지만 복잡성으로 인한 문제들이 있을 수 있다. 메뉴 자체가 만들기 어렵거나 메뉴에 들어가는 재료가 수급 관리가 어렵거나 등등…. 그런데 주인이 충분히 커버할 수 있을 정도로 규모가 작은 문제라면 문제를 문제로 인식하지 않을 수도 있다. 반면에 경험이 적은 주인, 역량이 낮은 주인은 이 문제를 감당하기 어려워서 큰 문제로 인식할 수 있다. 그래서 나쁜 복잡성이란 개념은 결국 시스템마다 상대적이다. 좋은 복잡성은 없지만, 나쁜 복잡성으로 구분하는 것은 결국 시스템마다 다르다는 것이다.

결론적으로 다음과 같이 복잡성을 정의할 수 있다.

표 2. 복잡성의 특징

> ① 복잡성은 시스템 고유의 특성이다.
> ② 시스템의 성과에 영향을 미친다. 일반적으로 부정적인 영향을 미친다.
> ③ 복잡성과 복잡성 요인을 구분해야 한다.
> ④ 시스템의 구성 요소, 구성 요소 간의 관계로 인해서 발생한다.
> ⑤ 수치화, 정량화, 가시화하는 것은 불가능하다.
> ⑥ 복잡성은 복잡성이 일으키는 결과로만 인지가 가능하다.
> ⑦ 복잡성은 시스템이 무시할 수 없는 영향을 미칠 때 문제가 된다.

3. 복잡성에 왜 관심을 두는가?

이전 절에서 복잡성은 시스템 고유의 특성이라고 말했다. 그리고 성장하는 시스템, 즉 성장하는 기업은 필연적으로 복잡성이 발생할 수밖에 없다고 했다. 복잡성은 결과로만 인지할 수 있다. 기업이라는 시스템을 살펴보면, 기업은 성장하면서 필히 복잡성의 문제를 겪게 된다.

복잡성의 문제를 직접적으로 표현한 그래프가 바로 고래 곡선 whale curve 이다.

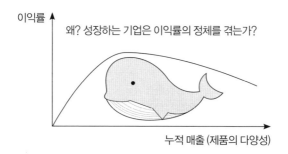

그림 4. 고래 곡선[3]

---

3 복잡성과의 전쟁. 스티븐 월슨, 안드레이 페루말. W미디어. 2013.

고래 곡선은 경험적인 곡선으로, 기업이 성장함에 따라서 기업이 갖는 이익률은 오히려 정체 및 감소하게 되는 것을 표현한 것이다.

곡선의 모양이 흡사 고래 등을 닮았다고 하여 고래 곡선이라고 하는데, 이 곡선은 이론적으로 증명된 것이 아니라 경험적으로 산출된 결과물이다. 대부분의 성장하는 회사가 장기적으로 이와 유사한 형태의 이익률 곡선을 갖게 된다. 왜 이런 모양의 곡선을 갖게 되는 걸까?

『복잡성과의 전쟁』에서는 고래 곡선이 발생하게 된 원인을 이렇게 설명하고 있다. 기업의 성장은 선형적으로 이루어지는 반면, 기업 성장의 부산물인 복잡성은 기하급수적으로 늘어나고 그에 대한 비용 증가로 고래 곡선이 발생한다는 것이다.

- 복잡성은 시스템의 성장과 함께 증가하게 되는 성장의 부산물임
- 복잡성은 시스템의 결과, 성과에 영향을 미치는 요인임

- 성장하는 기업은 필연적으로 복잡성의 문제를 겪을 수밖에 없음
- 성장할수록 이익의 비율이 떨어지는 것은 복잡성 때문일 가능성이 큼

- 역량의 증가 속도 〈 복잡성의 증가 속도
- 증가하는 복잡성을 기업의 역량이 감당하지 못할 때 **비용이 발생함**

그림 5. 고래 곡선 메커니즘

기업이 성장함에 따라서 제품의 다양화, 모듈·부품의 다양화, 생산 공정·작업·설비의 다양화, 협력사의 다양화, 구매·조달 과정의 다양화, 프로세스의 다양화, 조직의 다양화 등 연쇄적으로 일어나는 다양화 과정이 조직의 성장에 따른 역량을 넘어설 때 복잡성 비용complexity cost이 발생하고, 그 결과가 이익을 갉아먹는 것으로 설명하고 있다.

앞서 나온 복잡성 비용은 복잡성이 시스템 내 다양한 문제를 일으킴으로써 시스템이 감수해야만 하는 모든 결과의 비용을 의미한다. 즉, 복잡성 비용은 복잡성의 결과인 셈이다. 복잡성 비용은 수치화된 결과이므로 명확하다. 이렇게 복잡성 비용이 발생하는 과정에서 복잡성과 역량을 서로 비교한다고 했는데, 복잡성과 역량은 어떻게 비교할 수 있을까? 앞서 언급한 것처럼 복잡성 자체는 측정 불가능한 것이라면 복잡성과 비교할 역량은 무엇을 뜻하는 것일까?

시스템이 가지고 있는 역량은 다양하겠지만, 여기서 말하는 역량은 시스템이 현재 외적, 내적 조건 기초로 발생한 복잡성을 극복하고 성과를 내는 능력을 의미한다. 복잡성과 마찬가지로 역량 또한 시스템마다 다른 시스템의 고유 특성이라고 할 수 있다. 그래서 복잡성 문제를 인식하는 시점의 시스템의 역량이 기준이 되어야 한다.

그런데 시스템이 가지고 있는 역량을 수치화하는 것이 가능할까? 복잡성을 수치화하는 것이 불가능한 것처럼 역량 또한 수치화하기 불가능하다. 회사라면 경영성, 개인이라면 개인의 업무 성과와 같은 결과로만 파악할 수밖에 없다. 복잡성으로 인한 문제 인지, 복잡성과 역량과의 비교 모두 수치로 직접 비교는 불가능하고, 시스템이 발현하는 결과의 비교만 가능하다.

복잡성이 문제라면 복잡성을 피할 방법은 없을까? 결론부터 말하면 복잡성으로 발생하는 문제는 정체된 시스템, 즉 변화하지 않는 시스템이 아니라면 피할 수 없다. 복잡성으로 발생하는 문제는 결국 시스템의 변화, 그중에서 성장으로 인해서 필연적으로 발생하는 것이기 때문이다.

예를 들어 처음에는 혼자서, 또는 뜻 맞는 파트너와 회사를 운영할 때는 경영, 회계, 마케팅, 개발 등을 둘이 충분히 할 수 있을 정도의 규모였고, 발생하는 문제는 둘이서 또는 외부의 도움을 구하면 상대적으로 쉽게 해결할 수 있는 수준이었다. 그러다가 규모가 점점 커지고 구성원이 많아지면서 인력 관리를 둘이서 감당할 수 없을 정도가 되고, 고객사 규모나 수가 창업자들이 해결하기 어려운 수준이 된다. 즉, 회사라는 시스템의 규모가 커지면서 해결해야 하는 문제의 수준이나 규모가 같이 커지게 된다. 그렇게 발생하는 문제 중 복잡성으로 인한 문제도 같이 커지게 된다.

복잡성은 '0'이 될 수 있을까? 복잡성은 시스템이 죽지 않는 한 절대로 0이 될 수 없다. 시스템 규모가 매우 작거나, 시스템이 가지는 역량이 높아서 복잡성 자체를 인지하지 못할 수는 있으나, 0이 되지는 않는다. 그래서 성장하는 기업은 복잡성을 어떻게 관리하느냐에 따라서 지속 성장이 가능할 수도 있고 정체기에 머물다가 쇠퇴할 수도 있다.

앞서 언급한 바와 같이 복잡성은 어느 순간부터 기업이 가진 역량이나 용량을 넘어서게 된다. 그 순간부터 앞서 설명한 복잡성 비용이 발생하게 된다. 설명하기에는 단순하기에 이 과정 또는 복잡성에 대한 메커니즘을 측정, 가시화, 예측하려는 노력을 기울일 때가 있다. 단언하건대 모두 부질없는 노력이다. 현상과 변화를 한 눈에 알아볼 수 있는 극도로 단순한 시스템이 아니라면, 구성 요소 간의 관계나 다양성으로 인한 결과를 모두 찾아내서 수치화하는 건 불가능할 뿐만 아니라, 시스템의 규모를 약간만 늘려도 결과는 예상치를 크게 벗어나게 된다.

그렇다면 복잡성을 가지고 무엇을 해야 할까? 시스템에 대한, 복잡성에 대한 이해를 높이는 방법밖에 없다. 이해하는 과정에서 대처할 방법을 찾고 지속적으로 개선하는 방법밖에 없다. 쓸데없이 가능하지도 않은 수치화 노력, 시뮬레이션 노력을 기울이는 것보다 조금 더 이해하려는 노력이 필요하다.

Box 1. 복잡complexity과 혼잡complicatedness의 차이

복잡성complexity에는 위에서 언급한 것처럼 절대적으로 좋은 것도 나쁜 것도 없다. "복잡하다"가 나쁜 것이 아니라, "복잡해서 시스템의 효율이 나빠졌다"라는 결과가 나와야 선악의 판단을 할 수 있다. 즉, 복잡성만 따지면 이상적인 상태가 무엇인지 알기 어렵다는 것이다. 현재가 복잡해도 오히려 높은 성과와 효율을 낸다면, 복잡하지 않았던 시기보다 바람직하다고 볼 수 있다. 그래서 복잡성에는 결과에 따른 선악 개념을 적용할 수 있다.

반면, 혼잡성complicatedness에 상반되는 의미는 질서cosmos 이다. 그리고 질서 잡힌 상태가 가장 이상적인 상태가 된다. 예를 들어 보자. 나의 서재에 책이 가득 채워져 있는 책장이 두 개가 있다. 처음엔 하나씩 읽고 분야별로 정리해 두었는데, 자꾸 읽다 보니까 책을 바닥에 두기도, 쌓아 두기도 했다. 책을 읽으며 간식을 먹다가 나오는 쓰레기를 방 안 구석에 처박아 둔다. 이런 환경을 '혼잡하다'고 표현한다. 혼잡한 서재의 가장 이상적인 모습은 책이 책장에 모두 정리되고, 쓰레기가 버려진 상태이다.

처음 책장의 책이 200여 권일 때는 책 정리하기도 쉽고 분야별로 찾기도 쉬웠으나, 책이 늘어가면서 책 정리하기가 어려워졌고 분야별로 찾기가 어려워진다. 책의 수가 늘어가면서 서재의 복잡성이 높아졌다. 그렇다면 가장 이상적인 상태는 언제일까? 책이 없었던 시절? 쉽게 기술할 수 없다. 필요 없는 책을 줄이고, 책의 배치를 분야가 아니라 제목으로 정리하는 등의 내가 감당할 수 있을 수준으로 복잡성을 줄이기 위한 작업이 필요하다.

결론적으로 혼잡은 현재 상태를 의미한다. 질서와 대치가 되는 표현이다. 반면에 복잡은 질서와 혼잡 사이의 상태를 의미한다. 반복해서 언급하는 것처럼 복잡은 시스템의 특성값이다. 그것이 좋다 나쁘다는 상황에 따라서, 시스템에 따라서 달라진다.

참고 시스템공학 문헌별로 혼잡함과 단순함을 대척점에 두고 그 정도를 복잡성으로 표현하고 있다. 복잡성은 시스템 고유의 특성이고, 혼잡함과 단순함은 명확한 현상이라는 의미이다.

앞에서 복잡complexity과 혼잡을 구별해야 한다고 말했다. 그렇게 말하면서 혼잡의 반대말을 질서로 명명했다. 그렇다면 복잡의 반대말은 무엇일까? 이미 언급한 것과 같이 단순simplicity이다.

혼잡과 질서의 경우 그 옳고 그름의 정도를 파악하기 용이하지만 복잡과 단순의 경우는 그 옳고 그름을 판단하는 것이 거의 불가능하다. 이 또한 상대 비교로, 그로 인한 결과를 가지고 판단을 하는 것이지 이를 절댓값으로 수치화한다거나 그 수치를 가지고 옳고 그름을 판단하는 것은 사실상 불가능하다.

4. 복잡성을 일으키는 것은 무엇인가?

이전 절에서 복잡성은 그 자체로 측정, 가시화, 예측할 수 없다고 언급했다. 그렇기 때문에 앞으로 언급할 '복잡성을 관리한다'는 표현은 복잡성을 발생하는 요인을 관리한다는 의미이다. 복잡성을 발생하는 요인을 관리하기 위해서 가장 먼저 해야 할 일은 복잡성을 발생하는 요인이 무엇인지를 찾는 것이다. 파차크Gerold Patzak 논문을 기초로 복잡성 요인을 살펴보도록 하자.

복잡성을 일으키는 요인은 시스템을 구성하거나 영향을 주는 내·외부 요인 전체가 해당한다고 볼 수 있다. 복잡성의 정의가 시스템의 고유의 특성인 이유는 바로 시스템의 내·외부 요인 전체가 복잡성에 영향을 미치기 때문이다. 사실상 모든 요인에서 동일한 시스템이 없다고 볼 수 있다.

복잡성을 일으키는 요인 중에서 파악이 불가능하거나 시스템에 미치는 영향이 작은 요인을 제외하면, 복잡성을 일으키는 대표적인 요인은 시스템을 구성하는 요소 간의 연결 관계인 연결성connectivity과 구성 요소의 종류와 타입인 버라이어티, 즉 다양성으로 분류할 수 있다.

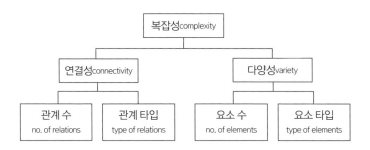

그림 6. 복잡성 요인[4]

첫 번째, 연결성은 구성 요소 간의 관계에 대한 것으로 관계의 수와 타입으로 상세화할 수 있다.

컴퓨터를 예로 들어서 설명하면, 컴퓨터 내의 중앙처리장치CPU와 메인 메모리RAM 간에는 전기적 신호 타입의 상호관계가 존재할 것이고 하나 이상 연결이 존재할 것이다. 또한 전기적 신호뿐만 아니라, 파워를 주고받을 수도 있다.

이와 같은 컴퓨터를 구성하는 컴포넌트 간의 연결이 많아지고 복잡할수록 시스템은 더욱 다양한 기능을 수행할 수 있다. 단순히 컴포넌트 하나하나가 수행할 수 있는 기능에서 벗어나서 컴포넌트 간의 협력으로 시스템이 할 수 있는 일이 많아진다. 그만큼 컴퓨터가 갖는 복잡성은 커지게 된다.

---

4 Gerold Patzk, Systemtechnik-planung komplexer innovativer systeme, Springer-Verlag, 1982.

예전에는 중앙처리장치와 메인 메모리만 가지고 컴퓨터의 역할을 수행했는데, 그래픽 작업에 대한 필요성이 커지면서 그래픽 카드가 추가되었다. 컴포넌트가 추가되면서 연결 관계가 조금 더 많아지고, 사운드 카드로 인해서 또 연결 관계가 많아지면서 시스템이 복잡해졌다. 중앙처리장치와 메인 메모리와 같은 구성 요소 간의 인터페이스interface, 상호관계의 종류와 그 수를 시스템의 구조에 따른 복잡성을 일으키는 요인으로 보고 있다.

두 번째, 다양성은 구성 요소의 수와 타입을 다루고 있다.

한 종류, 하나의 스크류를 사용하는 시스템보다 다양한 종류의, 다수의 스크류를 사용하는 시스템이 조금 더 복잡하다고 보는 것이다. 동일한 기능을 담당하는 컴포넌트라도 종류가 많고 구성 요소 자체가 많아진다면 시스템은 복잡해진다. 앞서 컴퓨터의 예처럼 그래픽 카드와 사운드 카드가 추가되는 건 구성 요소의 수가 증가하는 것이고, 그에 따라서 다양성으로 인한 복잡성이 증가한다.

그렇다면 복잡성을 유발하거나 영향을 주는 인자는 위에 정리된 네 가지밖에 없을까? 앞서 제어가 불가능하거나 영향이 작은 인자를 제외한다고 했다. 사실상 파악이 불가능하거나 파악하더라도 불가피한 요인, 변수가 아닌 상수인 요인들도 있다. 파악한다 해도 어쩔 수 없이 받아들여야 하는 요인들은 포함하지 않는다. 즉, 복잡성 요인 중에 중요한 것은 "왜 복잡성을 관리하려고 하는가?", "무엇을 관리하려고 하는가?", "무엇을 관리할 수 있는가?"와 같은 질문에 따라서 선택한 요인들이다.

5. 복잡성은 무엇으로 분류할 수 있는가?

표 3. 복잡성의 분류

분류 기준	분류
복잡성 요인	구조적 복잡성structural complexity
	다양성으로 인한 복잡성variety-induced complexity
구조의 불가피성	핵심 복잡성essential complexity
	불필요 복잡성gratuitous complexity
복잡성 비용 발생 여부	좋은 복잡성good complexity
	나쁜 복잡성bad complexity
복잡성 요인의 위치	내생적 복잡성internal complexity
	외생적 복잡성external complexity
시간 흐름에 따른 변화 유무	동적 복잡성dynamic complexity
	정적 복잡성static complexity

이전 절에 설명한 것과 같이 복잡성은 직접 정의, 측정, 가시화하는 것이 불가능하므로, 복잡성을 일으키는 요인, 즉 복잡성 요인을

가지고 관리를 하게 된다. 또한 복잡성을 측정, 가시화하여 직접 관리하는 건 불가능하기 때문에 몇 가지 기준에 따라서 복잡성을 분류하여 분류에 맞는 대처 방안을 갖는다.

표 4. 복잡성 요인에 따른 복잡성의 분류

복잡성 = F(복잡성 요인)		
종류	**구조적 복잡성**	**다양성으로 인한 복잡성**
원인	• 시스템의 기능을 구조로 맵핑하는 방식 • 하나의 시스템을 대상으로 함 → 복잡성 요인: 기능 – 구조 관계	• 시스템을 구성하는 요소들의 다양성 • 다수의 시스템을 대상으로 함 → 복잡성 요인: 다양성
종류	• 핵심 복잡성 • 불필요 복잡성	• 좋은 복잡성 • 나쁜 복잡성

첫 번째 분류는 복잡성 요인에 따른 복잡성의 분류이다.

복잡성 요인이 시스템의 기능과 구조 간의 관계인 경우는 구조적 복잡성이라고 부른다. 구조적 복잡성은 시스템의 기능을 구조로 매핑mapping하는 방식, 즉 설계 과정과 결과물을 개선하여 대응한다. 구조적 복잡성은 단일 시스템을 대상으로 하며, 또다시 불가피성 여부에 따라서 핵심 복잡성과 불필요 복잡성으로 나눌 수 있다.

복잡성 요인이 다양성인 경우는 다양성으로 인한 복잡성이라고 부르며, 시스템을 구성하는 요소들의 다양성을 최적화하거나 요소들의 다양성을 최적화할 수 있는 시스템 구조로의 변화를 통해서 대응한다. 다양성으로 인한 복잡성은 다수의 시스템을 대상으로 하며, 비용이 발생하는지 여부에 따라서 좋은 복잡성과 나쁜 복잡성으로 나눌 수 있다.

결론적으로 우리가 관심 있는 복잡성은 다양성으로 인한 복잡성이며, 그중에서도 비용을 일으키는 나쁜 복잡성이다.

두 번째, 복잡성은 시스템이 제공하는 기본적인 성과를 내는 방식에 따라서 핵심 복잡성과 불필요한 복잡성으로 구분할 수 있다. 여기서 주의할 점은 현재 시스템이 갖는 복잡성이 핵심 복잡성과 동일한 상황이 이상적이겠지만, 불가능하다는 사실이다. 어떤 시스템도 불필요한 복잡성을 피할 수는 없다. 최소화할 수 있을 뿐이다. 시스템이 제공하는 기본적인 성과를 내는 데 필요한 핵심 복잡성은 어느 시스템이나 동일하다.

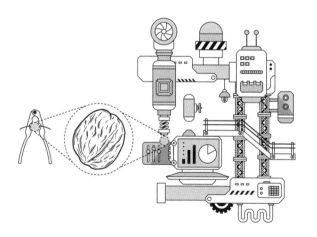

그림 7. 같은 호두까기라면 단순한 구조가 아름답다[5]

---

5 발명자의 치명적인 7가지 죄악*The Seven Deadly Sins of Inventors*. www.epo.org

기업을 예로 들면, 반도체 산업을 영위하는 기업이 갖는 핵심 복잡성은 동일 산업군에 있는 기업들이라면 동일함을 의미한다. 단지 불필요한 복잡성에 차이가 발생할 뿐이다. 그런데 반도체 산업과 같이 기술 집약적인 산업을 영위하는 기업이 갖는 핵심 복잡성과 일반 소비재 산업을 영위하는 기업이 갖는 핵심 복잡성은 차이가 있을 수밖에 없다. 당연히 전자가 클 수밖에 없다.

　이러한 불필요한 복잡성을 줄이고자 소프트웨어와 같은 제품 개발 방법론에서 제품 아키텍처를 강조하는 것이다. 즉, 어차피 핵심 복잡성이 동일하다면 어떻게 하면 불필요한 복잡성을 줄일 수 있을까 고민하는 것이 제품 아키텍처를 만드는 아키텍트architect의 역할이기 때문이다.

　복잡성의 절대치가 의미 없다고 표현하는 것은 시스템이 가진 기능에 따라서 바로 핵심 복잡성이 모두 다르기 때문이다. 손톱 깎기를 만드는 회사가 감내해야 하는 핵심 복잡성과 스마트폰을 만드는 회사가 감내해야 하는 핵심 복잡성은 다를 수밖에 없다. 최선은 핵심 복잡성을 적극적으로 수용할 수 있는 기술적, 조직적 역량을 갖추고, 불필요한 복잡성을 제거하기 위해서 아키텍처 역량을 갖추는 것이다.

　세 번째, 복잡성이 결과적으로 비용을 일으키는지 여부에 따라서 좋은 복잡성과 나쁜 복잡성으로 구분할 수 있다. 복잡성은 평소에는 큰 문제를 일으키지 않지만, 시스템이 갖는 역량에 대비하여 복잡성이 클 경우에는 비용이 발생하게 된다. 이것은 복잡성 비용이라고 한다. 복잡성 비용은 시스템의 성과에 영향을 미치게 된다.

앞서 복잡성에 대해서 설명한 내용을 다시 살펴보면, 정적인 시스템에서는 복잡성이 변화하지 않거나 변화가 경미하기 때문에 중요한 영향을 미치지 않는다. 정적인 시스템이 정체하거나 쇠퇴하지 않고 생존해 있다는 것 자체가 시스템이 갖는 역량이 복잡성보다 커서 복잡성 비용이 발생하지 않음을 의미한다.

그런데 성장하는 동적인 시스템의 경우에는 다르다. 일반적으로 시스템의 성과는 전반적으로, 그리고 산술적으로 증가하게 된다. 성과가 산술적으로 증가함에 따라서 시스템이 갖는 역량과 용량 또한 산술적으로 증가하게 된다. 반면에 복잡성은 시스템의 성장에 따른 여러 요인과 그들 간의 상호 작용으로 발생하기 때문에 기하급수적인 증가를 보인다. 이 과정에서 복잡성은 시스템의 역량과 용량을 초과하게 되고, 복잡성 비용이 발생한다. 이 복잡성 비용은 시스템의 성과에 영향을 미치고, 시스템의 지속적인 성장에 제동을 걸게 된다. 이 과정에서 비용을 일으키는 복잡성을 나쁜 복잡성이라 한다. 또한 시스템이 성장하는 데 최소한으로 필요한 복잡성으로, 시스템이 갖는 역량으로 감내할 수 있는 복잡성을 좋은 복잡성이라고 부른다.

네 번째는 복잡성을 일으키는 요인의 위치에 따른 분류이다. 복잡성을 일으키는 요인의 위치에 따른 분류로 외생적 복잡성과 내생적 복잡성으로 나눌 수 있다. 외생적 복잡성은 사실상 시스템에서 제어할 수 없는 외부 요인으로 인해서 발생하는 복잡성인 반면에, 내생적 복잡성은 외생적 복잡성에 영향을 받아서 생기는 복잡성과 기업 내부의 구성 요소들로 인해서 발생하는 복잡성으로 구분할 수 있다.

기업에서 겪게 되는 외생적 복잡성은 시장 수요, 타 기업과의 경쟁, 다루고 있는 제품에 적용하는 기술로 인한 시장 복잡성market complexity과 정치, 경제, 법적, 문화적 요인으로 인해서 발생하는 사회적 복잡성social complexity 등이 여기에 속한다.

내생적 복잡성은 외생적 복잡성으로 인하여 파생되는 복잡성인 고객customer, 제품 포트폴리오product portfolio, 제품 복잡성product complexity이 있고, 기업 내부의 구성 요소로 인한 복잡성operational complexity은 생산manufacturing, 조직organizational, 프로세스/태스크 복잡성process/task complexity, 제조 등의 운영 시스템 복잡성operating system complexity 등이 있다.

외생적 복잡성은 기업이 사업을 영위하기 위해서 감수해야 하는 복잡성이다. 외생적 복잡성은 이겨 낼 수 있도록 기업 자체의 역량을 확보하는 데 중점을 두어야 한다. 반면에 내생적 복잡성은 동일한 기업 성과를 유지하면서 절감이 가능한 영역이다. 그래서 복잡성을 절감 또는 관리하는 대상은 내생적 복잡성을 한정한다.

마지막으로 시간의 흐름에 따른 변화 유무에 따라서도 동적 복잡성과 정적 복잡성으로 구분할 수 있다. 기업 경영 관점에서는 정적 복잡성이 없다고 단정할 수 있으나, 제품 또는 제품 내부의 서브 시스템으로 한정하면 외부 환경과 독립적이라고 가정할 수 있기 때문에 정적 복잡성을 고려해야 한다. 즉, 정적 복잡성은 외부 환경에서 시스템이 고립되고 시간에 따른 변화가 없다고 가정하여 발생하는 복잡성이고, 동적 복잡성은 시간의 흐름 또는 외부 환경과 시스템 간의 상호관계로 인하여 발생하는 복잡성을 의미한다.

정적 복잡성의 대표적인 예는 구조적 복잡성이다. 제품 아키텍처, 소프트웨어 아키텍처software architecture는 구조적 복잡성을 개선하는 대상이다. 시간 축, 공간 축에 의해서 다양성이 발생하므로 다양성으로 인한 복잡성은 동적 복잡성의 대표적인 예이다. 정적 복잡성은 단일 제품 또는 시스템을 대상으로 하여 구조 개선으로 해결한다. 반면에 동적 복잡성은 제품군 또는 다수의 시스템, 시스템 변화를 대상으로 해야 한다. 복잡성에 대한 분류가 중요한 것은 복잡성의 분류와 분류에 따른 특징을 명확히 알고 있어야만 복잡성을 관리하기 위한 대상과 요인을 명확히 할 수 있기 때문이다.

경영과 관련한 책 중에는 주어진 문제는 복잡하지만 그에 대한 간결하고 단순한 해결책을 제시하는 경우가 많다. 그래서 목차만 읽으면 될 정도로 문제와 해답을 단순화시킨 책이 더 높은 인기를 끌거나, 베스트셀러가 될 가능성이 크다고 한다. 그런데 현실에서도 그렇게 단순한 해결이 가능할까? 물론 그런 경우도 있다. 생각하지도 못하게 단순한 근본 원인이 문제 속에 꼭꼭 숨어있다가 그것을 찾아내는 것만으로도 문제 해결의 실마리에 도달하는 경우도 있다.

그러나 대부분의 현실 속 문제는 책 속의 상황처럼 단순화시키기 어려우며, 단순화시킨다고 해도 우리가 원하는 간결한 해결책이 나오지 않을 가능성이 크다. 특히 우리가 관심 있는 복잡성은 부분의 합이 전체가 아닌 시스템 상황을 표현하는 용어이다. 우리가 해결하고자 하는 문제가 복잡성이라면, 부분의 합이 전체가 아닌 것처럼 부분들의 답의 합이 근본적인 답이 되지는 않는다. 그렇지만 아쉽게도 간결한 답을 원하고, 그것을 요구하는 경영진이 많다.

예를 들어서, "이익을 내야 하고, 이익을 내기 위해서는 제품 복잡성을 줄여야 한다. 그중에서도 다양성으로 인한 제품 복잡성을 줄이기 위해서 부품 종류 수를 줄이기로 하고, 그것을 지표로 정하여 줄이는 활동을 추진한다." 자, 해결책이 간단하다. 과연 효과가 있을까? 원론적으로는 틀린 말은 아니다. 여기서 실행을 어떻게 할까? 일반적으로는 이렇게 하지 않을까? "부품 종류 수를 핵심성과지표(KPI key performance index)로 관리해서 연간 몇 % 이상 줄이도록 하자. 그러면 제품 복잡성이 줄어들고, 이익이 나겠지…." 세상일이 이렇게 단순하게 이루어지면 얼마나 좋을까? 지표로 관리하기만 하고 실제 실행에서 치밀하게 접근하지 않으면 오히려 의도하지 않은 결과가 발생한다.

앞선 예에서 부품 종류 수를 줄이기 위해서는 적어도 프로세스 측면에서, 조직 측면에서, 제품 측면에서 개선 방안을 고민해야 하고, 그 외에도 부품을 공급하는 업체, 생산 공정 내의 설비나 작업 방법, 경쟁사 설계 동향, 설계 미래 방향성 등을 고민할 것이 많다. 그런데 지표로 만들고 드라이브를 거는 순간 이런 고민은 사라지고 전체 부품 종류 수를 줄이는 방법만 찾게 된다. 체질을 바꿀 생각 없이 당장 빨리 줄이는 방법을 찾을 것이고, 지표를 관리하는 사람은 속 사정은 따져보지 않고 엑셀로 숫자나 따지면서 소위 '광' 팔 생각만 할 수 있다. 부품이 왜 늘어났는지, 왜 줄어들었는지 따져보지 않고, 몇 % 늘었는지 혹은 줄었는지만 따지게 된다.

그렇다면 어떻게 해야 할까? 잠깐 엑셀을 띄운 노트북을 덮고 실무자들과 미팅을 하자. 그들의 생각을 듣고 해결책을 고민하자. 지표를 정했다면 목표설정부터 실제 현황, 실행까지 꼼꼼히 따져보고 보완할 필요가 있다면 방향을 조정하자. 완벽한 지표도 없지만 지표 관리만으로 개선되는 활동은 없다. **복잡성의 해결책을 지나치게 단순화하면 본래의 의도를 왜곡할 수 있다. 방침은 단순화하되, 실행은 치밀하게 해야 한다.**

6. 복잡성에 어떻게 대응해야 하는가?

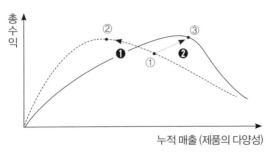

❶ 곡선상의 이동 (① → ②)
 1. 현 조직 역량에 맞는 수준으로
    다양성Variety를 조정
 2. C=F(V) 중에서 V를 조정
 3. 예시: VRP, 3S 등

❷ 곡선 자체를 바꾸는 활동 (① → ③)
 1. 조직 체질, 역량을 개선
 2. C=F(V) 중에서 F를 조정
 3. 예시: 플랫폼 전략, 모듈러 디
    자인 등

그림 8. 복잡성 대응 방식

　시스템의 성과에 영향을 미치는 복잡성에 대한 대응이 시스템의
지속성을 결정한다. 복잡성이 문제를 일으키는 것을 방치하면 시스
템은 정체 또는 쇠퇴하다가 종국에는 소멸하는 결과를 얻게 된다.
기업 입장에서도 성장과 이익 사이에서 이익 없는 성장은 결국 정체
와 쇠퇴를 부르게 된다. 그래서 지속 성장을 위하는 기업은 복잡성
에 효과적으로 대응할 방법을 찾게 된다.

복잡성이 발생하게 된 메커니즘에서 알아봤듯이 기업에게 있어서 성장하는 속도와 역량이 커지는 속도가 항상 일치하는 건 아니다. 기본적으로 성장과 이익 중에서 무엇을 강조하는지에 따라서 복잡성 문제를 겪는 시점이나 정도가 달라진다. 역량을 키우면서 성장을 추구하는 방식은 보통은 이익을 우선시하는 기업에게 보이며, 외부에서 보기에는 지루하고 보수적이며 매력이 없어 보이지만 내실을 키우면서 성장하는 방식이다.

그러나 많은 회사가 성장을 우선시하며 자신이 가지고 있는 역량보다 성장을 높게 추구하게 된다. 이 과정에서 기업에 발생하는 복잡성이 역량을 넘어서고 복잡성 비용을 떠안게 된다. 그렇다면 어떻게 복잡성에 대응해야 할까?

복잡성에 대한 대응은 크게 복잡성 자체를 줄이는 방식과 복잡성을 이겨 내는 체질로 개선하는 방식 두 가지로 나눠진다. 첫 번째 복잡성 자체를 줄이는 방식은 현재 성장한 결과에서 이익을 극대화할 수 있는 방향으로 불필요한 확장을 지양하면서, 이미 확대한 결과 중에서는 이익을 내지 못하는 제품이나 시장, 고객 등을 과감히 포기하는 것이다. 사실상 역성장도 감수하는 것인데 이것은 이익을 내지 못하는 회사, 재정 위기에 빠진 회사나 성장에 정체가 발생하는 회사가 주로 취하는 대응 방식이고, SKUstock keeping unit(개별 상품에 대해서 재고 관리, 모델 관리 등의 목적으로 구분하는 고유 식별 코드 체계) **합리화**, 3SSimplification, Standardization, Sharing, VRPvariety reduction program(다양성 절감 프로그램) 등이 대표적인 방법이라고 볼 수 있다.

두 번째는 현 위치에서 이익을 극대화할 수 있도록 시스템의 구조, 즉 체질을 개선하는 방식이다. 기업 입장에서는 제품을 기획, 개발, 제조, 구매, 판매 등을 바꾸는 것이다. 플랫폼 전략platform strategy, 모듈러 디자인 등이 여기에 속한다.

Box 2. 복잡성의 특징

복잡성에 대한 이해를 높이기 위해서 몇 가지 복잡성의 특징을 살펴보자.

1. 시스템이 가진 복잡성은 보존된다.
아마존, 야후 유저 인터페이스 최고 책임자였던 래리 테슬러는 사용자 인터페이스, 사용자 경험에 있어서 **"복잡성 보존의 법칙**the law of conservation of complexity**"**을 주장했다.

"The law of conservation of complexity in human-computer interaction states that every application has an inherent amount of complexity that cannot be removed or hidden. Instead, it must be dealt with, either in product development or in user interaction."
"컴퓨터와 인간 간의 상호 작용에 있어서 복잡성 보존의 법칙은 모든 애플리케이션상의 내재된 복잡성은 제거되거나 숨겨질 수 없다는 것을 의미한다. 대신에 복잡성은 제

품 개발 과정 또는 사용자의 사용 시점에 처리되어야 한다. 즉, 복잡성을 고려해서 제품 개발을 했으면 사용자는 조금 더 단순함을 누릴 수 있고, 제품 개발에서 고려하지 않으면 사용자는 복잡한 경험을 겪을 수밖에 없다."

특정 기능을 수행하는 데 필수적으로 필요한 복잡성은 동일한데 그것을 누가 부담하는가에 대한 것이다. 쉽게 이야기하면 특정 제품을 만드는 회사에서 그 복잡성을 부담해주면 고객이 편하고, 만약 부담하지 않는다면 고객이 불편해진다는 이야기이다. 애플의 아이폰이 소비자에게 사랑을 받는 것은 소비자를 대신하여 복잡성을 부담하여 소비자는 직관적인 사용자 인터페이스를 갖기 때문이다.

복잡성 보존의 법칙은 꼭 사용자 인터페이스에만 해당하는 법칙은 아니다. 특정 시스템이 갖는 복잡성은 시스템의 내외부의 조건이 바뀌지 않는 한 보존이 된다. 즉, 누군가는 복잡성에 대한 대가를 치러야 한다는 의미이다.

2. 복잡성이 결정되는 시점과 실현되는 시점이 다르다.
시스템의 복잡성은 시스템이 만들어지는 시점에서 결정된다. 예를 들어서 제품 개발 과정이 기획-개발-검증-양산 단계로 이뤄진다면, 제품 복잡성의 대부분이 기획에서 개발 단계에서 결정이 된다는 이야기이다. 그래서 만약 제품의 복잡성을 줄이고 싶다면 최대한 가치사슬 앞 단계에서 보완해야 한다.

반면에 복잡성이 실현되는 단계는 시스템이 만들어지는 시점부터 점차 실현된다. 제품의 경우 대부분의 실현은 양산단계에서 이뤄진다. 결론적으로 실현되는 시점만 보고, 양산단계에서 복잡성을 줄이려고 해도 벌써 복잡성 요인이 결정된 이후이기 때문에 사실상 복잡성을 줄이는 것은 불가능하다.

3. 복잡성은 시스템 경계를 넘어서면, 증폭되는 특징을 갖는다.

여러 시스템을 거쳐서 가치가 창출되는 활동에 대한 복잡성은 시스템의 경계를 넘어갈수록, 단계가 많아질수록 증폭된다. 이는 꼭 필요한 복잡성뿐만 아니라 단계별, 레벨별로 불필요한 복잡성이 커지게 된다. 인터페이스, 조직, 정보 교환상의 문제 등으로 발생하게 된다.

다양한 모델을 양산하는 데 있어서 총 조립라인에서 조립되는 하나의 어셈블리를 임가공 협력 회사에서 납품을 받는다고 가정하겠다. 이 부분을 표준화하거나 단순화하지 못하고 다양한 모델만큼 변동이 된 상태로 협력 회사에서 납품을 받는다면, 단순히 발생하는 복잡성을 이관하는 모양밖에 되지 않는다. 게다가 일반적으로 보통 협력 회사의 역량이 떨어진다고 가정한다면 협력 회사 입장에서는 비용, 품질, 일정상의 문제를 발생시킬 수밖에 없고, 그것은 다시 총 조립라인에 영향을 끼치게 된다.

4. 복잡성은 시스템의 고유의 특성으로 발생하는 메커니즘을 사실상 파악하기 어려우며, 그로 인한 비용은 예측하기 어렵다.

Simple 단순한 = easily knowable, 쉽게 알 수 있음

Complicated 혼잡한 = not simple, but still knowable, 단순하지만 아직 알 수 있음

Complex 복잡한 = not fully knowable, but reasonably predictable, 완벽하게 알 순 없지만 합리적으로 예측이 가능함

Chaotic 카오스 = neither knowable nor predictable, 알 수도 없고, 예측할 수도 없음

복잡성은 앞서 이야기한 것처럼 시스템 고유의 특성이다. 복잡성 그 자체가 발생하는 이유가 시스템의 구성 요소, 구성 요소 간의 상호관계, 외부 환경과 시스템 간의 상호관계 때문에 발생하기 때문에 시스템의 고유의 특성일 수밖에 없다. 그렇다면 그것이 발생하는 메커니즘을 찾아낼 수 있을까?

굉장히 단순한 구조의 시스템이라면 모르겠지만, 일반적으로는 어렵다고 생각한다. 그뿐만 아니라 복잡성으로 인한 비용 또한 예측하기 어렵다. 그래서 복잡성에 대한 지표와 복잡성의 비용을 측정하는 시스템은 보통은 복잡성을 유발하는 요소를 선정하고, 그로 인한 복잡성과 복잡성 비용을 추측하는 정도이다.

5. 복잡성 자체로는 옳고 그름을 판단할 수 없다. 복잡성이 문제를 일으킨 후의 결과만 볼 수 있을 뿐이다.

"복잡성과의 전쟁"에서는 복잡성을 좋은 복잡성, 나쁜 복잡성으로 구분을 했다. 시스템이 성장함에 따라서 좋은 복잡성이 발생하고, 그것이 시스템이 가지고 있는 역량을 넘어서면 복잡성 비용이 발생하고 나쁜 복잡성이 된다고 설명하고 있다.

이 설명에는 이견이 없지만, 조금 다르게 설명하고 싶다. 복잡성 자체는 옳고 그름을 판단할 수 없고, 복잡성을 일으키는 복잡성 요인은 좋고 나쁨을 판단할 수 있고, 최적화할 수 있다는 것이다.

이 책에서는 복잡성 요인 중 하나로 시스템의 구성 요소의 다양성을 언급하고 있다. 복잡성 비용을 일으키는 다양성은 나쁜 복잡성 요인으로 볼 수 있고, 그렇지 않고 기업의 매출과 수익에 기여하면서 복잡성 비용을 일으키지 않는 다양성은 좋은 복잡성 요인이 된다.

※ 이론적인 깊이로 따진다면 복잡성 과학이라는 학문에서 조금 더 자세히 공부할 수 있을 것이다. 내가 여기서 설명하고 있는 것은 관련 경영서적에서, 업무를 하면서 생각했던 내용을 정리한 것이다. 복잡성 과학의 개념과는 맞지 않을 수 있다.

흔히 복잡성과 복잡도를 구별하지 않고 사용하는 경우가

많지만, 엄밀히 따지면 구분하는 것이 맞다. 복잡성은 지금까지 설명했듯이 시스템 내외부의 조건으로 인하여 시스템의 효율에 영향을 미치는 시스템이 가지는 고유의 특성으로 그 메커니즘이 알기가 어렵기 때문에 하나의 표현이나 수치로 표현하기 사실상 불가능하다.

복잡도complexity metric는 복잡성을 일으키는 다양한 요소나 그 안의 상호관계 등을 단순화하고 선택하여 복잡성을 수치로 표현한 것을 의미한다. 복잡도는 시스템이 가진 복잡성의 일부 메커니즘만 수치화를 했기 때문에 복잡성을 모두 표현했다고 볼 수 없다.

보통 시도를 하는 것이 복잡성을 측정할 수 있는 복잡도를 정의하는 것인데 『히든 리스크』에서는 기업이 가진 복잡성을 법인 수, 제품서, 조직 수 등을 곱하기로 나타냈다. 정의하는 것이 문제가 아니라 그 지표가 의미가 있는가 하는 것이다.

현상을 있는 그대로 표현하는 완벽한 지표를 만드는 것은 어렵다. 하물며 모든 정보가 공개된 상황에서도 완벽한 지표를 만드는 것이 어려운데, 복잡성 그 자체가 완벽하게 이해되지 않은 상태에서 성급하게 만들어진 복잡도는 단순 수치에 그칠 가능성이 있다.

그렇다면 복잡성을 나타내는 지표, 복잡도는 필요 없는 걸까? 필요 없기보다는 그것을 통해서 현상을 어떻게 설명할 것인지, 그것을 통해서 어떤 액션을 이끌어 낼 것인가를 고민하여 결정해야 한다.

예를 들어서 늘어나는 모델의 종류로 복잡성이 늘어나고 있는 것 같다고 생각된다면, 복잡도를 '모델 종류 수'로 정할 수도 있을 것이다. 그리고 모델 수를 최적화하는 방안을, 그리고 그 결과를 다시 '모델 종류 수'로 표현된 복잡도로 측정하면 될 것이다.

그런데 이런 지표는 지양해야 한다. '모델 종류 수'와 '부품 수'가 복잡성에 영향을 미치는 요인인 것으로 밝혀내고, 이 둘 간의 관계를 무시한 채 '모델 종류 수×부품 수', 'A×모델 종류 수+B×부품 수' 같이 하나의 수식으로 나타내려고 노력하는 것은 피해야 한다. 표면적으로는 단위가 다를 뿐만 아니라, 이렇게 얻어낸 수치는 직관적이지 않아서 복잡하게 설명해야 할 필요가 있고, 실행하는 부서나 인원도 납득하지 못할 수 있다.

복잡성과 복잡성 요인을 구분해야 한다고 말한 적이 있다. 복잡성에 대한 정의 자체가 복잡성은 그 정의나 메커니즘을 파악하기가 어렵다는 전제가 깔려 있다.

제2장

다양성 개론

"시스템이 성과를 내는 데 필요한
모든 가치 요소의 종류, 수를 의미하며,
복잡성을 일으키는
제어 가능한 요인 중 하나이다."

다양성이 복잡성 요인 중 하나라고 아는 것도 중요하지만 다양성 자체의
개념과 중요성을 인식하는 것이 더욱 중요하다. 놀라운 건 다양성이 비용을
발생시킬 수 있다는 개념 자체가 없는 경우가 종종 있다는 사실이다. 직관
적으로 생각하면 개인이 두 가지 일을 동시에 모두 다 잘하는 것이 어려운
것처럼 다양성은 대가를 요구한다. 본 장에서는 복잡성 요인의 하나로 다양
성 자체의 개념에 대해서 명확히 하려고 한다.

1. 다양성이란 무엇인가?

표 5. 다양성 관련 개념

용어	의미
다양성	시스템에 영향을 주는 외부, 내부 요인 중에서 셀 수 있는 모든 것의 종류, 시스템을 구성하는 요소들의 모든 것의 종류
베리언트	같은 분류의 다른 형태를 가진 개체 하나를 의미
베리에이션	하나의 개체가 일으키는 변형 그 자체를 의미하거나 두 개체 간의 차이를 의미
체인지	베리에이션과 거의 동일하지만 굳이 차이를 나눈다면 체인지는 변화를 일으키면 이전 상태를 가진 개체를 대체

　　이전 장에서 복잡성과 복잡성 요인에 대해서 살펴봤다. 다양성은 복잡성 요인 중에서도 제어가 가능하고 관리를 효과적으로 수행할 수 있는 요인이라고 설명했다. 다양성은 시스템에 영향을 주는 외부, 내부 요인 중에서 셀 수 있는 모든 것의 종류, 시스템을 구성하는 요소들의 모든 것의 종류를 의미한다. 즉, 셀 수 있으면 모든 것이 다양성의 대상이 될 수 있다. 그렇다고 해서 눈에 보이는 것만 다양성의 대상이라고 생각하면 안 된다. 눈에 보이지 않지만, 엄연히

시스템을 이루고 있는 구성 요소 간의 관계와 같이 눈에 보이지는 않지만 셀 수 있는 것 또한 다양성의 대상이다.

간혹 복잡성과 다양성을 혼용해서 사용하는 사람이 있는데, 이는 우리가 다루고자 하는 관심 있는 복잡성이 다양성으로 인한 복잡성이기 때문이다. 그렇지만 두 가지 개념 간의 명확한 관계를 인지하지 못하면 잘못된 방향으로 복잡성 관리complexity management를 수행하게 된다.

다음 절로 넘어가기 전에 다양성에 대한 이해를 높이기 위해서 다양성과 베리언트variant, 베리에이션variation, 체인지change와 같이 유사하게 쓰이는 몇 가지 용어의 의미를 살펴보도록 하자. 굳이 다양성 외의 용어의 의미를 한글로 번역하면 변종/이종, 변형, 변화이다. 단어 자체만 보면 혼용해서 써도 큰 문제는 없지만, 다양성 최적화variety optimization 관점에서는 의미를 나눠볼 필요가 있다.

베리언트는 같은 분류 속하는 다른 형태나 특성을 가진 개체 하나를 의미한다. 다양성과의 관계를 따져 보면, 다양성은 같은 분류의 다른 형태와 특징을 가진 여러 개체의 집합 또는 집합 내에 속한 개체의 수를 의미한다. 즉, 다양성은 다수의 베리언트를 포함한다.

예를 들어 교실에 10명의 학생이 있다고 가정하면 이 10명의 학생이 다양성이라고 볼 수 있다. 학생이라는 분류의 각각 다른 10명의 학생의 집합이 다양성이다. 여기서 학생 하나하나가 베리언트이다.

베리에이션은 하나의 개체가 일으키는 변형 그 자체를 의미하거나 두 개체 간의 차이를 의미한다. 베리에이션의 결과는 다양성을 증가시킨다. 즉, 다양성과 베리에이션은 원인과 결과 관계로 볼 수 있다.

체인지는 베리에이션과 거의 동일한 의미를 가진다. 하지만 굳이 차이를 나눈다면 체인지는 변화를 일으키면 이전 상태를 가진 개체를 대체하고, 베리에이션은 이전 상태를 가진 개체와 변형된 상태를 가진 개체가 공존한다는 차이가 있다. 두 용어가 큰 구별 없이 사용할 수 있지만 다양성 관점에서는 베리에이션은 기존 대비 증가하게 되는 것인 반면에, 체인지는 기존 대비 변화가 없다. 그러나 거의 차이 없이 섞어서 사용한다.

2. 다양성과 복잡성은 무슨 차이가 있는가?

표 6. 복잡성과 다양성의 차이

	복잡성	다양성
정의	• 시스템의 결과(성과)에 영향을 주는 요인	• 복잡성을 일으키는 하나의 요인
특징	• 직접 인지할 수 없음 → 결과로만 인지가 가능함 • 측정, 관리, 예측할 수 없음 → 요인과 결과로 관리 가능함 • 결과로 개선 활동의 방향성을 지정해줄 수 있음 • 대부분의 요인은 제어 불가능한 요인들임	• 직접 인지, 측정할 수 있음 • 관리가 가능할 수 있음 • 개선 활동의 방향성을 잡기가 어려움 • 제어 가능한 요인들임
활동 방향	• 개선 방향성의 대상임 • 시스템의 결과를 변화시키지 않는다면 절감의 대상임 • 제품, 프로세스, 조직 등 전반적인 영역에서 개선이 필요함 • 개론에 머무르는 활동이 될 수 있음	• 실행의 대상임 • 최적화의 대상임 • 자칫 잘못하면 부분적으로 최적화가 이루어지는 활동이 됨 • 수치에 매몰되면 일시적인 변화에 머무름

다양성은 복잡성을 일으키는 요인 중 하나이지만, 실무에서는 의미 구분 없이 사용하는 경우가 많기 때문에 추가적으로 둘 간의 차이와 관계를 명확히 하는 것이 중요하다. 각각의 특성을 파악하기 전에 다양성과 복잡성의 관계를 상기하면, 다양성은 복잡성의 요인 중 하나로 시스템이 낼 수 있는 가치에 기여하는 시스템의 구성 요소 또는 관계들의 종류를 의미한다.

복잡성과 다양성의 특징을 살펴보자. 복잡성은 직접 인지할 수 없고 복잡성이 일으키는 결과로만 인지가 가능하다. 역시나 측정, 관리, 예측이 불가능하다. 다만 복잡성을 일으키는 요인과 결과를 가지고 관리가 가능하다. 복잡성이 일으키는 결과로 개선 활동의 방향성을 지정해줄 수 있다. 그리고 복잡성을 일으키는 대부분의 요인은 제어가 불가능한 요인들이다.

예를 들어서 한 기업이 거래하는 고객이 늘어나면서 매출이 증가했다. 그런데 이익률이 점차 떨어지고 있다. 매출이 증가하는데 이익률이 떨어지는 결과를 보고 복잡성의 문제가 발생했다는 것을 예측한다. 그렇지만 메커니즘은 정확히 무엇 때문에 이렇게 비용을 발생시켰는지 정확하게 파악하기 어렵다. 대신 복잡성의 결과인 이익률이 떨어지는 현상을 인지하고 개선의 방향성을 정할 수 있다. 매출이 증가함에 따라서 최소한의 이익률을 확보한다는 식으로 말이다.

반면에 다양성은 직접 인지, 측정이 가능하다. 그래서 관리가 가능하고 복잡성의 요인 중에서 제어가 가능한 요인이다. 그렇지만 복잡성과 달리 개선 활동의 방향성을 잡기 어렵다. 최적화의 수치를 찾기가 쉽지 않기 때문이다.

앞선 예를 가지고 설명하면, 증가하는 매출에 따라서 이익률이 떨어지는 현상을 보고 복잡성의 문제가 발생했음을 인지했다. 복잡성의 원인 중 하나로 거래처의 수, 거래처에 납품하는 제품 모델의 수, 협력사의 수, 모델 내 부품 수, 모델 수, 공정 수 등을 뽑았다. 해당 요인을 개선하는 방법을 찾아서 적용하면 결과적으로는 복잡성을 개선하는 효과를 얻는다.

그런데 다양성은 그 자체로는 개선 방향성을 찾기 어렵다. 예를 들어서 거래처에 납품하는 제품 모델의 수를 가지고 개선 방향성을 잡을 수 있을까? 다양성은 증가하는 게 좋은지, 감소하는 게 좋은지를 알아보는 게 아니라 최적의 값을 찾아야만 한다. 방향성을 제시할 수 있는 건 복잡성이다.

이런 특성들을 고려해 보면 복잡성은 개선 방향성의 대상이 된다. 시스템의 성과를 떨어뜨리지 않는 선에서 복잡성은 절감하는 것이 올바른 방향이다. 이를 위해서는 제품, 프로세스, 조직 등 전 방위적인 영역에서 개선이 필요하다. 다만 구체적인 활동이 뒷받침되지 않으면 개론에 머무를 수 있다.

다양성은 실행의 대상이다. 그리고 최적화의 대상이다. 많은 것과 적은 것도 바람직하다고 볼 수 없다. 최적치를 찾는 것이 중요하다. 자칫 잘못하면 부분적으로만 최적화가 이루어질 수 있으며, 수치에 매몰되면 일시적인 변화에 그칠 수 있다.

복잡성 중에서 현실적으로 관리 가능한 요인인 '컴포넌트, 인터페이스, 프로세스 등의 다양성으로 인한 복잡성'이 우리가 제어할 수 있는 복잡성이다. 즉, 다양성으로 인한 복잡성이 주로 우리가 관심을 두는 복잡성이다. 하지만 단순히 다양성에 대한 관리만으로 복잡성을 완벽하게 제어할 수는 없다. 다양성은 선형적인 증감이 이루어지지만, 복잡성은 다양한 요인들의 종합되는 지수적인 증감 형태를 띠기 때문이다.

다시 강조하지만 복잡성과 다양성 모두 고려해야 하는 이유는 복잡성은 직접 인지할 수 없기 때문이다. 그렇기에 복잡성만 강조하다 보면 개론에 머무는 활동이 될 가능성이 크다. 반면에 다양성만 강조하는 활동은 부분적으로만 최적화가 이루어지고 일시적인 변화만 가져올 수 있다. 그래서 큰 틀에서 복잡성에 대한 방향을 잡고 구체적인 활동을 다양성을 기반으로 수행해야 한다.

3. 다양성은 무엇으로 분류할 수 있을까?

　다양성을 하나의 잣대로 판단하여 활동할 수는 없다. 몇 가지 기준을 두고 다양성을 분류한 후에 기준에 맞게 다양성을 분류한 후에 특성에 맞게 활동을 수행해야 한다.

표 7. 다양성의 분류

기준	다양성 종류
발생 시점	• 공간상의 다양성spatial variety • 세대 간의 다양성generational variety
가치 제공	• 외부 다양성external variety 　− 기능적 다양성functional variety 　− 유용한 다양성useful variety • 내부 다양성internal variety 　− 기술적 다양성technical variety 　− 불필요한 다양성useless variety
대상	• 제품 다양성product variety • 프로세스 다양성process variety • 산업 다양성industry variety • 고객 다양성customer variety

다양성은 발생 시점, 가치 제공 여부, 대상에 따라서 분류해 볼 수 있다.

발생 시점에 따라서 공간상의 다양성spatial variety, 세대 간의 다양성generational variety으로 구분할 수 있다.

고객 가치를 제공하느냐 여부에 따라서 외부 다양성external variety과 내부 다양성internal variety으로 구분할 수 있다. 또는 외부 다양성은 기능적 다양성functional variety, 유용한 다양성useful variety으로 표현하기도 하고, 내부 다양성은 기술적 다양성technical variety 또는 불필요한 다양성useless variety으로 표현하기도 한다.

대상에 따라서 제품 다양성product variety, 프로세스 다양성process variety, 산업 다양성industry variety, 고객 다양성customer variety 등으로 분류할 수 있다. 다양성은 첫 번째로 발생 시점에 따라서 시계열 상에서 발생하는 세대 간의 다양성과 동시 계열상에서 공간 축으로 발생하는 공간상의 다양성으로 분류할 수 있다.

전자는 시간의 흐름에 따라서 얼마나 다양한 요소가 발생하는지 다룬 결과이다. 예를 들어서 한 회사에서 생산하는 스마트폰에 내장되는 디스플레이가 1년이 지나고 2년이 지나고 몇 종을 생성하고, 단종되고, 지속되는지를 측정한다면 이것은 세대 간의 다양성을 측정하는 것이라고 볼 수 있다.

반면에 동일한 회사가 현시점에서 몇 종의 디스플레이를 사용하고 있는지 측정했다면 이것은 공간상의 다양성을 측정한 것이다. 발생 시점에 따라서 다양성을 나누는 경우는 다양성을 산출하는 대상이 시간의 흐름에 따라서 신규로 생성하고, 증가하고 있는지를 살펴보고, 정지된 시점에는 몇 개의 다양성을 갖는 지 확인하기 위해서 사용한다. 나중에 살펴볼 버라이어티맵variety map이 해당 분류를 활용한 사례로 볼 수 있다.

두 번째로 다양성은 시스템 외부로 드러나는지에 따라서, 외부에 드러나면 외부 다양성, 내부에서 관리되는 대상이라면 내부 다양성으로 분류할 수 있다. 예를 들어서 기업 입장에서 고객에게 제공하는 모델의 종류는 대표적인 외부 다양성이다. 반면에 다양한 모델을 대응하기 위해서 활용하는 부품의 종류, 프로세스의 종류, 조직의 종류 등은 내부 다양성이라고 할 수 있다.

기업 입장에서는 고객 만족을 위해서 외부 다양성을 극대화하면서 내부 다양성을 줄이는 방법을 찾는 것이 하나의 숙제라고 할 수 있다. 유사한 의미를 갖는 분류는 고객에게 제공하는 특징을 다루는 기능적 다양성과 이를 구현하기 위해서 기업이 감수해야 하는 기술적 다양성으로 구분할 수 있다. 본 기준은 다양성 메커니즘의 방법 중 하나인 모듈러 디자인을 통해서 달성하고자 하는 바를 포함한다. 모듈러 디자인의 모토는 "최소의 모듈로 최대의 모델을 대응한다"이다. 즉, 모듈러 디자인은 내부 다양성은 최소로 만들면서 이를 활용한 외부 다양성은 최대화하는 결과를 추구한다.

세 번째 다양성의 대상에 따라서 제품 다양성, 프로세스 다양성, 산업 다양성, 고객 다양성 등으로 나눌 수 있다. 보통 다양성의 대상은 기업을 구성하는 요소 중에서 셀 수 있다면 무엇이든지 가능하다. 이와 관련하여 염두에 두어야 할 사항은 기업 내 셀 수 있는 모든 요소가 다양성의 대상이고 비용을 일으킬 수 있다는 사실이다.

마지막으로 다양성이 기업 입장에서 가치를 내는지 여부에 따라서 유용한 다양성, 불필요한 다양성으로 구분한다. 이 분류는 고객에게 드러나는지 여부에 따라서 분류하는 외부 다양성/내부 다양성, 기능적 다양성/기술적 다양성과 유사하다. 가치를 낸다는 건 다양성으로 인한 성과가 그로 인한 비용보다 크다는 걸 의미하고, 가치를 내지 않는다는 건 다양성으로 인한 성과가 그로 인한 비용보다 작음을 의미한다.

이론적으로 유용한 다양성, 불필요한 다양성으로 구분해야 한다고 설명하더라도 실전에서 둘을 구분하는 건 어려운 일이다. 먼저 성과와 비용을 다양성에 따라서 산출하는 것이 불가능하다. 그래서 동일한 성과라면 무조건 다양성을 절감하는 것을 권장한다. 이렇게 다양성을 분류하는 것은 다양성의 분류에 따라서 그것을 처리하는 방식이 달라지기 때문이다. 다양성은 복잡성과 달리 가치판단이 명확하지 않기 때문에, 분류에 따라서 활동 방향성과 활동 방식을 결정해야 한다.

4. 다양성 비용은 무엇인가?

$$Cost = V^{variety}\,Cost + F^{function}\,Cost + C^{control}\,Cost$$

① V Cost: 20~30%

- 부품이나 생산공정당 생산량이 변화함으로써 달라지는 코스트
- 부품종류, 공정종류에 기인한다.

ⓐ 종류요인 코스트: 진행절차비, 금형비, 설비비, 습숙효과
ⓑ 기회손실요인 코스트: 기계화, 자동화, 구매가격

② F Cost: 50~70%

- 필요한 사양을 충족시키기 위해 필요한 부품과 그것을 가공하고 조립하는 공정에 드는 코스트
- 사양, 기능, 구조에 기인한다.
  재료비 (회수율 코스트 포함), 가공비, 조립비, 검사비, 출하/포장비

③ C Cost: 10~30% ← 프로세스코스트

- 부품이나 공정의 설계, 조달, 관리에 필요한 코스트
- 총부품수, 총생산공정수, 총관리점수에 의해 달라진다.
  설계비, 생산준비비, 발주비, 현품관리비, 생산관리비, 품질관리비, 물류비

그림 9. 비용의 분류[6]

---

6 21세기 코스트 전략. 스즈에 도시오. 한국산업훈련연구소. 1996.

다양성이 비용을 일으킨다는 개념을 이해하기 위해서는 직접비와 간접비, 재료비, 인건비, 경비 등으로 구분하던 일반적인 비용 분류는 잠시 잊어야 한다. 제품을 만드는 비용은 제품을 만드는 비용을 기능 비용function cost, 제품의 다양성으로 인해서 발생하는 다양성 비용variety cost, 관리 비용control cost으로 나눌 수 있다.

첫 번째 비용인 기능 비용은 제품이 갖는 기능을 구현하기 위한 비용으로 제품의 사양을 충족시키기 위해서 필요한 부품, 그리고 그것을 가공, 조립하는 비용이다. 본 비용은 제품의 기능, 사양, 구조로 인해서 발생하며, 재료비, 가공비, 조립비, 검사비, 출하/포장비가 여기에 속한다.

두 번째 비용인 다양성 비용은 다양한 제품을 생산함에 따라서 발생하는 비용으로 부품의 종류, 공정의 종류 등 제품이 다양화됨에 따라서 발생한다. 본 비용에는 다양한 제품 때문에 발생하는 공정 진행비, 금형비, 설비비, 학습효과의 저감 등과 같은 요인 비용과 제품이 다양화되어서 포기해야 했던 자동화, 기계화, 구매 스케일 효과 등이 포함된다. 일반적으로 다양성이 비용을 일으킬 수 있다는 사실은 쉽게 받아들이기 어렵다. 하나의 제품, 하나의 모델, 하나의 영역에서 업무를 하고 있기 때문에 전체 관점에서 비용을 바라보는 것은 쉽지 않을 뿐만 아니라, 인식한다고 해도 이를 고려하는 건 용기를 필요로 한다.

마지막 비용인 관리 비용은 부품이나 공정의 설계, 조달, 관리에 필요한 비용으로 총부품수, 총생산공정수, 총관리점수에 의해서 달라진다. 여기에는 설계비, 생산준비비, 발주비, 현품관리비 등이 속한다. 관리 비용은 일반적으로 관리점이 늘어나면 증가한다. 복잡한 기능, 다양화된 제품 등 관리를 해야 하는 범위가 커지면 관리 비용은 증가한다.

일반적으로 기능 비용이 가장 큰 비중을 차지하여 전체 비용에서 50~70%를 차지하며, 다양성 비용은 20~30%, 관리 비용이 10~30%를 차지한다.

소품종 대량생산체계|mass production ('90년대 이전)

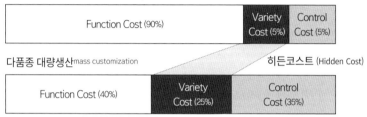

- 기능 비용function cost: 생산과 관련된 재료비, 직접 노무비
- 다양성 비용variety cost: 다양성을 높이는 데 발생되는 비용
  – 직접비|direct cost: 개발에 직접 소요되는 비용 (개발 투자비)
  – 간접비|indirect cost: 개발에 관련된 간접 비용 (기회비용, 재고비용, 물류비용)
- 컨트롤 비용control cost : 생산관리/지원,판매 관련 비용

그림 10. 비용 비중의 변화[7]

세 가지 비용의 비중은 점차 제품의 다양화됨에 따라서 바뀌고 있다. 과거에는 기능 비용이 큰 비중을 차지했다. 하지만 점차 다양성을 대응하기 위한 다양성 비용과 관리 비용의 비중이 커지고 있고, 기업 입장에서는 비용들의 증가가 히든 코스트hidden cost 처럼 발

7 Smart simple design/reloaded. Gwendolyn D. Galsworth. Visual Thinking Inc. 2014.

생하여 개선의 필요성을 인지하지 못하는 경우가 많다. 그리고 감당하지 못할 정도로 증가하는 다양성 비용이나 관리 비용 증가는 기업의 역량이 이겨 내지 못하고 이익을 감소시키는 복잡성 비용으로 전환하게 된다.

실제로도 기능을 구현하기 위해서 발생하는 비용인 기능 비용에 대해서는 누구도 부정하지 않지만 다양성 비용, 즉 다양성이 비용을 일으킨다는 개념에는 쉽게 납득을 못하는 경우가 있다. 게다가 다양성 비용은 제품 하나하나에 귀속되는 비용이 아니라, 제품군 전체, 회사 전체의 비용으로 묻히기 때문에 그 존재를 쉽게 파악하기가 어렵다.

그런데 회사가 성장하면서 고객이나 시장의 요구가 다양해지고 그에 대응해야 하는 회사의 필요가 커지면 다양성 비용의 비중은 점차 커지게 된다. 그래서 단일 제품을 두고 생각해서는 안 되고 토탈 코스트total cost 관점에서 생각하라고 말하는 것이다.

실제로 단일 제품의 재료비를 아끼려고 부품이나 모듈의 종류를 늘리게 되는 경우, 제품군 전체가 담당해야 하는 비용이 증가하게 된다. 그런데 단일 제품의 재료비는 떨어지니까 눈에 보이지 않는 제품군 전체의 다양성 비용은 무시하게 된다. 그래서 다양성이 비용을 일으킬 수 있다는 개념, 즉 다양성을 최적화해야만 토탈 코스트를 절감할 수 있기 때문에 토탈 코스트 관점에서 생각해야 한다는 개념이 중요하다.

예를 들어서 여러 모델을 동시에 운영 중인 회사가 있는데, 특정 부품이나 모듈을 하나의 종류를 사용하면 저가 모델에서 재료비가 올라가는 상황이 발생한다. 그래서 저가 모델의 재료비를 줄이기 위해서 한 종의 모듈을 더 사용하기로 결정했다. 재료비만 따지면 잘한 처사이다. 그런데 한 종의 모듈을 더 운영하므로 조립하는 방식이나 구매하는 방식이 하나 더 늘었다면? 서비스해야 하는 모듈의 종류가 더 늘었다면? 관리해야 하는 자재나 재고 종류가 늘었다면? 한 종을 늘려서 관리해야 하는 품질비용이 증가했다면?

이런 비용의 총합보다 재료비를 절감한 값이 크다면 한 종을 늘리는 것은 문제가 없다. 그러나 작게는 한 종의 모듈이지만 앞뒤에서 일어나는 비용을 무시한 채 재료비만 아끼는 걸로만 의사 결정을 한다면, 단일 모델로는 이익을 낼 수 있겠으나 회사 입장에서는 손해를 끼치는 일이 될 수 있다.

5. 다양성 비용은 왜 발생하는가?

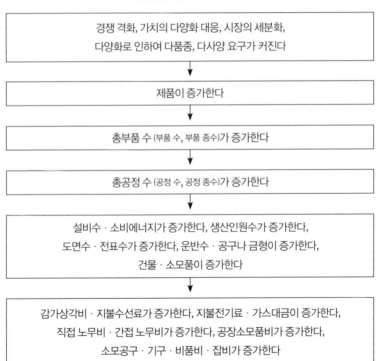

다양성은 비용을 발생시킨다.

경쟁 격화, 가치의 다양화 대응, 시장의 세분화,
다양화로 인하여 다품종, 다사양 요구가 커진다

제품이 증가한다

총부품 수 (부품 수, 부품 종수)가 증가한다

총공정 수 (공정 수, 공정 종수)가 증가한다

설비수 · 소비에너지가 증가한다, 생산인원수가 증가한다,
도면수 · 전표수가 증가한다, 운반수 · 공구나 금형이 증가한다,
건물 · 소모품이 증가한다

감가상각비 · 지불수선료가 증가한다, 지불전기료 · 가스대금이 증가한다,
직접 노무비 · 간접 노무비가 증가한다, 공장소모품비가 증가한다,
소모공구 · 기구 · 비품비 · 잡비가 증가한다

그림 11. 다양성 비용의 메커니즘[6]

다양성은 어떻게 비용을 일으키는 걸까? 간단하게 설명하면 다음과 같은 상황이 발생할 수 있다. 외·내부 요인에 의해서 제품이 다양화가 되면 제품에 쓰이는 총 부품의 종류가 증가하게 된다. 부품의 종류가 증가하면 그와 관련된 공정, 공법, 인원, 설비 종류, 협력사가 같이 증가한다. 그에 따라서 연결되는 노무비, 작업관리비, 시설 투자비, 감가상각비, 협력사 관리 비용 등이 증가하게 된다. 즉 다양성은 종국에는 다양성 비용으로 전환이 된다.

실생활에서 다양성이 비용으로 연결되는 예시를 들어 보자. 내가 분식집을 하고 있는데, 원래 김밥 한 종류를 판매하다가 라면을 같이 판매하게 됐다고 가정해 보자. 그렇게 되면 라면과 라면에 포함되는 식자재도 같이 구매해야 한다. 업체를 선발해야 하고, 식자재를 보관하기 위해서 공간을 확보하고, 만약 식자재가 상할 경우 폐기 비용도 발생한다. 또한 김밥을 만드는 기술만 가지고 있던 나는 라면을 잘 끓이는 인원을 추가로 채용하든지 내가 직접 라면을 잘 끓이는 방법을 배워야 한다.

교육비나 인건비가 소요되고, 라면을 끓임으로 인해서 가스 대금이나 전기 대금이 증가한다. 라면을 끓이고 서빙 하기 위한 주방 도구가 필요하고, 메뉴를 수정해야 한다. 이와 같이 단순히 메뉴 하나만 늘리는 거라도 알게 모르게 비용이 발생하게 된다. 다양성으로 인한 비용이 발생하게 된다는 것이다.

개인에게 있어서 다양성이 비용을 일으키는 경우는 무엇일까? 회사에서 업무를 수행하다가 갑자기 고객에게서 전화가 와서 대응했다. 고객 클레임 대응에 필요했던 시간도 비용이겠으나, 전화 통화를 완료하는 시점에 다시 이전 업무를 수행했던 시점으로 스위칭하는 시간이 필요하다. 이전 업무 흐름을 찾는 시간이 업무 스위칭에 필요한 비용이다. 작게는 여러 가지 업무를 동시에 진행하면서 스위칭 시간이 소요되고, 집중하지 못해서 업무 효율이 떨어지는 것도 다양성 비용으로 볼 수 있다.

대학 시절 경험을 털어놓는다면 기계공학과 컴퓨터과학을 이중 전공으로 했는데, 기계공학은 한 학기에 작게는 3회, 많게는 4회, 쪽지 시험 등으로 학력 성취도를 평가한 반면에, 컴퓨터과학은 대부분 프로젝트로 평가를 했다. 그러다 보니 도서관에 앉아서 시험 일정에 맞춰서 공부만 할 수 있는 게 아니고, 공부를 하다가 컴퓨터과학 전공을 위해서 프로그래밍을 해야 했고, 결국 몇 개 과목은 나쁜 성적을 받게 되었다. 이런 결과가 다양성 비용이라고 하면 너무 극단적일까?

중요한 건 다양성이 비용을 발생시킨다는 인식이다. 손쉽게 제품의 종류를 증가시키고 제품에 쓰이는 부품이나 어셈블리를 증가시킨 경우를 종종 볼 수 있다. 이렇게 자유롭게 늘릴 수 있는 건 다양성은 비용이 아니라는 인식 때문이다. 앞에서 언급했듯이 다양성은 종국에는 어떤 시점이든 비용을 발생시킨다. 다만 우리가 감당할 수 있는 범위에 있거나, 비용이 발생하는 게 눈에 보이지 않기 때문에 깨닫지 못할 뿐이다.

6. 다양성 비용의 예시

표 8. 다양성 비용의 예시[6]

재고	작업/구성

• 재고에 대한 비용: 원재료/재공품/완제품 재고로 발생하는 비용
• 재고 관련된 비용
  – 재고 창고 관리 인원 비용 및 데이터 처리 비용
  – 창고 부지 비용
  – 재고 파손/노후화/부식으로 인한 비용
  – 내부 수송 비용: 분류/수송 장비 비용, 노동 비용, 수송 공간 비용
	• 툴tool/다이dies/부자재fixtures에 대한 비용
	• 양산 안정화 지연에 따른 비용
	• 커스터마이징과 구성을 위한 공장 노동비용
	• 커스터마이징을 위한 엔지니어링 적용 비용
	• 개별 커스터마이징에 대한 문서화 비용과 전 문서 변경 비용

(계속)

(이어서)

준비/변경	마케팅/서비스
• 공정 준비를 위한 노동 비용 • 가동률이 100% 이하인 기계로 인한 비용 • 노동 자원 가동률로 인한 비용 • 부품들을 공정에 투입하고 구성하는데 필요한 노동비, 공간 비용 • 툴/지그/생산 인원 변경으로 인한 비용 • 공장 정지시간에 대한 비용	• 제품군 관리비, 문서화, 카탈로그, 가격표 비용 • 부품 부족 또는 제품에 대한 수요에 대응 미흡으로 상실한 매출 기회 • 판매되지 않는 제품에 희귀한 부품을 적용함으로써 상실한 매출 기회 • 예측 실수로 인한 비용: 할인, 리베이트 관련 비용 • 과도한 부품과 복잡한 절차로 인한 과도한 서비스 비용 • 과도한 다양한 제품으로 인한 예비 부품에 대한 물류 비용
재료	품질/유연성
• MRPmanufacturing resource planning/BOM 관리 비용 • 부품 관리 및 품질 유지 비용 • 내부 부품 분배 관련 비용 • 구매 관련 비용 　– 다양한 부품 구매 시 소요되는 협력사 조사 비용, 관리 비용 　– 구매 레버리지, 규모의 경제에 대한 기회 비용 　– 긴급 주문에 따른 추가 비용	• 배치 공정에서 일어날 수 있는 복수의 결함에 대한 비용 • 유연 생산을 지원하기 위한 설계, 정보시스템에 대한 비용

이전 절에서는 다양성 비용의 메커니즘에 대해서 살펴봤다. 본 절에서는 실제로 회사에서 발생할 수 있는 다양성 비용의 예시를 알아보자.

다양성으로 인해서 비용이 발생한다고 인식을 한다고 해도, 다양성 비용이라고 정확히 잘라서 분류하는 작업이 불가능하거나 상당히 어렵다. 본 절에서는 개념적으로 정리할 수 있는 다양성 비용에 대한 예시를 살펴보도록 하겠다. 미리 이야기해 두지만, 개념적으로 다양성 비용이라고 분류할 수 있는 것과 다양성 비용이 몇인지 찾는 것은 차원이 다른 문제임을 명심하자.

다양성 비용 자체의 값을 찾기가 어려울 뿐 다양성 비용은 영역별로 쉽게 찾아볼 수 있다. 몇 가지 예를 들어 보면 재고 관리 측면에서 다양한 제품, 다양한 부품을 사용할수록 그만큼 전체 재고량과 그에 따른 관리비는 증가한다. 부품별, 제품별로 일정한 재고를 유지해야 하기에 종류가 늘어난다는 것은 자재 부서에서 관리해야 하는 전체 부품 또는 어셈블리의 양이 증가함을 의미한다.

그뿐 아니라 재고 파손, 노후화, 부식 등으로 인한 비용도 증가하게 된다. 이와 함께 재고 관리비도 같이 늘어나는 이유는 재고 규모가 증가함에 따라서 보관해야 하는 부지, 인원의 수도 늘어나야 하고 재고를 찾기 위해서 또는 소진하기 위해서 노력하는 로드가 증가하기 때문이다.

다양성이 증가하면 작업이나 구성 측면에서도 비용이 증가한다. 한 종의 부품으로 작업을 할 때보다 다양한 부품을 가지고 작업을 하려면 그만큼 다양한 툴과 다수의 작업 방법이 필요하고, 때로는 숙련 정도에 따라서 작업자가 바뀌어야 할 때도 있다. 제품이 바뀔 때마다 셋업하는 시간이 필요하고, 그만큼 다른 제품을 양산하는 것을 막기 때문에 기회비용이 발생한다. 다양한 부품을 사용하기 위해서 부품을 사전에 분류해야 하는 작업이 필요하고, 혼입되었을 때 발생하는 문제 또한 다양성 비용의 예이다.

마케팅이나 서비스 측면에서는 다양한 제품을 판매하기 위해서는 제품들을 관리하는 비용, 카탈로그 비용, 가격 정책 관리 비용이 필요하고, 특정 제품의 재고 부족으로 판매 기회를 잃을 수도 있다. 판매 예측을 잘못하여 불필요한 판매 재고를 떠안아야 할 수도 있고, 서비스에 필요한 부품 재고 증가, 서비스 방법 다양화로 인한 서비스 질 저하 등이 발생할 수 있다. 종류가 다양한 제품을 취급하다 보면 물류 측면에서도 소량으로 이동시켜야 해서 과도한 물류비가 발생할 수 있다. 전체적인 다양한 제품이나 부품 관리를 위한 시스템 구축, 시스템 운영 및 관리에 따른 비용이 발생할 수도 있다.

이전 절에서도 언급했던 것처럼 다양성 관리에서 중요한 것은 다양성이 비용을 발생시킨다는 인식을 갖는 것이다. 먼저 다양성 비용에 대해서 인식을 해야만 다양성으로 인해서 발생하는 비용을 막기 위한 작업, 또는 비용을 최소화하는 작업을 이어서 진행할 수 있다. 앞서 언급한 바와 같이 다양성 비용을 개념적으로 인식하고 분류하는 작업은 어렵지 않다. 어떤 측면에서는 직관적으로 접근할 수 있는 영역이다.

실무에서 어려운 건 다양성 비용값을 찾아내는 작업이다. 단일 제품, 단일 공정과 작업 등으로 비용을 산출하는 방식을 전반적으로 바꾸지 않는 한 다양성 비용만을 구하는 건 사실상 어렵다. 다양성 비용에 대한 인식만 확인하고 이후에는 손을 놓고 있어야 할까? 다양성 비용을 직접 찾아내는 건 불가능하지만 대신 토탈 코스트 관점으로 접근하는 건 가능하다. 범위를 하나의 제품, 하나의 공정이 아니라, 전 제품, 회사 전 공정으로 확대하여 비용을 고려하면 다양성 비용을 특정하진 못하더라도 토탈 코스트를 줄이는 방향이 중국에는 다양성 비용을 줄이는 방향과 일치한다고 볼 수 있다.

Box 3. 다양성 체계[8]

기업 경영 측면에서 다양성을 체계적으로 정리한 논문이 Alessandro Brun와 Margherita Pero의 논문이다. 다음 글에서는 본 논문을 요약하고, 다양성에 대해서 정리하겠다.

복잡성은 절감의 대상이고 다양성은 최적화의 대상이다. 그렇다면 다양성의 최적값은 어떻게 찾을 수 있을까? 결론만 이야기한다면, **다양성의 최적값을 찾는 것은 사실상 불가능하다.**

다양성의 최적값을 찾는 작업을 살펴보기 전에 논문의 내용을 살펴보도록 하자. 본 논문에서는 다양성을 생성 레벨에 따른 생성 로직, 수치화 방법, 이것에 대한 효율적인 관리방안을 다루고 있다.

---

8 Alessandro Brun, Margherita Pero. Measuring variety reduction along the supply chain: the variety gap model. International Journal of Production Economics 2012;139:510-524.

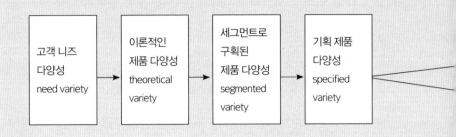

그림 12. 다양성의 체계

ⓐ 고객 니즈 다양성need variety: 고객이 표현할 수 있는 이론적으로 가능한 모든 고객 니즈의 조합의 수를 의미한다. 정확히 따지면, 고객 니즈 다양성은 고객의 니즈나 욕구를 모두 파악할 수 없기 때문에 수치화할 수 없다. 다만 이상치로 다음 단계의 다양성에 대한 참고값으로 의미를 갖는다.

ⓑ 이론적인 제품 다양성theoretical variety: 개별 고객들의 니즈를 모두 만족시키기 위해서 필요한 모든 잠재 제품들의 다양성을 의미한다. 즉, 기업이 가지고 있는 리소스 수준을 고려하지 않고, 고객을 만족하기 위한 모든 제품의 종류를 의미한다. 앞선 고객 니즈 다양성과 다른 점이라면, 현재까지 파악되거나 정의된 시장 내의 고객들을 만족하기 위한 제품들의 종수로 파악이 안 되었거나, 시장 외의 제품은 고려하지 않은 종수이다.

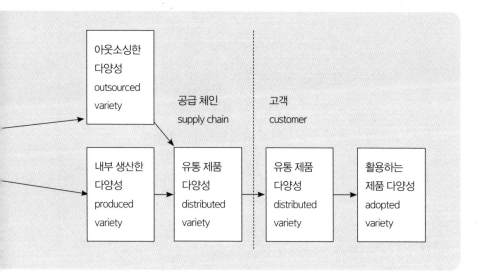

ⓒ 세그먼트로 구획된 제품 다양성segmented variety: 개별 고객이 아니라 동질화된 고객 집단들을 만족시키기 위해서 필요한 제품들의 다양성이다. 개별 고객 간의 차이는 인정하지 않고 고객들을 사전에 정의한 연령, 지역, 문화 등의 기준으로 동질적인 세그먼트로 묶은 후에 세그먼트별로 제품을 전개한 다양성을 의미한다.

ⓓ 기획 제품 다양성specified variety: 회사에서 명시하고 기획한 제품들의 종수를 의미한다. 여기부터의 다양성 종류가 기업이 관여하는 다양성이라고 할 수 있다.

ⓔ 실현 제품 다양성fulfilled variety(=내부에서 생산한 다양성produced variety+아웃소싱 한 다양성outsourced variety): 기획한 다양성 중에서 일부는 자사에서 제조할 수 있고, 일부는 아웃소싱 할 수도 있다. 보통 운영 효율화 활동은 본 레벨부터 시작한다.

ⓕ 유통 제품 다양성distributed variety: 고객에게 판매하기 위해서 매장 또는 물류창고로 이동한 제품의 종수이고, SKUstocking keeping unit 합리화 활동의 대상이다. 유통업체, 유통방식에 따라서 실현한 다양성보다 증가한다.

여기까지 공급자인 기업 측면에서 분류한 다양성의 분류이고, 다음 소개할 다양성의 분류는 고객 입장에서 구분하는 다양성이다.

ⓖ 구매 제품 다양성bought variety: 최종 소비자가 실제로 구입한 제품의 범위로, 고객에게 필요한 기능과 가치를 제공하는 제품과 연결이 된다. 기업이 만드는 제품의 종류와 소비자에게 판매하는 제품의 종수는 차이가 있을 수 있다.
ⓗ 활용하는 제품 다양성adopted variety: 최종 소비자가 실제로 사용하고 있는 제품 또는 제품이 가지고 있는 기능의 다양성이다.

이렇게 기업 경영에서 발생할 수 있는 다양성의 체계를 살펴본 후에 다시 처음 질문으로 돌아가 "최적의 다양성은 어떻게 구할까?" 묻는다면 대답은 똑같다. "최적의 다양성을 구하는 것은 사실상 불가능하다."이다.
앞에 나열한 다양성의 레벨에서 최적의 다양성을 구하겠다는 것은 기실현된 다양성이 아니라, 실현되기 전의 다양성을 구하겠다는 의미이다. 다양성 레벨 중에서 ⓐ, ⓑ, ⓒ 를 찾아낼 수 있을까? 전지전능한 신이 아니라면 사람들의 욕구까지 파악하는 것은 불가능하다.

앞서 고객 니즈 다양성이 레퍼런스로만 의미가 있는 것 은 그런 이유 때문이다. 또한 이론적인 제품 다양성은 현 재 자사가 파악한 시장 내의 고객을 만족하기 위한 다양성 의 수준이다. 그것이 최선일까? 지금까지 파악한 기업 내 정보를 모두 믿을 수 있을까? 말 그대로 실현되기 전의 다 양성은 이론적인 수치이고 참고치일 뿐이다. 여기까지 읽 는다면 답 없는 내용을 왜 계속 살펴보는지 궁금해 할지도 모른다.

결국 말하고자 하는 바는 다양성의 최적치를 구하는 것보 다 현재 다양성과 이론적으로 자사가 파악한 다양성을 활 용하여 목표 다양성을 선정하고 이를 달성하기 위한 활동 에 집중하는 게 필요하다는 사실이다.

현재 다양성 〉 목표 다양성 〉 이론적인 다양성

이론적인 다양성을 최적치로 구하는 것은 어떠한가? 이론 적인 다양성을 직접 구하는 것도 쉽지 않을 뿐만 아니라, 그 수치도 현재까지 파악된 시장의 요구와 니즈만 반영된 수치일 뿐 자사의 역량과 다른 내·외생적인 요인을 전혀 반영하지 않은 비현실적인 수치이기 때문에 활용 가치가 떨어진다.

만약 누군가 다양성을 구하는 작업을 하고 있다면 지금 당장 멈추고 하지 말라고 권하고 싶다. 현재 성과를 떨어뜨리지 않는 한 다양성을 무조건 절감하는 것이 다양성 최적화하는 지금까지 알려진 최선의 방법이다.

소개한 논문에 나온 다양성의 레벨이 모두 동의하는 것은 아니지만, 필자가 이렇게 다양성을 구분한 의도는 충분히 공감하고 필요성을 느낀다. 이후에서 레벨별로 다양성 관리 방안이 어떻게 연결되는지 살펴보도록 하겠다.

본 논문에서는 그 관리 방안을 수립하기 위해서 고려해야할 다양성에 대한 발생 요인을 소개하고 있다. 리스트를 있는 그대로 숙지하지 않더라도, 참고하는 것만으로도 도움이 될 것 같다.

1. 전략 수준strategic level

시장 분석부터 기획 단계에서 결정되는 다양성에 요인을 정리해 놓은 레벨이다. 가장 이상적인 다양성 관리는 본 레벨에서 적절하게 방안을 수립하여 실행하는 것이지만, 본 레벨에서 잘못할수록 뒤에 이어지는 레벨에서 할 일이 많아지게 되고, 그 효과는 떨어지게 된다.

1) 1단계: 이론적인 제품 다양성 → 세그먼트로 구획된 제품 다양성

이론적인 제품 다양성을 세그먼트로 구획된 제품 다양성

으로 변환 시에 영향을 주는 요인은 크게 마케팅 프로세스, 가치 제안, 마케팅 믹스로 볼 수 있다. 기업의 시장 분석, 세그먼트화, 타겟팅하고 포지셔닝하여 현재까지 파악된 고객의 요구를 만족시키기 위한 다양성을 어느 수준인지 결정하는 것이 본 단계이다.

보통은 이상적인 제품 수를 산정한다고 할 때 그 수치가 세그먼트로 구획된 제품 다양성에 해당한다. 그렇지만 여기에는 현실적인 제약조건을 반영하지 않았기 때문에 말 그대로 이상적인 수치이며 이것마저도 기업의 시장을 바라보는 시각이 완벽하다고 가정해야 하기 때문에 이상적으로 볼 수는 없다.

2) 2단계: 세그먼트로 구획된 제품 다양성 → 기획 제품 다양성

다음은 시장 분석, 마케팅 프로세스의 결과를 토대로 기획 제품 다양성이 결정된다. 여기에는 표준화 결정, 공급자 참여, 기술적 실현 가능성, 활용 가능할 시스템과 프로세스, 비용 제약, 조직 역량 등 현실적인 조건을 반영되게 된다. 마케팅이 원하는 대로 모두 다 만들어주면 좋겠지만, (마케팅이 정확하게 시장을 바라봤다는 가정하에) 현실은 그렇지 못한다. 내부적인 제약을 고려해서 최적의 제품 기획을 해야만 한다.

2. 운영 수준operative level

지금부터는 이미 기획된 다양성을 어떻게 효율적으로 파

생할 것인가를 중점적으로 살펴보게 된다. 몇 차례 언급했지만, 최대한 앞 단에서 다양성을 효과적으로 기획하지 않으면 다음 단계의 활동은 이미 저지른 것에 대한 청소 수준의 활동밖에 할 수 없다.

1) 3단계: 기획 제품 다양성 → 실현 제품 다양성

시장에 출시하겠다고 결정된 제품을 실제로 구현하는 단계이다. 주요 의사결정 사항은 그 제품을 내작(내부 제작)할 것인가, 아웃소싱할 것인가와 같은 '내작 또는 구매make or buy 결정', '실제 생산 능력', '주요 부품, 컴포넌트 수급 가능성', '물류에 대한 조건' 등이 영향을 미치게 된다.

본 단계에서는 기획을 했더라도, 개발 자원이나 생산 자원이 부족하면 외부로 그 제품 개발/생산을 돌리기도 하고, 어느 경우에는 물류 조건이 안 좋아서 포기해야 하기도 해야 한다. 이런 식으로 기획한 제품 다양성을 현실적인 조건에 맞게 재산정하는 단계를 의미한다.

2) 4단계: 실현 제품 다양성 → 유통 제품 다양성

전 단계에서 개발/생산에 대한 결정까지 마쳤다면, 그 제품을 어느 지역까지 파급할 것인지를 결정해야 한다. 큰 틀에서 지역 또는 국가까지는 제품에 대한 출시 결정을 내렸겠지만, 파생 모델을 어떠한 조합으로 어느 물류 창고에서 대응할지 결정해야 한다. 여기에는 소요되는 비용에 대한 최적화 작업도 필요할 것이고, 어떤 지역은 마케팅에 대한 이유로 손해를 보면서도 대응해야 할 경우도 있을 것이다.

"얼마나 다양한 제품을 보유하고 있어야 하는가?"
"얼마나 다양한 부품을 개발해야 하는가?"

위와 같은 질문은 '다양성의 효과성'에 대해서 다루고 있다. 어떻게 하면 경쟁사에 뒤지지 않고 시장에 대응할 수 있는 제품의, 부품의, 모듈의, 기타 가치 요소들의 다양성을 정할 수 있을까에 대한 질문이다.

종종 들어오는 질문 "최적 SKU는 어떻게 구합니까?"도 같은 맥락의 질문이다. 이것을 구하기 위해서는 앞 단의 시장 분석 활동에 충실해야 한다. 그다음은 다양성의 성격을 파악해야 하고, 반드시 제품 변화 메커니즘에 따라서 계획된 다양성을 추구해야 한다. 여기까지 기획에 관한 일이라고 한다면, 그다음 고민해야 할 문제는 이것이다.

"어떻게 다양성을 만들어낼 것인가? 어떻게 파생할 것인가?"

이는 자신만의 '다양성 파생 메커니즘'을 고민해야 봐야 할 때이다. 플랫폼platform을 가지고 기타 모듈을 가지고 변화를 일으킬지, 모듈화 후에 모듈들을 조합해서 변화를 일으킬지, 고객이 원하는 맞춤 요구를 고객에게 제품을 제공하는 시점까지 최대한 늦출지, 고객이 스스로 맞춤화를 하도록 유도할지. 정답은 없다. 상황에 맞게 결정해야 한다.

'제품 파생 메커니즘'에 따라서 제품 다양성에 큰 그림이 잡혔다면, 자신 회사의 운영 역량에 맞춰서 최대한 효율적으로 그것을 파생할 방안을 찾아야만 하는 것이다.

예를 들어 보겠다. 우리 집 근처의 시장에는 탕수육 전문점이 있다. 일반 탕수육부터 크림 탕수육, 칠리 탕수육 등 다양한 탕수육을 저렴한 가격에 파는 가게이다. 이 가게에서는 피크 시간에 맞춰서 탕수육 반죽을 미리 해놓는다. 고객 주문에 맞춰서 대, 중, 소 양에 맞춰서 반죽을 튀기고, 탕수육 종류에 따라서 마지막에 소스를 붓는 식으로 판매를 한다. 기본 제품을 양념 없는 탕수육으로 맞춰 놓고, 주문 시점에 맞춰서 소스 붓는 식으로 많은 주문에 대응하고 있다.

반면에 맛집으로 유명한 매운 냉면 전문점은 메뉴가 비빔 냉면과 콩국수 딱 두 가지이다. 여름 한 철로 파는 콩국수는 겨울에는 매운 짬뽕이나 잔치국수로 변경이 되지만, 기본 메뉴인 비빔 냉면은 다양성 파생 메커니즘을 고객에게 맡긴다. 냉면을 줄 때 딸려오는 찬 육수의 양에 따라서 물 냉면으로도 즐길 수 있고, 냉면 위에 놓인 양념장을 얼마나 덜어내는가에 따라서 매운 정도를 달리할 수 있다.

이처럼 기업마다 제품별로 다양성 어떻게 파생시킬지는 달리 가져갈 수 있다. 문제는 얼마나 '제품 변화 메커니즘'

으로 정의된 제품 다양성을 만족시킬 것인지, 자신의 운영 역량에 맞춰서 효율성을 높일 것인가가 관건이다.

제3장

복잡성 관리

**"복잡성 관리는
복잡성이 시스템에 미치는 영향을 관리하여
시스템의 성과를 높이는 활동이다."**

복잡성은 절감하는 걸까? 관리해야 하는 걸까? 최적화해야 하는 걸까? 이 장은 단순하지만 쉽지 않은 질문으로부터 시작한다. 복잡성에 대한 명확한 이해를 확인할 수 있는 좋은 질문이다. 본 장이 마무리되는 시점에서 다시 되물어 보자. 복잡성은 절감, 관리, 최적화해야 하는 걸까?

1. 복잡성 절감? 관리? 최적화?

지금까지 복잡성과 다양성에 관해 다뤘다. 이제부터 복잡성과 다양성으로 인해서 발생하는 문제를 어떻게 해결하는지에 대해서 살펴보도록 하겠다. 먼저 다음 물음에 대해서 답해야 한다. 복잡성은 절감하는 것일까? 관리하는 것일까? 답부터 말하면 복잡성은 두 가지 이유 때문에 절감보다는 관리가 적합하다.

첫 번째 이유는 복잡성은 가치 측면에서 좋은 복잡성과 나쁜 복잡성으로 나눌 수 있기 때문에 무조건 절감하는 게 아니라 관리해야 한다. 성장을 위해서 불가피하고 그 자체가 비용보다 큰 가치를 내고 있다면 좋은 복잡성으로 분류하고, 가치보다 비용을 발생시키고 있다면 나쁜 복잡성으로 분류할 수 있다. 복잡성의 가치가 나쁜 복잡성으로 분류될 때만 절감하는 것이 맞다. 그렇지 못할 때는 좋은 복잡성을 포함하여 생각하여, 절감이 아니라 관리해야 하는 대상이 된다.

두 번째 이유는 절감할 수 있는 대상이라면 측정이나 수치화가 가능해야 하는데, 복잡성은 측정이 불가능하기 때문이다. 혹 측정할 수 있다고 하더라도 복잡성을 절감하는 방향이 이익이 되는 방향을 확실히 잡기가 어렵기 때문이다.

복잡성을 수치화한 복잡도에 대한 수식을 활용하는 경우가 있다. 그러나 기업 경영을 위한 복잡도의 수식은 현실적으로 표현하기도 어려울 뿐만 아니라 실효성도 없다. 복잡성을 수치화하는 건 불가능하다. 혹여나 가능하다고 하더라도 이를 경영 성과와 직접적으로 연결하거나 외부·내부 이해관계들에게 공감을 얻는 것은 극히 어렵다. 제품 하나 줄이는 것, 법인 하나를 축소하는 것이 어느 정도의 복잡성을 줄이고 경영상에 이익을 주는지 정확히 표현할 수 있을까? 그와 관련된 이해 관계자가 많을수록 경영에 대한 판단은 어려워진다. 사실상 복잡성을 수치화하는 것은 불가능하고, 가능하다고 해도 행동을 위한 판단 근거로 삼는 건 불가능하다는 것이다.

위에 제시한 두 가지 이유로 인해서 복잡성은 절감의 대상이 아니라 관리의 대상이 된다. 다만 동일한 성과를 보장한다면 복잡성은 낮을수록 좋다. 즉, 절감의 결과가 시스템 관점에서 이전보다 낮거나 동등하다면 복잡성은 줄이는 것이 좋다.

수치화하기 어려운 복잡성을 관리하라고 한다면 말이 안 되는 요구 사항처럼 보인다. 복잡성은 직접 표현할 수도 측정할 수도 없기 때문에 복잡성을 일으키는 요인에 접근하는 것이다. 그것이 제2장에서 다룬 다양성이다. 복잡성을 일으키는 하나의 요인인 다양성을 다룸으로써 복잡성을 관리하는 방식을 취하게 된다.

그렇다면 다양성은 절감의 대상일까, 관리의 대상일까? 다양성은 기업의 상황, 외부 환경, 역량 등의 여러 가지 조건으로 인해서 최적값이 결정된다. 즉, 망대, 망소의 특징을 갖는 것이 아니라 최적값이 존재한다는 의미이다. 그래서 다양성은 절감의 대상이 아니라 최적화의 대상이 된다.

그런데 다양성의 최적값을 찾는 것은 현실적으로 쉽지 않은 작업이다. 가능하다고 해도 상당한 시간과 리소스를 요구하고 얻을 수 있는 결과가 그에 비해서 부족하다. 우리 회사가 판매해야 하는 최적의 모델 수, 모델을 만드는 데 필요한 모듈이나 부품 수 등을 정확하게 말할 수 있는 회사는 작은 규모의 회사가 아니면 사실상 없다. 그래서 최적값을 일일이 찾는 것보다 대신해서 "더 이상 줄일 수 없을 때까지 줄인다."를 모토로 다양성을 절감하는 게 현실적이다.

다양성을 줄일 수 있는 근거는 충분히 찾을 수 있다. 그러나 늘려야 하는 합리적인 근거를 찾는 과정은 쉽지 않기 때문에 충분히 줄이고, 더 줄일 수 없을지 고민하고, 다양한 부서 간의 토론 끝에 결정하는 의미에서 이를 권장한다.

결론적으로 복잡성은 관리해야 한다. 그리고 다양성은 최적화하는 것이다. **즉, 다양성을 최적화하여 복잡성을 관리하는 것이다.**

2. 핵심 개념

복잡성 관리에 필요한 핵심 개념을 살펴보도록 하자. 이 책은 시스템학 서적이 아니기 때문에 복잡성 관리에 필요한 최소한의 개념만 다룰 예정이다. 조금 더 심도 있는 정보를 원한다면 시스템학, 시스템공학책을 읽는 걸 추천한다.

1) 시스템

시스템이란 무엇일까? 쉽게 이야기하면 우리 주변에 있는 거의 모든 존재가 시스템이라고 볼 수 있다. 단지 단순한 시스템, 복잡한 시스템, 또는 정적인 시스템, 동적인 시스템으로 나눌 수 있을 뿐이다. 오히려 시스템이 아닌 것을 찾는 일이 쉬울지도 모르겠다. 우리 주변에 있는 존재 중에서 고유의 목적성을 가지고 기능을 수행하고 있는 유·무형의 모든 존재는 시스템이라고 볼 수 있다.

시스템은 외부 환경에서 입력을 받아서 내부의 프로세스를 거쳐서 출력을 내놓는 형태로 작동하는 동질적, 이질적인 구성 요소들의 집합이다. 대표적으로 인간을 포함한 생명체, 기업, 제품 등이 모두 시스템의 한 종류이다.

시스템은 고유의 목적성을 갖는데, 목적을 어느 정도 달성하고 있느냐가 시스템의 성과로 볼 수 있다. 같은 기능을 하는 시스템이라도 시스템마다 목적에 따른 성과는 천차만별이다. 예를 들면 기업은 영리 추구가 목적이지만 그에 따른 목적인 매출과 이익은 기업마다 같지 않다. 처한 환경이 다르고, 내부 구성 요소가 다르고, 구성 요소 간의 관계 등이 다르기 때문이다.

시스템은 시간이 흐르면서 변화하는지 여부에 따라서 동적인 시스템과 정적인 시스템으로 나눌 수 있다. 그리고 외부 환경과의 상호 관계를 가지는지에 따라서 개방형 시스템과 폐쇄형 시스템으로 나눌 수 있다. 모든 시스템은 자신의 목적을 달성하기 위해 수행하는 기능이 있고, 기능을 수행하는 데 있어서 발생하는 부차적으로 발생하는 복잡성을 시스템 고유의 특성으로 갖는다.

복잡성은 시스템이 갖는 고유의 특성이다. 복잡성은 시스템의 구성 요소와 구성 요소 간의 관계로 인해서 발생한다. 이론적으로는 시스템의 구성 요소와 구성 요소 간의 관계가 동일하다면 그로 인한 복잡성이 동일할 수 있겠으나, 그렇게 될 가능성이 희박하므로 복잡성은 시스템이 갖는 고유의 특성이라고 해도 무방하다.

그리고 복잡성은 시스템의 성과에 영향을 미친다. 정적인 시스템과 폐쇄형 시스템인 경우에는 복잡성의 크기가 항상 일정하므로 더 이상 신경을 쓰지 않아도 무방하다. 그러나 동적인 시스템이고 개방형 시스템인 경우에는 복잡성은 시스템의 변화에 따라서 크기가 바뀌게 된다. 만약 성장하는 시스템의 경우 복잡성은 시스템의 성장보다 커지게 되고, 종국에는 시스템의 성장을 억제하는 요인으로 작동한다.

2) 시스템의 변화

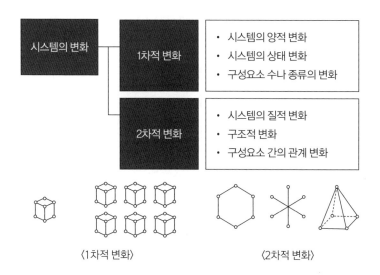

그림 13. 시스템의 변화

복잡성은 시스템의 변화 때문에 문제가 되고 시스템의 변화로 해결되기도 한다. 즉, 복잡성은 시스템의 변화보다 민감하게 증가하고, 시스템의 변화로 인해서 복잡성이 가져올 문제가 해결되므로 시스템의 변화를 명확하게 이해하는 것은 복잡성을 이해하는 데 필수적이다.

시스템의 변화는 두 가지로 나눌 수 있다. 첫 번째는 1차적 변화이다. 시스템을 이루고 있는 구성 요소의 양적 변화로 수만 늘어난 것을 의미한다. 과거의 상호 작용과 구성 방식은 바뀌지 않은 채 수만 늘어난 것을 의미한다. 즉, 본질은 바뀌지 않은 채 보이는 표현형만 바뀌는 변화가 1차적 변화이다.

물을 예로 들면, 물의 양이 바뀐 상황이 1차적 변화이다. 또는 상태만 바뀐 것이다. 물은 수증기나 얼음으로 바뀐 정도가 1차적 변화로 볼 수 있다. 특정 조건이 되면 기존과 거의 차이 없이 원상 복구가 가능하다.

두 번째는 2차적 변화이다. 시스템의 질적 변화를 의미하며, 구조적 변화를 의미한다. 동일한 구성 요소를 가지고 그것의 배치, 역할, 상호 작용 등이 바뀌어서 기존과 완벽하게 다른 결과물을 내는 것을 의미한다. 1차적 변화와 달리 조건 일부가 바뀐다고 하여 원상 복귀할 수 없다.

예를 들어서 동일한 구성 요소를 가지고 있지만 흑연과 다이아몬드는 다른 구조를 가지고 있다. 단순히 구성 요소가 바뀐 것이 아니라 구성 요소 간의 관계와 구성 방식이 바뀌었기에 흑연과 다이아몬드의 본질이 바뀐 거라고 볼 수 있다.

그렇다면 기업의 성장은 1차적 변화일까, 2차적 변화일까? 성장에 따라서 사람 수, 조직의 규모가 늘어난 모양이므로 1차적 변화라고 생각할 수 있다. 하지만 기업의 성장은 명백한 2차적 변화이다.

기업은 성장에 따라서 조직의 규모만 커지는 게 아니라 조직 간의 역학 관계, 조직 내의 역학 관계, 프로세스 등이 바뀌게 된다. 구성원의 마인드나 자세도 바뀌게 되고, 산업 내 위치도 바뀐다. 2차적 변화의 특징은 비가역성이다. 즉, 원래 상태로 복구가 완벽하게 되지 않거나 복구하기 위해서는 엄청난 에너지를 필요로 한다는 사실이다. 기업이 1천억 원의 매출을 하던 규모에서 2조 원 규모의 매출을 하는 회사로 성장하면 매출 규모는 쉽게 원 상태로 돌아가더라도 기업의 규모나 체질은 원래 상태로 돌리기 어렵다.

3. 복잡성 관리는 왜 수행해야 할까?

　이 세상에 존재하는 시스템은 인위적으로 생성된 것이든 자연적으로 생성된 것이든 존재하는 목적이 있고 목적에 따라서 작동하며 성장한다. 그 성장이 정체로 바뀌고 정체가 노화로 바뀌는 순간도 있다. 그러나 그 시점은 배제하고 성장하는 과정에서는 목적에 따라서 시스템이 발현해야 하는 성과가 있다. 그리고 그 성과는 시스템이 가지고 있는 구성 요소에 따라서 구성 요소 간의 상호 작용으로 결정이 되게 된다.

　그런데 복잡성은 이러한 성과에 '부' 영향을 미친다. 물론 복잡성이 끼치는 영향 자체가 모두 나쁘다고 평가할 수 없다. 자동차가 전진하기 위해서는 구동력이 핵심이지만, 지면에서 반대 방향으로 마찰력이 발생하지 않으면 자동차는 앞으로 나갈 수 없다. 복잡성이 끼치는 영향은 시스템이 발현하는 데 저항력을 발휘하지만, 이 저항력이 없으면 시스템이 성과를 내는 데 어려움을 겪게 된다. 즉 복잡성을 이겨 냄으로써 성과를 낼 수 있는 것이다.

　그런데 어느 순간 복잡성이 시스템이 감당할 수 없는 수준을 넘어버리면 시스템이 내야 할 성과는 감쇄하게 된다. 그래서 복잡성을 없앨 수도 없애서도 안 되겠지만, 어느 수준으로 관리하는 것이 필요하다는 것이다. 즉, 시스템이 발휘하는 성과를 높이기 위해서 복잡성 관리를 해야한다는 의미이다.

시스템이 원활하게 작동하는데 조금 더 나은 성과를 내기 위해서는 필연적으로 발생하는 복잡성을 어떤 방식으로든 관리해야만 한다. 기업 경영 관점에서 생각해 보면 기업이 성장하면서 매출과 이익만 증가하는 건 아니다. 그에 따라서 복잡성도 같이 증가하게 된다. 어느 수준의 복잡성은 성장에 있어서 필연적인 부산물이다. 그렇지만 어느 수준이 넘어가면 기업에게 복잡성은 비용이 된다. 문제는 복잡성이 일으키는 결과만 인지할 뿐 왜 그렇게 되는지, 무엇이 이러한 결과를 일으키는지 알 수 없다는 것이다.

그래서 복잡성이 문제를 발생시키기 전부터 복잡성 관리를 해야 한다. 모습을 드러내고 결과를 만들어 내는 시점에는 무언가를 처치하기가 쉽지 않다. 실제로도 한참 성장하는 회사에서 복잡성을 관리해야 한다고 하면 지금은 바쁘니까 어느 정도 규모가 되었을 때 수행하겠다는 의견을 자주 듣는다. 어느 정도 규모가 되면 처리해야 하는 복잡성의 규모가 커서 상당한 시간과 리소스가 필요하고 쉽게 복잡성을 관리하기가 어려워진다. 복잡성 관리를 하려면 성장하기 시작했을 때부터 준비하는 것이 좋다. 그때가 가장 적은 비용에 적은 리소스로 복잡성 관리 체계를 만들 수 있다.

Box 4. 복잡성 관리는 언제부터 시작하는 것이 좋을까?

복잡성 관리의 필요는 성장의 부산물인 복잡성이 이익에 부정적인 영향을 미치기 때문이다. 그렇다면 복잡성 문제를 인지한 시점부터 복잡성 관리를 수행하면 될까? 즉, 어느 정도 성장을 이룬 다음부터 복잡성 관리를 수행해야 할까? 복잡성이 문제를 일으킨다고 인지한 후에 복잡성 관리를 수행하는 것은 이미 복잡성으로 인한 문제가 어느 정도 발생하여 그것을 해결하는 데 필요한 시간과 리소스가 상당한 시점일 가능성이 크다.

체중 관리를 해야 할 적정한 시점은 언제일까? 이미 체중이 늘어서 관리가 필요하다고 생각되는 시점일까? 아니다. 체중이 이미 늘어난 이후에는 그것을 빼기 위해서 상당한 노력이 필요하다. 이미 체질, 생활 습관이 체중이 늘 수 있는 상태로 바뀐 상태이다. 이때는 체중을 조절하려고 하면 체질과 생활 습관을 바꿔야 한다. 그래서 체중 자체가 아니라 체중의 경향을 보고 결정해야 한다.

복잡성 관리도 동일하다. 성장하면서 복잡성이 문제를 일으키는 시점은 이미 복잡성이 발생할 수밖에 없는 제품 현황, 프로세스, 조직이 갖춰진 상태이다. 쉽게 바꿀 수 없다. 그래서 이상적으로는 복잡성 관리가 필요한 시점은 성장이 시작한 시점부터다. 복잡성이 문제를 일으키기 전에 복잡성을 관리해야 한다.

4. 복잡성 관리는 무엇인가?

복잡성을 수치화하기도 불가능하고 이론적으로 없애기도 불가능하다면 어떻게 관리해야 할까? 아니, 과연 복잡성 관리가 가능한 일이긴 할까? 복잡성을 관리한다는 것은 무엇을 의미하는 걸까? 결론부터 말하면 이 책에서 말하는 복잡성 관리는 정확히 복잡성 요인 관리complexity factor management를 의미한다. 복잡성 요인 중에서도 다양성을 관리한다는 의미다. 이전 절에서 언급한 것과 같이 다양성을 줄이거나 최적화해서 복잡성을 관리한다고 볼 수 있다.

복잡성 관리의 의미를 명확히 이해하기 위해서는 시스템이 가지고 있는 역량capability부터 시작해야 한다. 지금까지 언급한 내용을 종합하면 복잡성은 시스템의 고유의 특성이며, 성장하는 시스템에는 필연적인 부산물과 같은 성과에 영향을 주는 특성이다. 시스템 입장에서는 시스템이 가지고 있는 역량이 감당할 수 있는 복잡성은 별다른 문제를 일으키지 않는다.

몸속에 차곡차곡 쌓이는 피로감이 건장한 사람에게는 큰 영향을 미치지 않는 것처럼 시스템도 어느 수준의 복잡성은 인지하지 못한다. 그런데 성장의 속도와 복잡성의 속도는 차이가 있고, 그로 인해서 시스템이 갖는 역량 이상으로 복잡성이 커지면 복잡성은 비용을 일으킨다. 여기까지가 복잡성이 일으키는 비용에 대한 메커니즘을 다룬 절의 내용이다. 시스템은 복잡성이 문제를 일으키기 전에 자신의 역량 수준까지 복잡성을 줄이거나, 현재 복잡성을 이겨 낼 수 있을 정도로 시스템의 체질을 개선해야만 한다.

위 두 가지 활동을 복잡성을 관리한다고 표현한다. 사람 몸에 쌓이는 피로감이 문제를 일으킨다면 조금 더 쉼으로써 일시적으로 사람 몸의 피로감을 없애거나, 피로감이 쉽게 쌓이지 않는 몸 상태로 만드는 두 가지 방법이 있는 것과 마찬가지이다.

앞서 복잡성 요인인 다양성을 가지고 복잡성 관리에 대해서 정의해 보자. 기업이 성장하면서 양적으로 증가시킨 결과, 즉 다양성을 직접적으로 줄임으로써 복잡성을 관리할 수도 있고, 다양성을 효과적으로 대응할 수 있도록 기업의 구조, 즉 체질을 개선하는 방식으로 복잡성을 관리할 수도 있다.

이미 복잡성에 어떻게 대응하는지에 대해서 살펴본 바가 있다. 고래 곡선상에서 다양성을 줄이는 활동과 고래 곡선 자체를 바꾸는 활동으로 구분했다. 이후에는 구체적으로 어떤 방식으로 복잡성 관리를 수행하는지에 대해서 살펴보자.

5. 복잡성 관리는 어떻게 실행해야 하는가?

표 9. 1차적 변화와 2차적 변화의 차이

	성장을 억제하는 방식	시스템의 구조를 변화시키는 방식
특징	• 복잡성을 일으키는 요인을 직접 절감하는 형태 • 단기적이고 일시적인 효과를 볼 수 있음 • 대체로 이후에 요요 현상처럼 원상태로 돌아옴 • 한 영역에서 복잡성은 다른 영역의 복잡성을 전가함 • 부분 최적화가 될 가능성이 큼 • 생활화, 습관화가 되어야 함 • 현상에 대한 개선이 주가 됨	• 시스템의 구조를 변화시키고, 체질을 개선하는 형태 • 근본적이고 급진적인 방법으로 장기적인 효과를 볼 수 있음 • 실행하기가 어려움 • 기존과의 단절을 요구함 • 전체 최적화를 추구함 • 다양한 활동이 결합한 복합적인 활동임
활동	• 시스템을 구성하는 요소를 직접, 요소의 다양성을 절감	• 시스템 요소 간의 관계를 변화시킴 • 복잡성을 관리하는 역량 향상 • 복잡성 증가 속도를 줄임
예시	• 3S, VRP	• 플랫폼 전략, 모듈러 디자인

1절에서 다뤘던 바와 같이 복잡성을 관리하는 방법은 크게 성장을 억제하는 방식과 시스템의 구조를 변화시키는 방식으로 나눌 수 있다. 시스템의 변화 측면에서 살펴보면 전자는 1차적 변화를, 후자는 2차적 변화를 의미한다.

첫 번째, 성장을 억제하는 방식은 시스템을 구성하는 요소를 직접적으로 다양성을 절감하는 방식이다. 기업의 이익에 도움을 주지 않는 제품을 단종시키거나 제품군을 구성하는 부품, 모듈, 서브 시스템을 절감하는 것이 여기에 해당한다고 할 수 있다.

이 방식은 단기적이고 일시적인 효과를 볼 수 있으나, 그 효과를 지속하지 못하여 요요 현상처럼 원상태로 돌아올 수 있다. 그리고 한 영역에서의 복잡성을 절감하는 결과가 부분적으로만 최적화하는 데 머물러서 다른 영역의 복잡성으로 전가할 가능성이 있다. 그것은 이미 시스템의 체질이 절감하기 전 복잡성에 맞춰져 있기 때문이다. 기업 입장에서는 프로세스, 조직, 제품 등이 원래 복잡성에 맞춰져서 있기 때문에 단기적으로 줄이더라도 원래 상태로 돌아가는 관성이 다시 발생하게 된다.

두 번째, 시스템의 구조를 변화시키는 방식은 현재 가지고 있는 시스템의 구조를 변화시키고 체질을 개선하는 방식으로 근본적이고 급진적인 방법이다. 이는 장기적인 효과를 얻을 수는 있으나 실행하기가 어렵다. 기존과의 단절을 요구하고 전체 최적화를 추구하기 때문에 다양한 활동이 결합한 복합적인 활동이어야 한다.

복잡성 관리 측면에서는 시스템 요소 간의 관계를 변화시키고 복잡성을 관리하는 역량을 향상시키거나 복잡성이 증가하는 속도를 줄이는 것이다. 늦더라도 원하는 체질로 변경하는 방식이다. 복잡성을 덜 발생시키거나 복잡성을 줄일 수 있는 체질을 만들기 위해서 프로세스를 바꾸고, 조직을 변경하는 식으로 대응한다.

여기까지 소개한다면 첫 번째 방식은 불필요한 것이 아닌가 생각할 수도 있겠으나, 첫 번째 방식으로 현상에 대한 개선이 먼저 이루어져야만 두 번째 방식을 실행할 수 있다. 모듈화 활동 이전에 반드시 수행하는 활동이 복잡성 절감 활동complexity reduction이다. 불필요한 제품 포트폴리오나 제품 사양을 찾아내서 먼저 줄이고, 표준화할 수 있는 범위를 최대한 확보를 한 후에 모듈화 작업을 수행한다. 이미 지저분하게 늘어진 상태에서 무언가를 새롭게 그리는 것은 쉽지 않은 일이다. 그래서 무엇인가 체계를 만들기 전에 가장 먼저 하는 행동이 주변을 정리하는 행동이다.

두 번째 방식이 성공을 거두었더라도 첫 번째 방식은 생활화가 되어야 한다. 매번 복잡성 수준에 맞춰서 체질을 개선하는 건 불가능한 일이다. 그 대신 집 청소를 정기적으로 해주듯 불필요한 요소를 절감하는 활동을 병행하면, 복잡성이 심각한 문제를 일으키기 전에 선제적으로 행동하는 효과를 기대할 수 있다. 한 번 리모델링하더라도 관리하지 않아서 집안이 엉망이 되는 상황과 유사하다.

표 10. 복잡성 관리의 분류

복잡성 관리complexity management 다양성으로 인한 복잡성=f(다양성variety)		
종류	다양성 메커니즘variety mechanism	다양성 최적화variety optimization
관리 대상	다양성	함수function
종류	고래 곡선 자체를 바꾸는 활동 1) 조직 체질, 역량을 개선 2) C=F(V) 중에서 F를 조정 → 플랫폼 전략, 모듈러 디자인 등	고래 곡선상의 이동 1) 현 조직 역량에 맞는 수준으로 Variety를 조정 2) C=F(V) 중에서 V를 조정 → 3S, VRP 등

시스템의 변화가 아닌 고래 곡선을 가지고 복잡성 관리를 설명해 보겠다. 첫 번째 방식은 성장을 억제하는 방식은 복잡성을 다양성의 함수 C=F(V)로 표현했을 때 함수의 인자인 V (variety)를 조정하는 방식이다. 곡선상의 이동을 추구하는 방식으로 현재 기업의 역량에 맞는 수준으로 다양성을 조정하는 방식이다. 고래 곡선상에서 이익이 극대화하는 수준으로 매출을 줄이면서 이동하는 방식이다.

여기에 속하는 활동이 3S나 VRP이라고 할 수 있다. 첫 번째 방식은 다양성 최적화로 명명할 수 있다. 시스템을 구성하는 구성 요소들의 다양성을 이익을 극대화하는 방향으로 최적화하는 활동으로 정의할 수 있다.

두 번째 방식은 시스템의 변화를 일으켜서 체질을 개선하는 방식은 C=F(V)에서 함수인 F를 조정하는 방식이다. 곡선상의 이동을 추구하는 방식이 아니라, 곡선 자체를 바꾸는 활동이다. 현 수준이 이익 관점에서 최적점이 될 수 있도록 내부 다양성으로 인한 복잡성을 이겨 낼 수 있는 역량을 갖추는 활동이다.

여기에 속하는 활동의 대표적인 예가 다양성 메커니즘의 한 종류인 플랫폼 전략이나 모듈러 디자인이 있다. 이것은 다양성 메커니즘으로 명명할 수 있다. 두 번째 방식은 시스템의 구조를 바꾼다고 하여 리스트러처링restructuring, 아키텍처링architecturing이라고도 한다. 시스템을 구성하는 구성 요소 간의 다양성이 효율적으로 운영될 수 있는 시스템의 구성 방식, 체질을 전환하는 활동으로 정의할 수 있다.

제1장 1절에서 「백종원의 골목식당」의 사례를 들었다. 「백종원의 골목식당」에서 메뉴 수를 줄이는 활동, 식당의 역량에 맞춰서 메뉴를 최소화하는 활동이 첫 번째 방식에 해당한다. 반면에 만능 양념장을 사용하여 다수의 메뉴에 대응하는 활동, 공통 재료를 활용할 수 있도록 메뉴를 구성하는 활동, 조리 위치나 조리 툴을 조정하여 다수의 메뉴에 대응하는 활동이 두 번째 방식에 해당한다.

제4장

아 키 텍 처 개 론

"복잡성에 대응하기 위한 방식을 아키텍처에 담는다."

　이번 장의 주제인 아키텍처는 모듈러 디자인 활동에서 가장 중요한 개념이지만, 그것의 정의를 정확하게 말할 수 있는 사람은 많지 않다. 아키텍처는 설계의 결과물이다. 그렇다면 무엇을 설계한 걸까? 복잡성 관리 입장에서는 복잡성에 대응하는 방식을 설계하고, 제품 개발 입장에서는 제품의 경쟁력을 설계한다. 본 장을 읽고 아키텍처에 대한 개념을 명확히 이해했는지 알고 싶다면 읽자마자 다른 사람에게 설명해 보자.

1. 핵심 개념

아키텍처에 대해서 본격적으로 알아보기 전에 몇 가지 기본 개념을 살펴보도록 하자. 아키텍처가 설계의 산출물이기 때문에 아키텍처를 만드는 과정인 설계, 설계의 핵심인 기능, 구조에 대해서 명확한 이해가 필요하다.

표 11. 기능과 구조의 개념

기능function	구조structure
• 제품이 존재하는 이유이자 가치를 만들어내는 결과물이다. • 중요도에 따라서 주기능, 보조기능, 보완기능으로 나뉜다.	• 기능을 구현하기 위한 물리적 요소들을 의미한다. • 설계 파라미터의 조합으로 계층적으로 표현된다. • 기능을 전달하는 수단이기도 하지만 제약사항이기도 하다.

1) 기능

기능function은 시스템이 가치를 발생시키는 존재의 의미이자, 시스템의 목적을 달성하는 수단이다. 기능은 시스템이 행하는 그 자체를 의미한다. 시스템 설계자가 시스템 본연의 목적을 가지고 설계했다면 그 목적을 달성하기 위해서 당연히 가져야 할 시스템 또는 시스템 내부 구성 요소들이 갖는 행위들을 기능이라고 한다.

스마트폰을 예를 들어보자. 스마트폰이 필요한 이유가 무엇일까? 통화나 메시지처럼 다른 이와 연결되는 것, 자료를 검색하는 것, 무료한 시간을 견디게 해주는 것 등 스마트폰의 겉모습이 어떠하든 간에 우리가 스마트폰에 기대하는 가치는 결국 기능에서 나온다.

기능은 시스템의 목적을 발현하는 수단이지만 반드시 목적에 부합하는 기능만 있지는 않다. 시스템이 동작하면서 예상치 못하게 발생하는 기능들도 있고, 이 중에는 목적에 역행하는 기능도 있을 수 있다. 앞으로도 다루겠지만 설계는 시스템의 목적을 달성하기 위해서 어떻게 시스템의 기능을 구현할 것인지를 고민한 결과물이 된다.

다음에 나오는 구조와 연결하여 생각하면 복잡한 시스템이란 구조가 복잡한 시스템을 의미하는 것이 아니다. 기능이 단순해도 결과물인 구조는 복잡할 수 있다. 그렇게 되면 복잡성 중에서도 불필요 복잡성이 높아진다. 그런데 정말 복잡한 시스템은 핵심 복잡성이 높은 시스템이다. 스마트폰보다 자동차가, 자동차보다 비행기가, 비행기보다 우주선이 복잡한 시스템이란 것은 단순히 덩치가 크고 구조가 복잡함을 의미하지 않는다. 담당하는 기능이 많기 때문이고, 기능이 많기 때문에 핵심 복잡성이 높은 것이다.

2) 구조

앞서 언급한 기능이 시스템이 목적을 이루기 위해서 갖게 되는

시스템 또는 시스템 내부 구성 요소들의 행위들이라면, 구조structure
는 그것을 실현한 결과물이다. 시스템이 가져야 하는 기능을 문서
등으로 표현했다면, 이를 실현한 결과물이 구조이다. 구조는 시스템
의 기능을 구현하는 수단이 되며, 어떠한 경우에는 기능을 구현하는
데 있어서 제약사항이 되기도 한다. 그래서 가장 완벽한 시스템은
구조를 갖지 않고 기능을 구현하는 시스템이다.

복잡성의 분류에서도 언급했지만, 시스템이 갖는 복잡성은 본연
의 기능을 구현하는 데 필요한 핵심 복잡성과 본 기능을 구조로 전
환하면서 발생하는 불필요 복잡성으로 나눌 수 있다. 불필요 복잡성
은 구조로 인해서 발생하는 복잡성이다. 좋은 설계는 같은 기능을
제공하는 데 있어 구조로 인해 발생하는 복잡성 중 불필요 복잡성을
최소화하여 시스템이 갖는 복잡성을 최대한 핵심 복잡성과 같게 하
는 것을 의미한다.

구조와 의미가 헷갈려서 혼용하는 용어가 아키텍처다. 공교롭게
도 아키텍처는 한글로 번역할 수 있는 용어도 없지만, 굳이 한글로
번역한다면 '구조'가 되기 때문에 구조와 아키텍처가 동일한 용어라
고 생각하기 쉽다. 결론부터 말하면 구조와 아키텍처는 완전히 다른
용어이다. 한글로 아키텍처를 구조로 번역하는 건 문제가 없으나,
구조와 아키텍처를 혼용하는 것은 지양해야 한다. 둘을 구분 짓는
몇 가지 이유를 살펴보자.

첫 번째, 구조와 아키텍처 모두 설계의 결과물이라는 공통점이
있으나, 구조는 설계 단계 중에서도 상세 설계 단계의 결과물이고,
아키텍처는 개념 설계 단계의 결과물이다. 즉, 아키텍처가 구조보다

먼저 만들어진다.

　두 번째, 아키텍처는 기능을 세부 기능으로, 또는 기능을 구조로 매핑한 결과물이고, 그 과정에서 설계자의 전략적 의도가 포함된다. 구조는 구조에서 상세 구조로 전개한 결과물로 정해진 설계자의 의도가 담긴, 설계 규칙을 준수한 결과물이다.

　마지막으로 구조는 설계의 수동적인 결과물로 기능에 상응하는 표현이고, 아키텍처는 설계를 활용한 의도를 담고 있어서 상응하는 표현을 해결해야 하는 문제가 된다. 복잡성에 대응하길 원한다면 아키텍처의 상응하는 표현은 복잡성이 된다. 이 책에서는 구조와 아키텍처가 자주 혼용되고, 큰 문제를 일으키지 않는다면 혼용해도 큰 문제가 될 것은 없다. 다만 개념이 명확하지 않은 상태에서 두 개념을 동일한 듯 사용하다 보면 중요한 개념을 잊게 될 수 있으므로, 실무와 구분하여 개념은 명확히 해놓는 것을 권한다.

3) 설계

설계는 단순히 도면을 작성하는 활동이 아니라,
제품이 만들어지는 과정에서의 결정해야 할 의사결정 사항을 반영하는 "Art"이다.

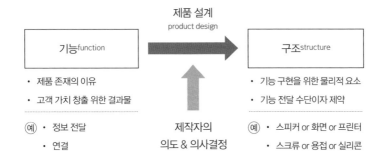

제품 설계
product design

기능function	구조structure
• 제품 존재의 이유 • 고객 가치 창출 위한 결과물	• 기능 구현을 위한 물리적 요소 • 기능 전달 수단이자 제약
(예) • 정보 전달 　• 연결	(예) • 스피커 or 화면 or 프린터 　• 스크류 or 용접 or 실리콘

제작자의
의도 & 의사결정

그림 14. 설계의 개념

설계design처럼 다양한 분야에서 그보다 더 다양한 의미로 사용하는 용어도 없다. 설계는 앞서 설명한 기능과 구조를 상호 간 매핑하는 과정, 기능을 구조로 전사하는 과정, 즉 기능을 구조로 표현하는 과정으로 설명할 수 있다. 시스템이 가져야 하는 목적을 두고, 기능을 정의하고, 기능을 구현하기 위해서 갖게 되는 구조를 실현하는 행위를 설계라고 한다. 복잡성 관점에서 설계는 어떻게 하면 시스템이 갖는 전체 복잡성을 핵심 복잡성에 가깝게 할 수 있느냐가 중요하다. 즉, 어떻게 하면 불필요 복잡성을 줄일 수 있느냐가 관건이다. 구조에 대한 개념을 알아보면서 언급했지만, 좋은 설계는 사용자가 원하는 기능을 가장 단순한 구조로 제공하는 활동이다.

예를 들어서 스마트폰이 사람 간의 연결만을 유일한 기능으로 제공한다고 가정해보자. 가장 좋은 구조는 구조가 없는 것이다. 즉, 스마트폰이라는 눈에 보이는 매개체가 없더라도 사람 간 연결이 되는 게 가장 이상적인 구조다. 하지만 텔레파시를 사용하지 않는다면 그런 것은 불가능하므로 차선으로 최대한 단순하고 간단한 구조로 만드는 것이 설계의 역할이다.

설계의 대상은 시스템이다. 조직이 될 수도 있고, 제품이 될 수도 있고, 프로세스가 될 수도 있다. 결국 유무형의 구조를 가지고 기능을 하는 모든 시스템은 설계의 대상이다.

설계는 요구사항requirements과 제약사항constraints을 준수하여 결과물을 만들고, 여기서 요구사항은 다시 기능적 요구사항functional requirement과 비기능적 요구사항non-functional requirement으로 나눠진다. 기능적 요구사항은 말 그대로 시스템이 가져야 할 기능을 글로 표현한 결과물을 의미하고, 기능 외에 모든 요구사항이 비기능적 요구사항에 해당한다. 제약사항은 설계를 함에 있어서 준수해야만 하는, 설계의 자유도를 억압하는 모든 요소를 말한다.

아키텍처의 주요 관여 범위는 기능적 요구사항이 아니라 비기능적인 요구사항이다. 그렇다고 기능적 요구사항이 중요하지 않은 것이 아니다. 기능적 요구사항은 기본이고 전략적 의도, 콘셉트가 비기능적인 요구사항으로 표현이 되며, 좋은 아키텍처는 비기능적인 요구사항을 얼마나 잘 준수했는지 여부로 결정된다.

예를 들어서 비기능적인 요구사항에 가격도 포함된다. 기존 경쟁사 제품을 뛰어넘는 스마트폰에 여러 가지 기능을 탑재했는데 가격이 수천만 원이라면 해당 스마트폰은 기능이 아무리 뛰어나더라도 상품으로서 가치가 없다.

설계는 기능을 구조로 전사시키면서 시스템을 만드는 과정이다. 그 과정에서 좋은 설계는 기능뿐만 아니라 비기능적인 요구사항을 최대한 만족시키는 설계다. 그 결과물이 아키텍처가 된다.

Box 5. 기능 복잡도와 구조 복잡도

앞서 시스템이 갖는 복잡성을 핵심 복잡성과 불필요 복잡성으로 나눴다. 문헌에 따라서 복잡성을 수치화한 결과인 복잡도로 표현하고, 기능 복잡도와 구조 복잡도(설계 복잡도)로 나눈다. 결론부터 말하면 시스템이 갖는 복잡도는 기능 복잡도와 구조 복잡도의 합이다. 기능 복잡도와 구조 복잡도의 일부가 시스템이 갖는 핵심 복잡성을 수치화한 결과이고, 나머지 구조 복잡도가 불필요 복잡성을 수치화한 결과가 된다.

기능 복잡도는 시스템이 갖는 기능으로 인해서 발생하는 복잡성을 수치화한 결과이므로, 동일한 기능을 가졌다면 기능 복잡도는 같다고 볼 수 있다. 손톱 깎기와 스마트폰의 차이는 기본적으로 각각이 갖는 기능에서 온다. 스마트폰이 손톱 깎기보다 복잡도가 높은 건 기능이 복잡하기 때문이다.

기능이 동일하지만 브랜드가 다른 스마트폰끼리 복잡도가 다른 이유는 구조 복잡도가 다르기 때문이다. 구조 복잡도는 설계 과정에서 결정하므로 설계 복잡도라고도 부르는데, 기능을 어떻게 구현하는가에 따라서 결정하기 때문이다.

복잡도는 비용과 직결한다. 기능 복잡도가 동일하다면 결국은 구조 복잡도가 얼마인가에 따라서 시스템이 갖는 비용이 결정된다. 결국 시스템의 비용은 설계가 결정하게 된다. 설계가 중요한 이유는 시스템이 갖는 구조 복잡도를 결정하기 때문이기도 하다. 이상적인 시스템은 시스템이 갖는 복잡도가 기능 복잡도와 동일한 시스템이다.

시스템의 복잡도＝기능 복잡도＋구조 복잡도
시스템의 이상적인 복잡도≒기능 복잡도

2. 아키텍처에 대한 담론

　본 절에서는 아키텍처에 대한 다양한 세미나, 교육에서 공유했던 내용을 살펴보자. 본격적으로 아키텍처를 공부하기 전에 그것을 이해하는 데 도움이 될 것이라고 믿는다. 아키텍처의 이해는 단순히 정의, 중요성, 구조 등을 공부하는 것만으로 얻을 수 없다. 중요한 것은 툴 자체가 아니라 그것을 사용하는 목적이고 사용하는 사람의 생각이다.

　여러 생각이 중구난방으로 뒤섞여 있다고 생각할 수 있겠으나, 본 절의 목적은 아키텍처에 대한 여러 가지 생각을 통해서 독자의 아키텍처에 대한 생각을 정리하는 데 있다.

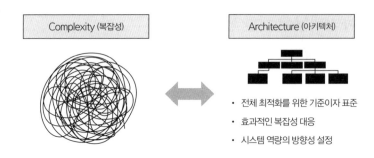

Complexity (복잡성)	Architecture (아키텍처)

- 전체 최적화를 위한 기준이자 표준
- 효과적인 복잡성 대응
- 시스템 역량의 방향성 설정

그림 15. 아키텍처의 정의

"아키텍처"

아키텍처의 문헌상 정의는 '기능과 구조와의 매핑한 구성 요소, 상호 작용의 집합으로, 최상위 설계 산출물'이다. 그렇지만 모듈러 디자인 활동에서는 정의 이상의 의미를 갖는다.

(1) 아키텍처는 다양한 영역과 관련된 의사결정의 결과물이며, 이후 이어질 활동에 대한 기준이 된다.

아키텍처를 단순한 설계의 결과물로 봄은 설계 과정을 단편적으로 바라보기 때문이다. 설계는 머릿속의 구상을 현실화하는 시작이자, 다양한 제약사항을 해결해가면서 초기에 설정한 목적을 달성하는 과정이다. 그래서 설계에서의 아키텍처는 단순한 산출물이 아니라 콘셉트의 적용, 제약사항의 해결, 그 과정 속에서 얻은 최적의 의사결정의 집약체가 된다.

그렇기 때문에 아키텍처는 한번 만든 후 설계 이후 활동과 단절하는 게 아니라, 이후에 이어질 활동의 기준이 된다. 아키텍처가 갖는 형태는 상세 설계에 대한 원칙이 될 수도 있고 운영 준비에 대한 약속일 수 있다.

아키텍처는 공간과 시간에 따라서 한가지 정답으로 존재하지 않는다. 대신 최적화를 위해서 살아있는 여러 가지 선택지 중 하나로 존재한다.

아키텍처에는 정답이 존재하지 않는다. 아키텍처는 설계 과정 중에 수행되는 다양한 의사결정의 결과물로 그 자체가 살아있어야 하는 존재이다. 아키텍처는 완성된 후에 최적화를 위한 표준으로 작동한다. 표준이라는 말을 오해하여 하나의 정답지가 있는 것으로 곡해하거나, 변화해서는 안 되는 것으로 오해해서는 안 된다. 그것은 결국 아키텍처의 경쟁력을 잃게 만드는 가장 큰 이유가 된다. 아키텍처를 만들어가는 과정이 올바른 과정이었다면, 아키텍처는 최상이 아닌 최적의 선택지가 된다.

아키텍처는 변화에 저항하기 위해서 만드는 것이 아니라, 변화에 능동적으로 대응하기 위해서 만든다.

하나부터 열까지 고민하고 만든 결과라고 해도 모든 아키텍처는 결함이 있다. 좋은 아키텍처란 결함이 없는 아키텍처가 아니라, 결함을 능동적이고 효율적으로 보완할 수 있는 프로세스 안에 존재하는 아키텍처다. 최소의 결함을 가진 아키텍처도 시간이 흘러갈수록 결함을 노출할 수 있다. 결함이 결함으로 존재하기 전에 아키텍처를 변경하는 활동이 가장 작은 비용으로 결과물을 내는 방법이다.

"우린 십 년을 견딜 수 있는 견고한 아키텍처를 만드는 것이 목표이다." 여기서 견고함이란 변화를 이겨 내는 힘이 아니라, 스스로 변화할 수 있는 힘을 의미한다.

외부 요인에 의해서 비자발적으로 변화를 '당하는 것'이 아니라, 외부 요인을 파악하고 요인에 대한 영향도를 분석하여 자발적으로 변화할 수 있는 '유연성'이 바로 견고함의 의미이다. 견고함과 유연함을 반대의 의미라고 생각할 수 있으나, 견고함의 극한은 유연함의 극한과 통한다.

(2) 아키텍처가 있다는 사실만으로 복잡성을 해결해 줄 수 없다.

복잡성에 대응하기 위한 수단으로 아키텍처가 거론되지만, 단순히 아키텍처가 있다는 사실만으로 복잡성이 해결되지는 않는다. 흔히 하는 오해가 아키텍처를 바꾸면 많은 것을 변화할 것이란 생각이다. 전략 그 자체보다 전략을 수립하는 과정과 전략을 변환하는 과정을 중요하게 생각하는 것처럼, 실제로는 아키텍처 자체보다 아키텍처를 만들어가는 과정과 아키텍처를 변화하는 과정이 중요하다. 그 과정에서 복잡성에 대응하기 위한 기준, 규칙, 절차가 아키텍처 안에 담긴다는 과정 또한 중요하다. 이를 위해서는 복잡성에 대응하기 위한 의사결정의 결과가 아키텍처 안에 담겨야 할 것이다. 즉, 아무런 노력 없이 아키텍처만으로 복잡성이 해결되지는 않는다.

복잡성의 종류에 따라서 대응하는 아키텍처의 종류도 달라진다.

복잡성은 다양한 원인으로 인해서 발생한다. 기술의 진화에 따라서 복잡성이 증가하기도 하고, 구성 요소의 다양화와 구성 요소 간의 관계의 다양화로 인해서 복잡성이 증가하기도 한다. 그리고 외부 환경 변화에 따라서, 고객이 증가함에 따라서, 고객의 요구가 다변화됨에 따라서 복잡성이 증가하기도 한다. 결국 기술의 진화에 따른 내재적인 복잡성 대응은 제품 단위의 아키텍처로 해결해야 한다. 아키텍처에 따라서 상대적으로 적은 비용으로 기술을 가치로 연결할 수도 있고, 그와 반대되는 경우에 처할 수 있다.

반면에 다양성으로 인한 복잡성은 제품군 단위의 아키텍처로 해결해야 한다. 단일 제품의 아키텍처가 아니라, 다수 제품의 아키텍처를 효율화함으로써 복잡성을 줄이는 방법을 찾아야 한다.

제품군 단위의 아키텍처에서 주목해야 하는 관점은
공간 축과 시간 축의 변화이다.

제품군 단위의 아키텍처에서 주목해야 하는 것은 제품 단위에서 벗어난 제품군 단위의 변화이다. 모듈러 디자인 활동에서 가장 변화시키기 어려운 것은 생각의 폭을 넓히는 것이다. 제품이 아니라 제품군 단위로 생각해야 하고, 단일 세대가 아니라 다세대의 시각으로 활동을 바라봐야 한다. 그래서 모듈러 디자인에서의 변화라 함은 공간 축의 변화, 즉 동일 세대 내의 제품들 간의 변화와 시간 축의 변화를 의미한다. 즉 다세대 간의 제품들 간의 변화에 주목해야 한다. 무엇은 변하고, 무엇은 변하지 않는지 주목하고, 어떤 식으로 복잡성에 대응할 것인지 아키텍처 안에 담아야 한다.

(3) 아키텍처에서 단 한 가지 속성만 가져야 한다면

개념적인 무결성conceptual integrity**을 추구해야 한다.**

아키텍처의 속성상 그것과 상극이 되는 개념은 복잡성이다. 복잡성을 관리하기 위해서 아키텍처를 활용하는 것이며, 그러한 의미에서 아키텍처에서 가장 중요한 속성은 개념적인 무결성이다. 최고의 성능을 추구하는 하이 티어high-tier 제품이 미미한 부분 하나라도 저렴한 부품 또는 낮은 성능의 부품을 썼다면 그 자체가 아키텍처를 훼손하는 일이 될 것이다. 반대로 초저가를 추구하는 제품이 쓸데없이 하이 퀄리티의 부품을 썼다면 그 자체로 모순이 된다.

아키텍처는 기준이자 원칙이자 그것을 만드는 절차를 의미한다. 아키텍처는 부여받은 개념을 지키기 위한 무결성을 최고의 가치로 삼아야 하며, 이를 어기는 행위가 단기적인 이익을 만든다고 해도 이는 장기적으로는 제품의 경쟁력을 잃게 만드는 행위가 된다.

아키텍처가 하나의 형태로 수렴할 수 없는 것은
그 자체가 인적 요소를 내포하기 때문이다.

아키텍처가 제품으로 개발되고 생산이 되는 과정은 점차 인적 요소의 비중이 줄어드는 과정이다. 사람 머릿속의 구상이 점차 현실화가 되고 여러 가지 제약사항을 받아들여 가면서 최적화되는 과정은 결국 사람의 생각, 의사결정이 반영되는 과정이다. 그러다가 점차 인적 요소보다는 운영적인 요소의 비중이 커지게 된다.

이러한 이유로 아키텍처는 하나의 형태로 수렴될 수가 없다. 사람마다 생각이 다르고 의사결정의 결과도 달라지기 때문이다. 물론 리엔지니어링을 통해서 경쟁사의 제품을 카피할 수 있을지 몰라도 그것은 결과를 카피하는 것이지 과정을 카피하는 것이 아니기 때문에 콘셉트, 전략적 의도는 추측할 수밖에 없다. 즉, 껍데기만 베끼는 형태밖에 만들 수 없다.

제품은 현실과 반응하면서, 아키텍처를 변화시킨다.

한 번 만들어진 아키텍처는 불변의 존재가 아니다. 제품은 현실과 마주하여 변화의 압력을 받고 경쟁사의 제품들과 동화되는 과정을 겪게 된다. 물론 행위의 주체는 사람이겠으나 종국에는 제품은 변화하기 마련이다.

그 결과 제품의 변화가 아키텍처의 변화를 이끌고 아키텍처의 변화는 다시 제품의 변화를 이끌어 낸다. 기업의 경쟁력의 차이는 이 과정을 얼마나 능동적으로, 얼마나 신속하게, 얼마나 정확하게 이끌어 내느냐에서 발생한다.

현실 인식이 늦어지면서 대응이 늦어지거나, 대응하면서 잘못된 의사결정을 이끌어 내거나, 내부적인 변화 없이 외부의 변화를 억지로 따라하기 바쁘다거나, 아키텍처의 변화는 피할 수 없는 숙명이지만 그것을 대하는 태도에 따라서 아키텍처의 성패가 결정된다고 볼 수 있다.

(4) 아키텍처의 어원은 건축에서 유래되었다.

아키텍처는 아키텍트에서 파생된 단어이다. 아키텍트는 '뛰어난 건축가master builder'라는 의미로 중세 프랑스어 Architecte, 라틴어 Architectus, 그리스어 Arkhitekter에서 유래된 단어이다. 자세히 살펴보면 아키텍트는 '최고의chief'를 의미하는 arkhi와 '건축가, 목수 builder, carpenter'를 의미하는 Tekton이 결합한 단어이다. 즉 최고의 건축가, 기술가 정도의 의미가 된다.

과거 지배층이 자신의 업적이나 사회적인 위치를 기리기 위해서 규모가 큰 구조물을 만드는 경우가 많았다. 지배 계층이 의도를 가지고 구조물을 만들 때 이들 아키텍트는 그 의도를 파악하여 구조물에 대한 콘셉트를 정의했으며, 구체적인 건축 및 구현은 이 콘셉트 하에서 이루어졌다.

즉, 큰 틀에서 보면 아키텍트는 자신들의 고객인 지배 계층의 의도를 짜 맞추어 표현하는 사람이었던 것이다. 그리고 그들의 최상위 결과물이 아키텍처가 된다.

아키텍처라는 용어는 다양한 분야에서 사용되지만,
기본 개념은 일맥상통한다.

아키텍처는 단어가 유래된 건축뿐만 아니라 소프트웨어, 하드웨어, 기업 전략, 기업 구조 등 다양한 분야에서 각기 다른 의미로 사용되고 있었다. 하지만 기본 개념은 의도를 반영하는 콘셉트가 기본이 된다는 사실과 콘셉트가 반영된 최상위 설계 결과물이라는 점에서 동일하다. 그래서 분야와 관계없이 아키텍처를 구현하기 위해서는 의도가 무엇인지부터 파악하는 것이 핵심이 된다.

가장 훌륭한 아키텍처는 설명하지 않고도,
그 자체로 의도를 파악할 수 있는 것이다.

기술적인 우위를 복잡함에서 찾는 경우가 많다. 어렵게 정의하고
어렵게 설명하면 기술적으로 우월한 것으로 생각한다. 그러나 가장
아름다운 설계물은 기능을 구현하는 결과물 중에 가장 단순한 구조
를 가진 것이다.

개념적 무결성을 추구하는 것은 결국은 많은 솔루션 중에서 가
장 단순한 것을 찾는 과정과 동일하다. 복잡하다는 것은 그만큼 부
자연스럽다는 것을 내포하기 때문이다.

(5) 아키텍처는 구조화 과정의 시작이자, 기준이다.

"복잡성은 시스템이 가진 고유의 특성이고, 아키텍처는 복잡성에
대응하기 위한 고유의 방식이다." 시스템마다 복잡성이 다르듯, 그
를 대응하는 방식도 다양할 수밖에 없다. 그러나 변함없는 것은 아
키텍처에는 명확히 지키고자 하는 '무엇'이 있고, 그것이 지속될 수
있도록 '구조화'하는 과정이 필요하다는 것이다. 구조화 과정의 시
작이 아키텍처다.

아키텍처는 시스템의 재설계, 재구축의 시작이다.

복잡성을 해결하는 과정은 버릴 것과 유지할 것, 변화할 것과 변
화하지 않을 것을 구분하는 것부터 시작한다. 이 과정에서 버릴 것

을 과감히 버리고, 향후에 관리되지 않을 복잡성이 증가되지 않도록 기준을 세우고, 기준에 따라서 지속될 수 있도록 구조화하는 과정을 거치게 된다. 구조화하는 것을 모듈러 디자인에서는 '모듈 기반의 운영체계의 구축'이라고 표현한다.

모듈 기반의 운영체계에서는 각 부문이 전사 최적화를 위해서 모듈 기반의 활동을 정의하고, 이를 유지할 수 있는 시스템을 구성해야 한다. 그 시작이 '아키텍처'이고, 아키텍처에 따라서 시스템을 재설계 및 재구축하게 된다.

(6) 단순화로 생존하고,
설계로 경쟁하라 Surviving By Simplification, Competing By Design

성장의 부산물인 복잡성은 종국에는 성장을 방해하고, 조직의 기반을 해친다. 조직의 성장과 더불어 조직의 역량이 같이 향상되지만, 복잡성의 상승 속도 만큼은 이르지 못한다. 한참 성장의 열매에 취해 있을 때는 복잡성의 폐해를 느끼지 못한다. 무엇인가 문제가 생겼다고 느낄 때는 이미 복잡성이 극적인 방법이 아니면 정리하지 못할 수준이 되어버린다.

복잡성을 절감하는 것은 조직의 생존과 연결된다. 그러나 복잡성을 절감하는 것만으로는 충분하지 않다. 복잡성이 성장의 부산물이라고 했던 것은 지속적인 성장을 위해선 복잡성을 이겨 낼 수 있는 역량을 갖춰야 한다는 것이다. 복잡성을 이겨 낼 수 있는 구조로 전환해야 하며, 그것은 '아키텍처'이며 아키텍처를 만들어내는 과정인 설계로 경쟁해야 한다.

복잡성의 문제는 관성의 문제이다.

복잡성의 문제가 해결하기 어려운 것은 복잡성이 관성의 문제로 연결되어 있기 때문이다. 복잡성은 시스템 고유의 특성으로, 시스템을 바꾸지 않으면 복잡성은 절감될 수 없다. 시스템은 변화를 거스르는 것을 막는 속성이 있으며, 이러한 속성이 복잡성의 문제를 복잡하게 만드는 주요한 이유가 된다. 점진적인 방법으로는 복잡성의 문제를 근본적으로 해결하지는 못하며, 급진적이고, 극적인 방법으로만 복잡성의 문제를 해결할 수 있다.

(7) 제품 설계에 있어서 아키텍처의 의미를 이해해야 한다.

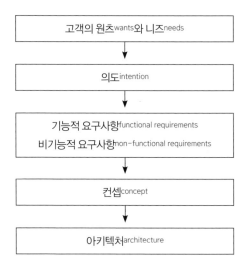

그림 16. 아키텍처의 전개

제품은 그것을 사용하는 사람의 원츠wants와 니즈needs가 현실화된 결과물이다. 처음에는 고객의 원츠와 니즈를 받아들여서 설계자의 의도intention가 먼저 결정이 된다. 고객의 목소리와 설계자의 의도가 상세하게 구체화된 것이 기능적/비기능적 요구사항이다. 이렇게 표현된 요구사항을 설계자에 의해서 이루고자 하는 결과물의 모습인 콘셉트로 가장 먼저 형상화된다. 이 과정에서 만들어진 최초의 결과물이 아키텍처다.

아키텍처는 설계자의 의도가 반영되어서 만들어진 콘셉트를 형상화된 고레벨의 결과물이다. 이후에는 조금 더 구체화하여 종국에는 제품에 이르게 된다. 제품이 기능을 수행하기 위해서 만들어진 결과물이 구조다. 아키텍처보다 조금 더 구체화된 모습이 구조이고 아키텍처는 의도된 결과물인 반면에 구조는 모든 활동으로 만들어진 결과물이라고 볼 수 있다. 고객의 요구사항부터 제품으로 만들어진 과정을 설계라고 한다. 즉, 필요로 인한 생각을 실현하기 위한 결과물을 만들어내는 과정을 설계라고 한다.

아키텍처에 관심을 가져야 하는 이유는 기업의 변화는 기업이 만드는 제품들, 제품을 기획하고 만들고 판매하는 과정, 그에 수반되는 활동을 변화시키는 과정이 필요한데, 그것을 하기 위한 기본이 되는 과정이 아키텍처를 변화시키는 것이기 때문이다. 체질을 바꾸는 구조적인 변화, 변화를 구조화하기 위해서는 아키텍처부터 시작해야 해야 한다.

3. 아키텍처는 무엇인가?

이전 절에서 다룬 아키텍처에 대한 담론을 통해서 아키텍처에 대해서 어느 정도 이해를 높였다고 생각한다. 본 절에서 그 내용 중에서 정의에 관련된 부분만 정리하도록 하겠다.

복잡성 관리에서 아키텍처는 시스템이 복잡성에 대응하는 방식을 의미한다. 아키텍처의 사전적인 의미는 전략적 의도(콘셉트)를 가지고 시스템이 갖춰야 할 기능을 구조로 전사한 고수준의 설계 결과물을 의미한다. 이것을 복잡성 관리 측면에서 재해석하면 시스템이 복잡성에 대응하고, 이겨 내고, 타 시스템과 경쟁하는 방식이 포함된 결과물이다. 복잡성 관리의 핵심은 시스템의 체질을 개선하는 것이다. 이를 위해서는 시스템의 구조를 바꿔야 한다. 그리고 시스템의 구조를 바꾸기 위해서는 아키텍처를 바꿔야 한다.

모듈러 디자인 측면에서는 아키텍처는 **전략적인 의도를 반영한 중장기적인 기획의 결과물**이다. 모듈러 디자인을 실행하려는 명확한 의도가 있을 것이다. 그리고 그 의도는 명확하게 표현되어야만 한다. 그것을 표현된 결과물이 바로 아키텍처다. 그래서 모듈러 디자인의 가장 중요한 활동이 바로 '모듈화', 즉 '모듈 기반의 제품 아키텍처 정의'가 된다. 전사적인 의도, 영역별 의도, 그리고 중장기에 걸쳐서 이루고자 하는 목표를 달성하기 위한 기획의 결과물이 바로 아키텍처가 된다.

종합하면 아키텍처의 정의는 다음과 같이 정리할 수 있다.

"아키텍처는 복잡성 관리 측면에서 시스템이 복잡성에
대응하는 방식을 포함하여 효율적으로 성과를 내기 위해서
시스템의 변화해야 하는 체질로 전환하겠다는 전략적인
의도를 가지고 제품, 조직, 프로세스를 대상으로 만든
중장기적인 기획의 결과물이다."

여기서 중요한 것은 모듈러 디자인에서의 아키텍처는 단순히 제품 아키텍처만으로 한정하지 않는다는 점이고, 단일 시점을 한정한 결과물이 아니라 중장기적으로 활용해야 하는 결과라는 점이다.

4. 아키텍처는 왜 중요한가?

사전적 의미	복잡성 관리에 있어서의 의미
• 전략적 의도(콘셉트)를 가지고 시스템이 갖춰야 할 기능을 구조로 전사한 고 수준 설계의 결과물	• 시스템이 복잡성에 대응하는 방식 • 복잡성을 이겨 내고 타 시스템과 경쟁하는 방식

"시스템의 체질을 개선하기 위해서는 시스템의 구조를 바꿔야 하고,
시스템의 구조를 바꾸기 위해서는 아키텍처를 변화시켜야 함"

"설계로 경쟁하라competing by design**"**

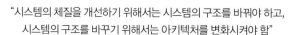

그림 17. 아키텍처의 중요성

기존에 만들어진 아키텍처를 분석함에 있어서 가장 중요한 일은 아키텍처에 담긴 의도를 파악하는 것이고, 새롭게 만들 아키텍처에 있어서 가장 중요한 일을 아키텍처에 담길 의도를 결정하는 것이다.

모듈러 디자인에서의 아키텍처가 제품 아키텍처, 다양성에 대응하기 위한 모듈러 디자인이라면, 여기서의 제품 아키텍처는 제품군

아키텍처product portfolio architecture를 의미한다. 제품 아키텍처를 결정하는 데 있어서 가장 중요한 의도는 제품이 갖추게 될 경쟁력이다. 반면에 제품군 아키텍처는 제품군 자체가 갖는 특성이 의도가 된다. 다양성, 효율성efficiency, 균형감balance 등 제품이 아니라 제품군이 가져야 할 의도가 제품군 아키텍처가 담아야 할 필수 요소 중 하나이다.

그렇다면 제품군 아키텍처에서는 제품 아키텍처가 가지고 있는 제품 자체의 경쟁력은 의미가 없을까? 제품군 아키텍처는 제품 아키텍처가 갖춰야 할 개별 제품의 경쟁력은 기본적으로 지니고 있다는 전제에서 시작한다. 제품군은 제품들의 집합이다. 개별 제품 하나하나의 경쟁력이 최종적인 제품군의 경쟁력이 된다.

효과성과 효율성의 문제로 살펴보자. 개별 제품들은 목표로 하는 시장과 고객에 적합하고 경쟁력을 갖춰야만 한다. 즉 효과성의 문제를 해결할 수 있어야 한다. 효과성을 극대화하는 게 제품 아키텍처의 목표이다.

기업 입장에서 하나의 제품만으로 시장에서 경쟁하는 경우는 흔치 않다. 특정 제품은 경쟁사보다 앞서 있지만, 모두 그렇게 될 수는 없다. 개별적으로 봤을 때는 불필요한 제품이라도 제품군 입장에서는 빠질 수 없는 제품일 수도 있다. 제품 간에 명확하게 역할과 특징이 구분되어야 하고, 제품 간 균형감이 있어야 한다. 그리고 제품군 내 다양한 제품을 출시하는 데 있어서 최소한의 리소스를 소비해야 한다. 즉, 이것은 제품군 입장에서 만족해야 하는 효율성의 문제이다. 제품 아키텍처의 의도를 포함하여 다양성, 효율성, 균형감을 포함하는 것이 제품군 아키텍처의 목표이다.

Box 6. 아키텍처는 대국적으로 바라보세요

자주 받는 질문 중 하나가 아키텍처의 변화가 모델 하나의 원가를 절감하고, 개발 리드타임을 단축하는 등의 모델 하나에 대한 큰 변화를 가져올 수 있는지를 물어보는 질문이다. 지금 당장 신제품을 내놓아야 하는데, 아키텍처를 변화시키면 조금이라도 매출을 올리고 이익을 높일 수 있는지에 대해서 질문을 한다. 물론 그렇게 할 수도 있다. 아키텍처를 변화시켜서 단일 모델의 원가, 리드타임, 품질을 향상할 수도 있다.

그런데 모델 하나 개선하자고 아키텍처에 대한 변화를 이끌어야 할까? 제품 하나에 기업의 전 자원을 투자한다면 그렇게 할 수 있다. 그렇지만 과연 하나의 모델만 경쟁력을 갖춘다고 회사 전체에 이익이 될까?

모듈러 디자인 활동을 하고자 하는 사람들에게 가장 먼저 바꿔야 하는 인식은 모델 단위의 사고, 모델 단위의 비용 관점, 특정 영역의 최적화 관점이다. 모듈러 디자인은 단일 제품이 아니라 제품군 전체, 단일 항목 원가가 아니라 총비용, 단일 세대가 아니라 전 세대에서 최적화할 수 있는 아키텍처의 변화를 이끌어 내야 한다.

물론 어렵다. 평사원은 매년 자신의 업적 평가를 받고 임원은 몇 년마다 성과 평가를 통해서 재계약 여부를 결정한다. 이 과정에서 몇 년이 걸릴지 가늠할 수 없는 중장기적인 계획을 내미는 건 원래부터 무리일지 모른다. 게다가 내가 담당하고 있는 모델 또는 모델군이 있는데, 그것을 벗어나서 전체 모델군을 대상으로 하는 건 월권일지도 모른다.

그래서 모듈러 디자인 활동은 철저하게 최고 경영자의 의지에 따른 장기적인 계획하에 진행해야 한다. 물론 추진 동력을 잃지 않도록 단기적인 성과를 수치로 표현할 수 있어야 하지만, 기본적으로는 사내에서 중장기적인 방향성을 제시하고 최소한 활동 그 자체에 대한 의구심은 갖지 않도록 조정해야 한다.

다시 한번 말하지만 "모듈러 디자인 활동은 대국적으로 해야 한다. 단일 모델의 개선 활동이 아니다."

5. 아키텍처는 어떤 역할을 담당하는가?

앞서 아키텍처의 중요성에 대해서 살펴봤다. 결국 아키텍처가 중요한 이유는 아키텍처가 담당하고 있는 역할 때문이다. 본 절에서는 아키텍처의 담당하는 역할에 대해서 살펴보도록 하겠다. 앞서 언급한 바와 같이 아키텍처가 복잡성에 대응하는 방식이라고 한다면 시스템 측면에서 어떤 역할을 가질 것인지 명확히 할 필요가 있다.

표 12. 아키텍처의 역할

> 첫 번째, 아키텍처는 전체 최적화를 위한 기준이자 표준으로 작동한다.
> 두 번째, 아키텍처는 효과적인 복잡성 대응에 필요하다.
> 세 번째, 아키텍처는 시스템 역량의 방향성을 설정한다.

첫 번째, 아키텍처는 전체 최적화를 위한 기준이자 표준으로 작동한다.

복잡성 관리를 통한 시스템의 체질을 바꾸기 위해서 계속 강조할 것은 전체 최적화이다. 복잡성은 전이되고, 전가되기 쉬운 속성을 가지고 있다. 즉, 개발에서 발생한 복잡성은 타 영역으로 확산하는 특성을 가지고 있고, 개발에서 절감한 복잡성은 다른 영역에서 전가되는 특성을 가지고 있다. 그래서 각 부서는 자신들의 영역에서 운영 기준과 표준을 가지고 있어야 한다. 이것을 가지고 전체 최적화하는 과정을 거쳐야 하며, 그 상황에서의 수단이 아키텍처다. 이것을 다르게 표현하면 **'전사/전체 제품군의 최적화를 이루고자 하는 기준'**이라고 할 수 있다.

모듈러 디자인은 제품 아키텍처뿐만 아니라 제품군 아키텍처를 고려하는 활동이다. 이는 제품군 아키텍처가 모듈러 디자인의 기준과 같은 역할을 하기 때문이다. 그뿐 아니라 설계/개발에서는 제품 아키텍처/제품군 아키텍처, 생산에서는 생산 아키텍처production architecture, 구매에서는 구매 아키텍처procurement architecture를 정의하는 이유는 개별 영역의 최적화하기 위한 의도가 반영된 기준을 만들기 위해서다.

이렇게 정의한 개별 영역의 기준들을 상호 조율하여 전사 최적화를 진행하는 것이 모듈러 디자인의 핵심적인 활동 중 하나이다. 기준이 없을 때 전체 최적화가 아니라, 특정 영역이나 특정 시점에 맞춰서 모든 활동이 부분 최적화되기가 쉽다. 먼저 영역별로 자신들의 기준을 갖추고, 기준을 전체 최적화 관점에서 정렬하는 활동이 필요하다.

두 번째, 아키텍처는 효과적인 복잡성 대응에 필요하다.

단일 제품, 다수 제품 측면에서도 아키텍처는 복잡성을 개선하는 수단으로 활용할 수 있다. 아키텍처는 복잡성에 대응하는 방식을 포함한다. 변동성 메커니즘variability mechanism, 다양성 메커니즘을 포함하여 단순히 기능만 구현하는 과정에서 간과했던 복잡성에 대응하는 방법을 포함한다. 이것을 다르게 표현하면 '전사 또는 영역별 활동에 대한 최소한의 규칙'이다.

모듈러 디자인을 단일 제품에만 적용할 것이 아니라면, 모듈러 디자인을 실행하기 위한 체계를 구축하는 만큼이나 어려운 것이 이를 유지하고 뒤처지지 않게 변화하는 것이다. 아키텍처는 모듈러 디자인을 위한 운영체계를 유지하기 위한 핵심적인 최소한의 규칙과 발전을 위해서 지속적으로 변화하는 기본을 제공하는 역할을 담당한다.

모듈 기반의 제품 아키텍처를 정의할 때 최소한 3~5년간의 변화요인을 분석하는 이유는 처음 정의하는 아키텍처가 시작부터 뒤처지지 않도록 하기 위함이다.

세 번째, 아키텍처는 시스템 역량의 방향성을 설정한다.

전체 최적화 과정에서 각 부서는 아키텍처를 기준으로 자신들에게 부족한 역량과 갖춰야 할 역량에 대해서 인지하게 된다. 그리고 회사 측면에서는 어느 영역에서 보완이 필요한지 파악하고 자신들의 성장 목표에 도달하기 위해서 갖춰야 할 수준을 인지하게 된다.

복잡성 관리가 특히 어려운 것은 지속하기가 어렵기 때문이다. 기존 구조와 반하는 활동으로 인해서 내부적인 저항도 심하고 수행하는 역량도 부족하기 때문에 중간에 좌초되기 쉽다. 그러나 아키텍처는 시스템의 역량을 높일 수 있는 방향성을 제시한다. 예를 들어서 모듈러 아키텍처를 수립하는 것은 단순히 제품이나 제품군에 한하는 문제가 아니다. 모듈러 아키텍처를 올바르게 활용하기 위한 각각의 부서들의 역량 향상을 요하고, 이에 대한 방향성을 제시하는 것이 아키텍처의 역할이다.

6. 아키텍처의 구조는 무엇인가?

아키텍처는 일반적인 정의에 따르면 설계자가 원하는 기능을 구조로 표현하는 고수준 결과물이다. 정의만 보고는 간단하게 느껴질 수 있으나, 아키텍처를 직접 표현하라고 하면 그렇게 쉽지 않다. 쉽게 정의할 수 없다면 용어상의 정의보다 무엇으로 이루어져 있는지 알아보는 게 아키텍처를 이해하는 데 도움이 된다.

표 13. 아키텍처의 구조

아키텍처의 구조			
의도	규칙	구성	대상
설계자가 아키텍처를 통해서 표현하고자 하는 생각, 아키텍처 존재의 의미	설계나 구현 과정에서 준수해야 할 항목들, 또는 해서는 안 될 제약사항들	시스템을 구성하는 요소와 요소 간의 관계, 요소들을 포함하는 전체 시스템의 경계, 시스템과 환경 간의 관계	대상(결과물)은 아키텍처를 기초로 만들어질 최종 산출물

결론부터 말하면 아키텍처는 의도intention, 규칙rule, 구성configuration, 대상target으로 이루어진다.

첫 번째, 아키텍처는 의도를 가져야 한다. 아키텍처는 설계의 결과물이다. 설계가 최종 산출물로 구현하고자 하는 설계자의 생각을 표현하는 과정인 만큼 아키텍처에는 설계자의 생각과 의도가 담겨 있다. 아키텍처의 의도는 아키텍처의 존재의 의미가 된다.

예를 들어서 집을 설계할 때 친환경성을 최우선으로 두었다고 가정하자. 집의 재료부터 환경을 해치지 않고 얻을 수 있는 재료를 사용하고, 화석 연료를 최대한 아낄 수 있도록 통풍이나 냉난방이 자연스럽게 이루어질 수 있도록 집 구조를 결정할 것이다. 그뿐 아니라 주변 경관을 해치지 않도록 외관의 색이나 형태를 결정할 것이고 버려지는 재료가 없도록 재료 수치의 규격화를 할 것이다. 즉, 아키텍처는 설계자의 의도에 따라서 버려야 할 것과 취해야 할 것을 결정하고, 의도에 따라서 설계 방향성을 결정한다. 의도가 없는 아키텍처는 단순한 문서에 지나지 않으며, 의도가 있더라도 따르지 않는 아키텍처는 제대로 된 아키텍처라고 볼 수 없다.

두 번째, 아키텍처는 규칙을 가져야 한다. 설계자는 아키텍처에 투영하고자 하는 의도를 규칙으로 표현한다. 규칙은 설계 규칙 외에도 그 외에 구현 과정에서 준수해야 하는 항목들, 제약사항이 포함한다. 앞선 아키텍처의 의도는 규칙과 제약사항으로 표현해야 한다.

예를 들어서 친환경 집의 경우 자연 냉난방을 위해서 남향으로 짓는다, 통풍이 자연스럽게 이루어지게 하기 위해서 층의 높이는 높게 하고, 지붕 쪽에 창을 배치하고, 뻥 뚫린 중정을 배치한다, 사람이 직접 접촉하는 위치는 모두 나무로 만들고, 불가피하게 콘크리트를 사용할 때는 나무 재질의 페인트로 덧칠한다 등으로 구체적으로 설계를 위한 가이드라인guideline, 제약사항 등을 표현한다. 의도가 방침policy이라고 한다면, 규칙은 방침에 따른 가이드라인이라고 볼 수 있다.

세 번째, 아키텍처는 구성을 가져야 한다. 아키텍처는 기능을 구조로 매핑하는 설계 결과물이다. 매핑하는 방식에는 시스템을 구성하는 요소와 요소 간의 관계, 요소들을 포함하는 전체 시스템의 경계, 시스템과 환경 간의 관계 등을 포함한다. 앞서 아키텍처가 갖는 규칙이 구체화되면 구성이 만들어진다. 여기서부터 아키텍처의 실물이 만들어진다고 볼 수 있다. 외부인이 알아볼 수 있는 아키텍처의 결과로 알아볼 수 있는 문서 등의 산출물은 결국 아키텍처의 구성이다.

많이 받는 질문 중 하나가 아키텍처가 무엇인가에 대한 질문인데, 질문하는 사람들이 원하는 바는 결국 아키텍처의 구성이 무엇인가, 아키텍처의 표현법이 무엇인가, 아키텍처의 형식이 무엇인가이다. 사실 앞서 언급한 의도와 규칙이 아키텍처의 핵심이고, 구성은 그것을 현실화한 결과물이 지나지 않는다. 다만 아키텍처의 구성이 제대로 되어야만 구성원들이 아키텍처에 따라서 제품을 만들 수 있다는 점에서 역시나 중요하다. 하지만 의도와 규칙을 무시한 채 아키텍처의 구성, 형식을 따라는 하는 것만으로는 어떤 효과도 기대할 수 없다.

마지막으로 아키텍처는 대상(결과물)을 가져야 한다. 대상은 아키텍처를 기초로 만들어질 최종 산출물을 의미한다. 제품 아키텍처라면 제품, 시스템 아키텍처system architecture라면 시스템, 조직 아키텍처organizational architecture라면 조직이 된다. 종합해 보면 다음과 같이 표현할 수 있다.

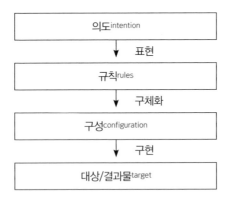

의도intention

표현

규칙rules

구체화

구성configuration

구현

대상/결과물target

그림 18. 아키텍처의 구조

플랫폼 아키텍처platform architecture를 예를 들어서 설명해 보자. 플랫폼 아키텍처는 플랫폼을 기반으로 하는 제품군 아키텍처의 한 종류이지만, 플랫폼 아키텍처는 플랫폼을 정의하기 위해서 활용한다.

첫 번째, 플랫폼 아키텍처를 설계하기 전에 다음과 같은 의도를 가지고 있다. "제품 패밀리product family를 효율적으로 구성하겠다." 두 번째, 의도를 다음과 같은 규칙으로 표현한다. "플랫폼을 고정 영역으로 하여 세대 간 재사용하고, 플랫폼 외 영역은 변동 영역으로 세대별로 차별화하겠다." 세 번째, 규칙을 다음과 같은 구성으로 구체화한다. 플랫폼, 플랫폼 외 모듈들, 플랫폼과 모듈 간의 인터페이스, 시스템 경계로 구체화한다. 마지막으로 플랫폼을 만들어 낸다.

아키텍처라는 용어가 무분별하게 사용되는 느낌이 있다. 만약 아키텍처라는 말을 듣게 된다면 의도, 규칙, 구성, 대상으로 표현하길 바란다. 이해가 조금 더 쉬워질 것이다. 만약 네 가지 중에 하나라도 명확하지 않다면 아키텍처가 아닐 가능성이 크다.

7. 아키텍처는 무엇으로 구성되는가?

표 14. 아키텍처의 구성

아키텍처의 구성		
구성 요소	관계	외부 환경

앞서 아키텍처의 구조에 대해서 살펴봤다. 구조 중에서 아키텍처의 형식에 해당하는 구성configuration에 대해서 추가로 다뤄보자. 의도와 규칙은 글로 표현할 수는 있어도 결과적으로 아키텍처의 산출물은 아키텍처의 구성으로 이루어지므로 조금 더 상세히 다룰 필요가 있다.

아키텍처의 구성은 크게 3가지로 이루어진다.

먼저 구성 요소element, 아키텍처가 기능을 구조로 전사한 결과물이기에 계층형으로 구조화된 요소들이 아키텍처를 이룬다. 모듈러 아키텍처의 경우는 모듈이 요소에 속한다. 구성 요소는 결과물에 대해서 고유의 역할을 담당하게 된다. 역할에 따라서 배치한다.

두 번째, 관계relationship, 요소들이 상호 작용하는 방식, 상호 작용하는 경로, 상대적인 위치 등이 아키텍처를 구성한다. 일반적으로 정적인 관계는 인터페이스로, 인터페이스를 통해서 이루어지는 상호 작용, 인터랙션interaction으로 표현한다. 관계도 여러 가지 종류가 있다. 물리적으로 결합한 관계일 수도 있고, 물질을 서로 교환하는 관계일 수도 있다. 전기적으로 신호나 데이터를 주고받을 수도 있다. 사용자와의 상호 작용일 수도 있다.

세번째, 외부 환경environment, 앞선 구성 요소와의 관계가 아키텍처의 대상인 시스템 내부를 표현한다고 하면, 고립된 시스템만 아니라면 의도했든 의도하지 않았든 외부 환경과 상호 작용을 하게 된다. 이를 고려해야만 결과물이 제대로 만들어질 수 있기 때문에 외부 환경, 정확히 말하면 외부 환경과의 관계는 반드시 포함해야 한다.

여기서 질문이 있다. 사용자는 외부 환경을 봐야 할까, 구성 요소 중 하나로 봐야 할까? 사용자를 설계자 의도대로 배치하거나 행동하게 만들 수 있다면 구성 요소 중 하나로 볼 수 있겠지만, 사용자의 행위는 설계자가 모두 의도할 수 없다. 그래서 시스템과 관련하여 사용자의 행위 중에서 의도할 수 있는 부분이나 계획된 부분은 시스템의 구성 요소로 보고, 그 외의 사용자는 모두 외부 환경으로 봐야 한다. 즉 사용자는 일부는 구성 요소, 일부는 외부 환경으로 볼 수 있다.

Box 7. 플랫폼 아키텍처와 모듈러 아키텍처의 차이

모듈러 아키텍처와 달리 플랫폼 아키텍처는 두 가지 의미를 포함한다. 플랫폼 아키텍처의 정의부터 명확히 하자. 플랫폼 아키텍처의 첫 번째 의미는 플랫폼이 아키텍처의 대상이 되는 경우, 즉 제품 아키텍처처럼 플랫폼을 구성하는 구성 요소와 구성 요소 간의 관계를 표현한 설계 결과물을 의미한다. 플랫폼을 구성하는 구성 요소와 구성 요소 간의 관계를 플랫폼 아키텍처로 표현한다.

두 번째 의미는 플랫폼 기반의 제품군 아키텍처를 의미한다. 플랫폼을 활용하여 제품군을 구성하는 제품군 아키텍처를 의미하며, 주로 플랫폼 아키텍처는 두 번째 의미를 지칭한다. 플랫폼은 특수한 형태의 모듈로 제품군 내의 공통성을 강화한 반제품 규모의 큰 모듈이라고 볼 수 있다. 플랫폼과 제품 사양에 따른 기타 모듈 또는 컴포넌트들이 결합한 것이 제품이 된다.

그런데 플랫폼으로 다양한 제품군을 대응하기에는 규모가 크고 유연성이 떨어지기 때문에 플랫폼을 조금 더 작은 모듈로 나누고, 모듈을 주요 구성 요소로 제품을 표현한 것이 모듈러 아키텍처라고 할 수 있다. 그런 측면을 고려하면 플랫폼 아키텍처는 특수한 형태의 모듈러 아키텍처라고 할 수 있다.

간혹 플랫폼 아키텍처가 모듈러 아키텍처보다 수준이 낮

다고 표현하는 경우가 있는데, 정확히 말하면 플랫폼 아키텍처가 수준이 떨어지는 것이 아니라 고객이 원하는 제품의 다양성이 모듈러 아키텍처를 구성할 정도로 다양하지 않음을 의미한다. 고객이 단 하나의 제품만을 원하는데 굳이 비용을 들여가면서 플랫폼 아키텍처나 모듈러 아키텍처를 도입할 필요는 없다. 고객의 요구와 제품이 다양화되면서 초기에는 제품군 내의 공통성을 강화한 플랫폼 아키텍처로 충분하다가, 점차 플랫폼만으로 대응하기가 어려워지면서 모듈러 아키텍처로 전환되는 것이다.

그리고 플랫폼 아키텍처와 모듈러 아키텍처 모두 제품군을 효율적으로 파생하기 위한 다양성 메커니즘을 표현하는 한 가지 방법일 뿐이다. 다양성 메커니즘을 구현하는 방법우로 플랫폼 아키텍처, 모듈러 아키텍처를 고려해야지, 플랫폼 아키텍처, 모듈러 아키텍처를 단순 도입하는 것을 주로 해서는 안 된다.

Box 8. 효율성과 효과성

제품 설계에 있어서 트레이드 오프 관계에 있는 항목 중에서 하나가 효율성과 효과성effectiveness에 대한 문제이다. 효율성은 최대한 적은 비용과 적은 리소스로 제대로 된 기능을 구현할 수 있는 것이고, 효과성은 기능을 제대로 구현해야 고객 또는 시장을 만족을 이끌어 내는 것을 의미한다. 그런 의미에서 효과성은 기능 요구사항과 연결이 되어 있고, 효율성은 비기능 요구사항과 연결되어 있다. 그리고 효율성은 제품군 아키텍처와 효과성은 제품 아키텍처와 연관이 있다.

다양성 대응을 목적으로 하는 모듈러 디자인에서의 제품군 아키텍처를 중요시하고, 실제로 모듈러 디자인을 적용했다고 하여 제품의 기능을 현저하게 상승하는 일은 거의 발생하지 않는다. 단지 제품 구조가 단순화되어 제품 설계 품질이 향상되는 경우가 있을 뿐이다.

그런데 많은 경우 모듈러 디자인을 적용하면 당장의 제품 변화를 찾는다. 모듈러 디자인을 제대로 적용 했는지 알아보기 위해서는 단순히 하나의 제품이 아니라, 모듈러 디자인을 적용한 여러 제품을 살펴봐야 한다. 효과성과 효율성 둘 다 중요하게 생각해야 하지만 중요도에 대한 판단은 제품 라이프사이클을 참고해야 한다.

라이프사이클 초기에는 제품의 다양성도 크지 않고, 제품 구조의 성숙도가 높지 않을 때는 제품 아키텍처를 중요시해야 하며 그 시점에는 효율성보다 효과성에 치중해야 한다. 그러다가 제품의 성숙도가 올라가고 지배적인 설계, 제품 구조가 나온 시점부터는 제품의 다양성도 함께 증가하므로 제품군 아키텍처의 비중이 올라가게 된다.

어느 정도 제품의 성능이 궤도에 오른 시점부터는 제품 아키텍처보다 제품군 아키텍처에 집중해야 한다. 물론 새로운 콘셉트의 제품이 나오면서 다시 제품 아키텍처의 곡선이 오른쪽으로 이동하는 경우 효과성과 효율성 간의 중요도가 차이가 발생하는 교차하는 지점이 변경될 수 있다.

8. 아키텍처는 무엇을 대상으로 하는가?

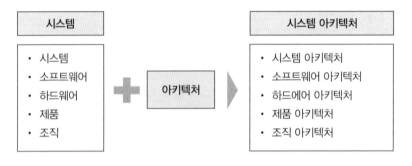

그림 19. 아키텍처의 대상

이전 절에서 살펴봤듯이 아키텍처의 대상은 아키텍처의 구조 중 하나이다. 아키텍처의 대상을 빼놓고는 아키텍처를 명확히 설명할 수가 없다. 같은 의미로 "아키텍처는 무엇인가?"라는 질문은 완성되지 않은 질문이다. 정확한 질문은 "○○ 아키텍처는 무엇인가?"이다. 아키텍처의 구조나 역할은 동일할지 모르겠으나, 대상이 다르면 형태는 다를 수밖에 없다. 그렇다면 우리가 접할 수 있는 아키텍처의 대상에 대해서 알아보자.

아키텍처 앞에 보통 아키텍처의 대상이 위치한다. 시스템 아키텍처, 소프트웨어 아키텍처, 하드웨어 아키텍처hardware architecture, 제품 아키텍처, 조직 아키텍처 등에는 아키텍처의 대상이 표기되어 있다. 아키텍처의 대상은 일반적으로 시스템이거나 서브 시스템이다. 즉 아키텍처의 의미는 동일하지만, 앞에 어떤 종류의 아키텍처가 붙는가에 따라서 명칭이 달라질 뿐이란 것을 알 수 있다.

예를 들어서 시스템 아키텍처는 대상이 시스템이다. 소프트웨어 아키텍처는 엄밀히 따지면 소프트웨어 시스템이겠지만, 대상이 소프트웨어이고 대상은 시스템이 된다. 제품 아키텍처는 대상이 제품이라는 시스템이다.

이제부터 아키텍처에 대해서 알아보기 위해서는 아키텍처 앞에 무엇이 붙는지 살펴봐야 하고, 질문이나 논의를 할 때도 반드시 아키텍처 앞에서 대상을 붙여만 한다. 우리가 이후에 살펴볼 아키텍처는 아키텍처 중에서도 제품 아키텍처다. 정확히 풀어 쓰면 시스템인 제품 또는 제품군에 대한 아키텍처에 대해서 살펴보겠다.

9. 제품 아키텍처는 무엇인가?

표 15. 제품 아키텍처의 개념

- The structure, arrangements or configuration of system elements and their internal relationships necessary to satisfy constraints and requirements. 요구사항이나 제약사항을 만족하기 위한 구조, 시스템 구성 요소의 배열 또는 구성, 구성 요소 간의 관계 (Frey)
- The arrangement of the functional elements into physical blocks. 기능 요소를 물리적 구성 요소로 배열한 결과 (Ulrich & Eppinger)
- An abstract description of the entities of a system and the relationship between those entities 시스템을 구성하는 요소와 그들 사이의 관계를 추상화한 결과물 (Crawley et al.)
- The embodiment of concept, and the allocation of physical/informational function to elements of form, and definition of interfaces among the elements and with the surrounding context. (1) 콘셉트 (2) 물리적 또는 정보와 관련된 기능 요소를 형태를 이루는 요소로 할당한 결과 (3) 주변 컨텍스트를 포함한 구성 요소 간의 인터페이스를 표현한 결과물 (Crawley)
- The organization or chunking of the product's functional elements, and the definition of the interfaces between these elements. (functional and physical decomposition) 제품의 기능 요소, 기능 요소 간의 관계를 구성한 결과물

- The arrangement of functional elements into physical chunks which become the building blocks for the product or family of products. 제품이나 제품군을 구성할 결과물을 만들기 위해서 기능 요소를 물리적 구성 요소로 할당한 결과물
- 제품 아키텍처는 제품이 가지고 있는 기능 단위 요소들과 이들 간의 인터페이스의 집합을 의미한다. (기능 요소와 물리적 요소로의 분할과 이들 간의 매핑된 관계)
- 제품 아키텍처에는 설계자의 의도와 제품 콘셉트가 담겨있다.
- 콘셉트를 구체화한 것, 시스템이 가지고 있는 기능을 형태로 할당한 것, 주변 환경과 구성 요소 간의 인터페이스를 정의한 것을 아키텍처로 정의한다.

제품 아키텍처는 문헌상 다양하게 정의할 수 있으나, 제품이 가지고 있는 기능 단위 요소들과 이들 간의 인터페이스의 집합을 가지고 물리적 구조 단위 요소와 대응하는 방식을 의미한다. 여기에 중요한 조건 한 가지를 더 붙인다면, 제작자의 일관된 의도 및 콘셉트가 포함되어 있다는 것이다.

표 16. 제품 아키텍처의 구성

① 기능 요소의 배열 방식
② 기능 요소와 물리적 구성 요소 간의 대응 방식
③ 상호 작용이 있는 구성 요소 사이의 관계가 규정된 방식 (인터페이스)
④ 제작자의 일관된 의도 및 콘셉트

설계 과정이 어떤 과정을 거치는지 이해한다면 제품 아키텍처의 구성을 이해하기 쉽다. 더 나아가서 모듈 구조 정의 단계에서 수행하는 절차가 있는데, 제품 아키텍처의 구성과 연결된다. 모듈 구조

정의에서는 먼저 현 제품 아키텍처를 표현하고 그것을 재구조화하는 과정을 거치는 데, 거기서 수행하는 기능 분석, 인터페이스 정의가 결국은 제품 아키텍처의 구성을 작성하는 과정이다. 하나씩 살펴보자.

첫 번째, 기능 요소의 배열 방식은 제품의 가치를 결정짓는 기능을 어떤 종류의 기능 요소들이 담당하는지를 다룬 것으로, 보통은 시스템이 담당하는 기능을 계층형으로 전개하고 동일 계층 내의 기능 요소는 블록 다이어그램 형태로 표현한다. 설계 과정에서는 시스템에 대한 요구사항을 기초로 제품이 수행해야 하는 기능을 나열하고, 다시 해당 기능들을 수행하기 위한 하위 기능을 전개한다.

이 과정에서 중요한 것은 같은 레벨 내에 있는 기능 간에는 유사한 비중을 가져야 하고, 같은 레벨에는 중복되거나 빠짐없이 작성되어야 한다는 점이다. 그리고 기능에는 어떻게 구현해야 하는지 구조나 메커니즘에 대한 단어가 포함되지 않도록 주의해야 한다.

두 번째, 기능 요소와 물리적 구성 요소(구조 요소) 간의 대응 방식은 1차로 표현한 기능 요소로 이루어진 개념 설계를 기능 요소를 구조 요소로 매핑하는 방식을 의미한다. 기능 요소와 구조 요소의 매핑 방식에 따라서 모듈러 아키텍처, 조합형 아키텍처, 인테그럴 아키텍처integral architecture, 조율형 아키텍처로 구분한다.

설계 과정에서는 계층형으로 표현한 기능 블록 다이어그램을 구조 요소로 표현하는 것으로, 이 과정에서 1:1로 매핑하면 모듈러 아키텍처라고 표현을 하고, 그 외의 경우에는 인테그럴 아키텍처라고 표현한다. 대체로 모듈러 아키텍처와 인테그럴 아키텍처 중간에 위치한다.

세 번째, 구성 요소 간의 상호 작용은 인터페이스, 인터페이스를 통한 인터랙션이다. 앞서 기능 요소와 구조 요소 간의 매핑을 완료한 후에 제품이 작동하기 위한, 또는 제품을 완성된 시점에서 갖는 구조 요소 간의 관계를 표현한다. 이를 인터페이스라고 하는데, 정적인 관계를 인터페이스, 인터페이스를 통한 동적인 관계를 인터랙션이라고 한다.

여기서 제품이 기능하는 메커니즘이 표현된다. 설계 과정에서는 구조 요소로 표현된 제품을 어떤 식으로 어디에 배치할지, 배치가 된 후에 다른 구조 요소와의 관계가 어떻게 될지 결정해야 한다. 이 것을 상세하게 표현하면 도면이 되겠지만, 제품 아키텍처는 큰 틀에서 작성이 된다.

종합하면 제품 아키텍처는 제품의 요구사항을 기능 요소, 기능 요소를 전개한 결과물로 표현하고, 제품이 수행해야 하는 기능을 담당하기 위해서 기능 요소와 기능 요소 간의 관계, 기능 요소와 구조 요소 간의 매핑 방식을 표현한 상위 설계 결과물을 의미한다. 여기서 설계자의 의도가 포함이 되어야 하는데, 설계자의 의도는 주로 비기능적 요구사항을 반영하기 위해서 제품 아키텍처의 구성에 표현된다. 모듈러 디자인과 관련해서는 기능 요소와 구조 요소 간의 관계와 구성 요소 간의 관계를 어떻게 가져갈지는 설계자의 의도에 달려 있다.

앞으로 언급하겠지만 모듈화 동인, 즉 모듈화가 필요한 요인을 고려해서 기능 요소와 구조 요소를 최대한 1:1로 매핑하고, 구조 요소 간의 관계도 가능한 한 최소화하거나 단순화한다. 처음부터 제품 아키텍처가 이렇게 만들어졌다면 우리는 해당 제품 아키텍처를 모듈러 아키텍처로 부를 수 있으며, 모듈성modularity이 높고 모듈 구조 정의 후의 결과가 이전과 크게 다르지 않다.

그렇지 않다면 기존의 기능 요소와 구조 요소 간의 매핑 방식을 최대한 1:1로 맞춰줘야 하고, 이것은 제품이 가지고 있는 모듈성을 기존보다 높여야 하는 것을 의미한다. 다른 식으로 표현하면 제품이 가지고 있는 통합성을 기존보다 낮춰야 함을 의미한다. 현 제품 아키텍처는 모듈러 아키텍처보다는 인테그럴 아키텍처라고 볼 수 있고, 모듈러 아키텍처로 전환하는 것은 모듈 구조 정의라고 부른다.

제품 아키텍처의 정의를 알아야만 이후 장에서 배우게 될 모듈 구조 정의에 대해서 이해할 수 있다. 제품 아키텍처의 정의가 명확하지 않으면 모듈 구조 정의에 수행하는 절차 자체가 이해되지 않는다. 결국은 모듈 구조 정의는 재구조화, 즉 설계를 되짚어보는 활동이다. 모듈 구조 정의에 있는 활동 하나하나가 약식이나마 설계를 수행하는 것으로 보는 것이다.

10. 제품 아키텍처는 무엇으로 분류할 수 있는가?

이전 절에서 언급한 바와 같이 제품 아키텍처는 기능 요소의 배열 방식, 기능 요소와 물리적 구성 요소 간의 대응 방식, 상호 작용이 있는 요소 사이의 관계가 규정된 방식, 제작자의 의도를 포함해야 한다.

제품 아키텍처를 구성하는 요소를 기초로 제품 아키텍처를 분류할 수 있다. 먼저 기능 요소와 물리적 구성 요소 간의 대응 방식, 즉 매핑 방식에 따라서 모듈러(조합형) 아키텍처와 인테그럴(조율형) 아키텍처로 분류할 수 있다. 모듈러 아키텍처는 기능 요소와 물리적 구성 요소 간의 관계가 1:1로 대응하는 방식이며, 인테그럴(조율형) 아키텍처는 기능 요소와 물리적 구성 요소가 1:1이 아니라 1:N, M:1, M:N으로 대응하는 방식을 의미한다. 제품 아키텍처의 대상인 제품의 수에 따라서 나눌 수도 있다. 단일 제품인 경우에는 제품 아키텍처로 다수의 제품, 즉 제품군인 경우에는 제품군 아키텍처로 분류한다.

마지막으로 상호 작용이 있는 요소 사이의 관계가 규정된 방식이 공개되어 있는지 여부에 따라서 오픈 아키텍처open architecture, 클로즈드 아키텍처closed architecture로 분류한다.

1) 매핑 방식

제품 아키텍처는 구조 단위 요소와 기능 단위 요소 간의 매핑 방식에 따라서 인테그럴(조율형) 아키텍처, 모듈러(조합형) 아키텍처로 분류할 수 있다. 인테그럴(조율형) 아키텍처는 구조 요소와 기능 요소 간의 관계가 1:N, N:1, M:N 관계인 경우에 해당하며, 모듈러(조합형) 아키텍처는 구조 요소와 기능 요소 간의 관계가 1:1 관계인 경우이다.

인테그럴(조율형) 아키텍처는 여러 구조 요소가 결합하여 하나 이상의 기능을 담당하거나 하나의 구조 요소가 여러 기능을 담당하기 때문에 제품이 담당하는 기능이 변경될 경우 여러 구조 요소가 바뀌게 된다. 어떤 제품을 위해서 최적 설계된 부품 상호 간의 미세 조정이 시스템 전체의 성능에 크게 영향을 준다. 또한 시스템의 완성 시점과 부품들의 완성 시점을 구별할 수 없기 때문에 재사용이나 공용화에 적합하지 않다.

인테그럴(조율형) 아키텍처는 단일 제품을 최적화하여 시장에 대응하기 때문에 시장이 요구하는 제품 다양성을 신제품을 개발하여 대응한다. 인테그럴(조율형) 아키텍처는 제품 구조의 완결성을 강조하므로 제품 전체 시스템을 최적화하는 데 유리하다. 그리고 여러 가지 기능을 소수의 구조 구성 요소가 대응할 수 있도록 만들기 때문에 기능에 대응할 중복된 구조 단위 요소를 제거할 수 있고, 전체 부품 수를 줄일 수 있기 때문에 조립이나 체결 구조를 단순화할 수 있다.

반면에 업그레이드나 재구성 시에 얽혀 있는 부품을 모두 분리해야 하고, 여러 기능이 연결되어 있기 때문에 단일 기능 조정 및 미세 조정이 어렵다. 그러므로 부품이나 모듈이 마모나 파손될 경우에 교체가 어렵다는 문제가 있다.

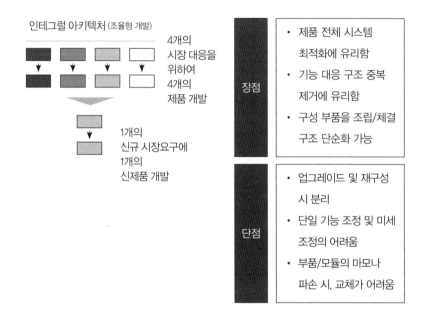

그림 20. 인테그럴 아키텍처의 개념

반면에 모듈러(조합형) 아키텍처는 구조 요소와 기능 요소 간의 관계가 1:1이기 때문에 기능이 바뀔 경우 하나의 구조 요소만 변경하면 된다. 그래서 기능 변경, 업그레이드 등이 상대적으로 용이하다. 각각의 부품들이 자신만의 고유의 기능을 완결성을 가지고 있어 시스템의 완성 시점과 부품들의 완성 시점이 구별할 수 있고, 기설계된 부품들을 조합하여 시스템 완성이 가능하기 때문에 부품이나 모듈 등의 공용화나 재사용이 상대적으로 용이하다.

모듈러 아키텍처는 모듈의 조합으로 시장에 대응하기 때문에 시장이 요구하는 다양한 제품을 최소의 모듈로 대응한다. 모듈러 아키텍처는 기능 향상, 기능 추가, 재사용 교체에 유리하다. 또한 시장 변화 시에 연관하는 모듈만 교체하는 식으로 대응하여 제품 재설계가 용이하다. 전체 제품군에 대해서 모듈, 부품을 공용화할 기회가 늘어나기 때문에 규모의 경제를 달성할 가능성도 커진다.

반면에 제품 구조가 상대적으로 단순해지기 때문에 경쟁업체가 모방하기 쉬워지고, 전체 모듈 설계/개발 시점과 제품 설계/개발 시점에 차이가 발생하기 때문에 설계의 무결성에 문제가 발생할 수 있다. 이로 인해서 제품 성능 최적화가 부분 최적화에 그칠 수 있다. 또한 다기능을 갖는 부품이나 모듈을 배제하기 때문에 부품 수가 늘어나고 상대적으로 조립 비용이 증가할 수 있다.

모듈러 아키텍처와 인테그럴(조율형) 아키텍처는 설계의 결과물이고 이것들을 만드는 설계 과정을 모듈러 디자인, 인테그럴(조율형) 디자인integral design이라고 부른다. 여기서 협의의 모듈러 디자인 개념이 나온다. 여기서 주의해야 할 점은 제품 특성에 따라서, 설계자의 의도에 따라서 모듈러 아키텍처와 인테그럴 아키텍처를 선택한다는 점이다. 인테그럴 아키텍처가 바람직하지 않고, 모듈러 아키텍처가 옳다는 의미가 아니다.

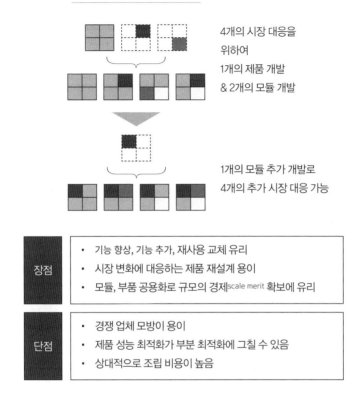

모듈러 아키텍처 (조합형 개발)

4개의 시장 대응을
위하여
1개의 제품 개발
& 2개의 모듈 개발

1개의 모듈 추가 개발로
4개의 추가 시장 대응 가능

장점	• 기능 향상, 기능 추가, 재사용 교체 유리 • 시장 변화에 대응하는 제품 재설계 용이 • 모듈, 부품 공용화로 규모의 경제scale merit 확보에 유리
단점	• 경쟁 업체 모방이 용이 • 제품 성능 최적화가 부분 최적화에 그칠 수 있음 • 상대적으로 조립 비용이 높음

그림 21. 모듈러 아키텍처의 개념

2) 공개 여부

제품 아키텍처는 기본적으로 구성 요소 간의 설계 규칙을 포함하고 있다. 그것을 인터페이스라고 한다. 설계 규칙을 공개하느냐에 따라서 오픈 아키텍처와 클로즈드 아키텍처로 제품 아키텍처를 분류한다. 오픈 아키텍처는 여러 회사가 각각 독자적으로 설계한 부품이나 유닛을 조합해도 작동이 가능한 시스템의 아키텍처로 부품 간의 인터페이스가 산업의 사실상 표준으로 공개되어서 특정 회사의 부품에 종속될 필요가 없다.

오픈 아키텍처의 대표적인 예가 바로 IBM 호환 PC 아키텍처다. IBM 호환 PC 아키텍처는 메모리, CPU, 그래픽 카드 회사가 정해진 설계 규칙을 준수하여 제품을 개발하면 시스템이 큰 문제 없이 동작이 가능하다.

반면에 클로즈드 아키텍처는 한 회사 또는 소수의 회사가 아키텍처의 주도권을 가지고, 인터페이스를 공개하지 않는 아키텍처에 참여한 기업만이 인터페이스 표준을 가지고 부품, 유닛을 만들어서 제품을 구성한다.

오픈 아키텍처는 설계 규칙을 공개한 상태에서 참여자의 제한을 두지 않기 때문에 혁신이나 발전의 기회를 넓힐 수 있다는 장점을 가지고 있다. 반면에 주도권이 분산되어 있어서 일부 기업을 중심으로 파편화가 된다거나 문제 발생 시에 빠르게 대응하지 못하는 단점을 가지고 있다.

반면에 클로즈드 아키텍처는 일부 기업 간의 협업으로 아키텍처의 무결성을 유지하는 데는 유리하지만, 폐쇄적인 운영으로 혁신이나 발전의 기회는 제한적일 수밖에 없고 다른 아키텍처 그룹에 밀릴 경우 회복이 어렵다는 단점이 있다.

최근에는 협력하는 주체의 규모를 늘리는 대신, 그 안의 관리는 철저히 폐쇄적인 이해관계를 추구하는 방식으로 두 가지 형태의 아키텍처 운영을 결합한 사례가 보이기도 한다.

3) 시스템의 수

제품 아키텍처에는 두 가지 의미를 내포하고 있다. 대상으로 하는 시스템 수에 따라서 그 의미가 나눠지는데, 대상인 시스템의 수가 하나일 때는 제품 아키텍처라고 부른다. 단일 제품 자체의 복잡성에 대응하여 경쟁력을 높이기 위한 하이 레벨 설계의 결과물을 뜻한다.

반면에 대상인 시스템이 복수인 경우에는 제품군 아키텍처를 의미한다. 단일 제품이 아닌 전체 제품군에서 발생하는 복잡성에 대응하여 효율적으로 제품군을 기획/개발/생산하기 위한 하이 레벨 설계의 결과물을 의미한다. 제품군 아키텍처는 여러 제품의 개별인 제품 아키텍처에 제품들의 다양성을 구현하는 다양성 메커니즘을 포함하고 있다.

어느 기업의 모듈러 디자인 세미나 중에 다음과 같은 질문이 나온 적이 있다. "과연 모듈러 디자인을 실행해서 과거 대비하여 제품 아키텍처가 크게 바뀌었느냐?"라는 질문이었다. 다시 말하자면 "결국 제품 아키텍처라는 것은 고객의 가치를 위해서 기능을 정의하고, 구성하고, 배치하는 것이고, 그 결과는 지속적으로 개선해오는 방향으로 진화하는 것인데, 무엇이 획기적으로 바뀌겠느냐?"라는 뜻의 질문이었다.

제품과 산업의 성숙도에 따라서 모듈러 디자인의 수행 결과가 제품 아키텍처에 큰 변화를 이끌어 내지 않을 수도 있다. 그것은 모듈러 디자인은 제품 단위의 활동이 아니라 제품군 단위의 활동이기 때문이고, 이 때문에 우리는 제품 아키텍처의 변화뿐만 아니라 제품군 아키텍처의 변화에 주목해야 한다.

　물론 시장에 도입된 지 얼마 되지 않은 초기 제품군의 경우는 모듈러 디자인의 적용으로 제품 아키텍처가 단순해지고 획기적으로 바뀔 수 있다. 스타트업 기업들이 내놓은 모듈러 디자인을 적용한 제품들이 대표적인 예로 볼 수 있다. 그러나 성숙도가 높고 제품의 지배적인 구조가 정해진 경우는 제품 아키텍처의 변화가 아니라, 제품군 아키텍처에 주목해야 한다. 제품군 단위로 모듈의 다양성이 어떠한지, 인터페이스의 표준화가 이루어져 있는지, 모듈 간의 배치에는 변화가 없는지 등 개발 모델뿐만 아니라 운영 모델의 제품 아키텍처를 겹쳐 보고 전 모델을 최적화하는 관점에서 모듈러 디자인의 활동을 바라봐야 한다.

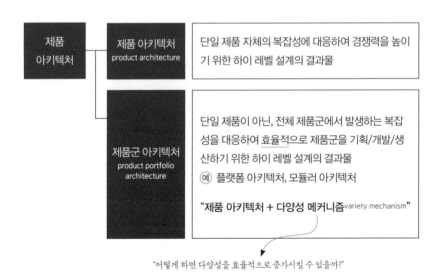

그림 22. 제품 아키텍처와 제품군 아키텍처 (1)

예를 들어 현대자동차가 폭스바겐 자동차를 분해해서 벤치마킹 했을 때는 어디를 봐서 모듈화 전략을 적용했는지를 파악하지 못할 정도로 제품 아키텍처의 변화를 인지하지 못할 수 있다.

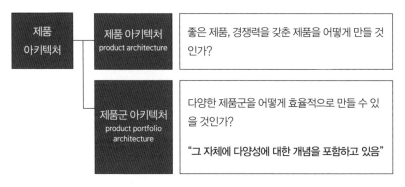

※ 각 영역별로 아키텍처가 있지만, 제품 아키텍처, 제품군 아키텍처가 가장 핵심 중에 핵심
　복잡한 시스템의 경우에는 서브 시스템별로도 제품군 아키텍처와 같은 것을 구성할 필요가 있음

그림 23. 제품 아키텍처와 제품군 아키텍처 (2)

그러나 폭스바겐 자동차의 전체 모델을 뜯고 보고 비교했을 때 과거에 대비해서 차이가 발생하는 것이고 그 결과가 개발 효율화, 운영 효율화로 표현되는 것이다. 결론적으로 모듈 기반의 제품 아키 텍처를 정의한다는 것은 단순히 현재 제품을 모듈로 표현하는 것이 아니라, 전체 모델을 모듈 기반의 제품 아키텍처로 표현했을 때 모 듈과 인터페이스의 다양성까지 산출 대상이 되는 것이다.

11. 제품 아키텍처의 범위는 무엇인가?

　　모듈러 디자인에서 다루는 아키텍처의 대상은 제품이다. 정확히
말하면, 제품군이다. 그렇지만 모듈러 디자인 활동의 모든 경우에서
아키텍처가 제품군을 대상으로 하는 건 아니다. 정확히 표현하면 아
키텍처의 범위는 모듈러 디자인 활동의 성숙도가 올라가면서 확장
한다. 그리고 아키텍처의 범위는 모듈러 디자인이 다루는 시스템의
범위와 일치한다. 시스템이 반드시 제품일 필요는 없다는 의미이다.

　　초기 모듈러 디자인 적용 시점에서는 시스템이 제품에 한정된다.
즉, 아키텍처의 범위도 제품에 한정되고 여기서의 아키텍처의 의미
는 제품 아키텍처가 된다. 산업 성숙도가 올라가고, 제품의 종류가
증가할수록 시스템의 범위는 단일 제품이 아니라 제품군으로 확장
된다. 아키텍처 또한 제품 아키텍처에서 머물지 않고 제품군 아키텍
처로 확장이 된다.

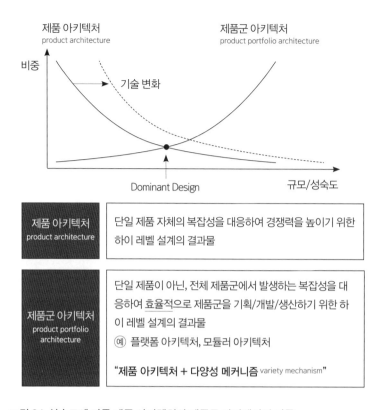

그림 24. 성숙도에 따른 제품 아키텍처와 제품군 아키텍처의 비중

제품군 아키텍처로 확장이 되면서 내부 조직과 프로세스가 분산형으로 전환될 수 있고, 상호 간의 영향을 받으면서 밸류 체인 또한 변화를 겪게 된다. 이 과정에서는 모듈러 디자인에서 다루는 아키텍처의 범위가 내부에서는 제품군뿐만 아니라 조직과 프로세스까지 확장되고, 외부에서는 밸류 체인까지 확장된 의미가 된다.

플랫폼을 설명할 때 빠지지 않고 나오는 용어가 생태계이다. 플랫폼을 단일 제품으로 한정하여 생각할 수 없는 이유는 플랫폼이 만들어낸 생태계 때문이고, 여기서 다루는 아키텍처는 제품, 제품군,

서비스, 플랫폼에 한정하지 않고 생태계까지 다루게 된다. 갑자기 플랫폼을 언급하는 것이 의아할 수 있겠으나 플랫폼을 만들고 플랫폼으로 생태계를 구축하는 과정이 모듈화 하여 그것이 다루는 시스템을 확장하는 과정과 유사하기 때문에 플랫폼의 사례를 활용하고자 한다.

플랫폼은 특수한 형태의 모듈이고, 플랫폼화platformization는 모듈화의 일종이고, 플랫폼화의 필수 속성 중 하나가 높은 모듈성이기 때문에 플랫폼화와 모듈화는 분리하여 생각할 수 없다.

애플의 아이폰을 예로 들어서 설명해보자. 애플이 처음 아이폰을 출시했을 때는 아이폰이라는 제품에 집중했을 것이고 아이폰이 가지고 있는 플랫폼, 아키텍처 또한 제품 플랫폼product platform, 제품 아키텍처에 한정이 되었을 것이다. 그러다가 고객의 증가, 앱 공급자의 증가에 따른 아이튠즈, 앱스토어 등 애플의 서비스로 아이폰 기능이 확장된 시점에서는 제품 플랫폼뿐만 아니라 서비스까지 포함하는 플랫폼으로 확장이 되었을 것이고, 아키텍처 또한 제품과 서비스까지 아우르는 범위로 확장이 되었을 것이다

이제 아이폰은 단순 모바일 디바이스가 아니라 애플의 모든 디바이스와 서비스와 연결되는 핵심 포탈 역할을 하고 있고, 아키텍처의 범위는 시스템들의 시스템까지 확장한다. 물론 이 과정에서 만들어진 물리적 공급망 체계, 앱 생태계, 타 시스템까지의 연계가 결국 애플이 만들어낸 생태계에 포함이 되므로, 아키텍처의 범위는 그에 상응한다고 볼 수 있다.

모듈러 디자인 활동에서 흔히 실수하는 부분이 활동의 범위를

한정하는 행동이다. 제품군이 아니라 단일 제품에 한정한다든지, 조직과 프로세스를 무시하고 제품에만 집중한다든지, 밸류 체인을 무시한 채 내부 운영에만 집중하는 행동은 모듈러 디자인을 통해서 원하는 바를 얻지 못하게 한다. 아키텍처의 범위에 대해서 다루는 이유는 적절한 시점과 상황에 따라서 우리가 가지고 있는 시야를 넓혀야 하기 때문이다.

복잡성-다양성-시스템-아키텍처 간의 관계

지금까지 살펴본 복잡성, 다양성, 시스템, 아키텍처는 위와 같은 관계를 갖는다. 모듈러 아키텍처, 모듈러 디자인에 대한 이해를 높이기 위해서 반드시 이해해야 한다.

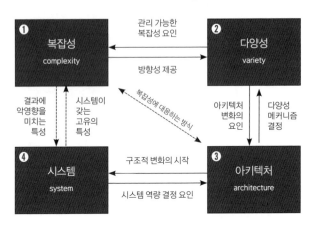

그림 25. 복잡성-다양성-시스템-아키텍처 간의 관계

(1) 복잡성 ↔ 다양성

복잡성에 있어 다양성은 관리 가능한 복잡성 요인이다. 복잡성을 관리하기 위해서 다양성을 최적화한다. 다양성에게 복잡성은 활동을 방향성을 제시해준다. 복잡성 관리의 방법 중 하나로 다양성 최적화를 들었다. 복잡성과 다양성의 관계를 명확히 한 후에만 복잡성과 다양성을 동일하게 가늠할 수 있다. 그렇지 않은 상황에서 복잡성과 다양성을 동일시하는 건 모듈러 디자인 활동에 혼선을 가져올 수 있다.

(2) 복잡성 ↔ 아키텍처

복잡성에 있어서 아키텍처는 복잡성에 대응하는 방식이다. 아키텍처의 분류에 따라서 구조적 복잡성과 다양성으로 인한 복잡성으로 나눌 수 있다. 복잡성을 직접적, 근본적으로 다루기 위해서 기업 체질을 개선하고자 하며, 그 개선 방법은 아키텍처의 변화이다.

(3) 복잡성 ↔ 시스템

복잡성은 시스템의 작동 결과에 악영향을 미친다. 복잡성이 증가하여 시스템의 역량 이상으로 커지면 시스템의 성과를 잠식하게 된다. 시스템의 구성 요소와 구성 요소 간의 관계로 인해서 복잡성이 커지므로 복잡성은 시스템 고유의 특성이다. 복잡성이 시스템에 영향을 미친다는 사실을 인지해야만 다음 단계로 나아갈 수 있다.

(4) 시스템 ↔ 아키텍처

복잡성 관리를 위해서 아키텍처부터 시작하는 이유는 근본적으로 복잡성을 관리하기 위해서다. 그러기 위해서는 구조적 변화를 통한 체질 개선이 필요한데, 시작이 아키텍처이다. 그리고 아키텍처는 시스템 역량을 결정하는 요인으로 작동한다.

제5장

모듈러 아키텍처

"모듈러 디자인 활동의 기준은 제품 변화이다.
제품 변화의 시작은 모듈러 아키텍처로의 전환이다."

모듈러 디자인 활동의 핵심은 모듈화이다. 모듈화를 쉽게 표현하면 기존 제품 아키텍처를 모듈 기반의 제품 아키텍처, 즉 모듈러 아키텍처로 전환하는 것을 의미한다. 모듈러 디자인 활동의 의미, 목적, 방향성을 내포하고 있기 때문에 모듈러 아키텍처를 만든다는 건 모듈러 디자인 활동의 절반 이상을 이루었다고 해도 과언이 아니다. 이렇게 중요한 개념이지만 의외로 명확히 이해하는 이는 드물다. 본 장을 통해서 모듈러 아키텍처에 대한 기본 개념을 숙지하도록 하자.

1. 모듈러 아키텍처는 무엇인가?

모듈러 아키텍처는 제품 아키텍처의 일종으로 기능 구성 요소와 구조 구성 요소가 1:1로 매핑 된 것을 의미한다. 모듈러 디자인에서 가장 중요한 개념 중 하나인 모듈러 아키텍처는 문헌 상의 정의는 명확하지만 이해하기 쉽지 않다. 쉽지 않은 개념이지만 모듈러 아키텍처는 명확히 이해하고 있다면 모듈러 디자인 활동의 큰 줄기를 파악할 수 있다.

모듈러 아키텍처의 개념을 모듈러modular와 아키텍처로 나눠서 차근차근 살펴보자. 모듈러는 '모듈 기반의'라고 정의할 수 있다. 모듈러 디자인에서 다뤘던 것처럼 모듈은 '고유의 기능과 표준화 인터페이스를 가진 구조 요소'이다. '모듈 기반의'의 의미는 '모듈로 구성된'으로 해석할 수 있다.

모듈러 아키텍처와 혼동하기 쉬운 표현이 플랫폼 아키텍처다. 플랫폼 아키텍처는 플랫폼으로 구성된 아키텍처를 의미한다. 플랫폼이 특수한 형태의 모듈이란 점을 고려하면 플랫폼 아키텍처는 모듈러 아키텍처의 일종으로 볼 수 있다.

아키텍처는 이전 절에서 살펴본 바와 같이 기능과 구조를 매핑한 구성 방식과 관계를 의미하고, 이를 표현한 고수준 설계 산출물이다. 그것에 그치지 않고 구성 방식과 구성 요소 간의 관계에 설계자의 의도 또는 전략적인 의도를 담고 있어야 한다.

모듈러 아키텍처는 제품 아키텍처이다. 그래서 지금까지 정리한 것으로 다시 표현하면 모듈러 아키텍처는 모듈을 구성 요소로 하는 제품 아키텍처라고 정의할 수 있다. 여기서 한 가지 더 고려하면 모듈러 디자인을 수행하는 목적을 고려하여 제품 아키텍처를 구분해 봐야 한다.

단일 제품이나 단일 시스템을 대상으로 한다면 단순히 제품 아키텍처로 결론 지어도 된다. 하지만 다수의 제품, 즉 제품군을 대상으로 한다면 제품 아키텍처가 아니라 제품군 아키텍처를 뜻한다고 봐야 한다. 제품군 아키텍처는 제품 아키텍처에 다수의 제품의 다양성을 구현하는 다양성 메커니즘을 담은 것을 의미한다. 그것도 그냥 다양성 메커니즘을 구현한 것이 아니라 설계자의 의도, 전략적 의도를 담은 다양성 메커니즘을 의미한다.

다시 정리해보자. 모듈을 구성 요소로 하는 제품군 아키텍처를 모듈러 아키텍처라고 하는데, 전략적 의도를 담아서 다수의 제품을 구현하는 데 필요한 기능과 구조 간의 구성 관계를 모듈로 표현하여 다양성 메커니즘을 담고 있는 결과물을 의미한다.

하나씩 모듈러 아키텍처가 가져야 할 조건을 살펴보자. 첫째, 제품 아키텍처가 모듈로 구성되어 있지 않으면 모듈러 아키텍처가 아니다. 둘째, 다양성 메커니즘을 담고 있지 않으면 모듈러 아키텍처가 아니다. 마지막으로 모듈로 제품을 구성하고자 하는 의도가 담겨 있으면 모듈러 아키텍처가 아니다.

어기서 전략적 의도는 시장 대응력, 운영 효율성 측면에서 기업이 기대하는 바이다. 폭스바겐 그룹이 공용화를 극대화하여 수익성을 향상시키고자 하는 의도를 담고 있었듯이, 모듈러 아키텍처 안에는 기업의 의도가 담겨 있다.

결론적으로 모듈러 아키텍처는 다음과 같은 항목을 포함하고 있어야 한다.

① 전략적 의도
② 모듈 구성
③ 다양성 메커니즘

2. 모듈러 아키텍처의 목적은 무엇인가?

모듈러 아키텍처는 모듈을 구성 요소로 하여 다수의 제품을 구현하는 데 있어서 필요한 기능과 구조 간의 구성 관계를 표현한 결과물로 전략적인 의도를 담아야 한다고 했다. 전략적 의도는 모듈화의 목적과 연결이 된다. 모듈화의 목적은 일반적으로 1) 복잡성 대응, 2) 다양성 대응, 3) 유연성 대응으로 구별할 수 있다.

표 17. 모듈화의 목적

복잡성의 개선	다양성의 효율적 대응	불확실한 미래 대비
나누어서 정복한다divide and conquer	제품을 효율적으로 파생한다design for variety	변화에 대응하기 위한 유연성을 갖는다flexible product development

첫 번째 모듈화의 목적은 복잡성 대응이다. 복잡한 시스템을 모듈화를 통해서 복잡성을 낮추고, 이 경우에는 모듈러 아키텍처를 모듈 기반의 제품 아키텍처로 표현할 수 있다. 즉 모듈러 아키텍처의 대상이 제품군이 아니라 단일 제품으로 볼 수 있다.

두 번째 모듈화의 목적은 다양성 대응이다. 제품군을 효율적으로 구현하기 위해서 모듈화를 활용하는 것이기 때문에 그 대상은 제품이 아니라 제품군이 된다.

마지막 모듈화의 목적은 유연성 대응이다. 미래에 발생할 수 있는 불확실한 상황을 대처하기 위해서 제품을 모듈화하는 것으로 제품과 제품군 모두 해당할 수 있다.

모듈러 아키텍처가 담고 있는 전략적 의도는 모듈화의 목적 세 가지 중 하나로 표현할 수 있다. 전략적 의도를 명확히 해야만 하는 이유는 전략적 의도에 따라서 모듈러 아키텍처의 구현과 활용 방식이 달라지기 때문이다. 모듈을 몇 개로 구성해야 하는가? 모듈의 크기는 어느 정도로 잡아야 하는가? 모듈 대신 플랫폼을 구현하면 되지 않는가? 등 자주 하는 질문 대신에 어떤 의도로 제품 아키텍처를 구현하는지에 집중해야 한다.

복잡성 대응과 관련된 전략적 의도라면 시스템이 가지고 있는 복잡성에 대한 대응 방식으로 아키텍처를 활용하는 것을 고민해야 한다. 반면에 다양성 대응과 관련된 전략적 의도라면 시스템의 다양성과 그것을 구현하는 시스템의 구성 요소가 가지고 있는 고정성과 변동성을 고려해야 한다. 마지막으로 유연성 대응이라면 시스템의 구성 요소의 변동 시점에 대해서 점검해야 한다.

3. 모듈러 아키텍처는 무엇을 대상으로 하는가?

모듈러 아키텍처의 대상은 제품 또는 제품군이다. 단일 제품일 경우 일반적으로 복잡성이 높은 제품이 그 대상이 되고, 반대로 말하면 복잡성이 높지 않은 제품은 모듈러 아키텍처로 구성하는 것을 재고해야 함을 의미한다.

복잡성이 높다는 것은 무슨 의미일까? 복잡성이 높다는 것은 해당 제품이 구현해야 하는 기능들을 계층 구조로 표현했을 때 계층의 깊이가 크고 종단의 계층의 너비가 크다는 것을 의미한다. 복잡성이 낮다는 것은 계층의 깊이가 얕고 종단의 계층의 너비가 적기 때문에 모듈화의 투자 대비 효과가 낮다는 것을 의미한다.

다수의 제품, 즉 제품군일 경우는 제품군에 대한 정의를 살펴봐야 한다. 제품군은 공통 자산을 가지고 파생되는 제품들의 집합으로, 제품을 제품 간에 유사한 특성을 가진 부분과 제품별로 차별화해야 하는 부분으로 나눌 수 있다.

반대로 이야기하면 제품군을 구성하는 제품들의 다양성이 높지 않거나, 제품들 간에 공통 부분이 거의 없거나, 변동되는 부분이 거의 없다면 모듈러 아키텍처를 활용하기에 적합하지 않음을 의미한다. 공통 부분이 거의 없으면 제품 개별로 경쟁력 있게 만드는 것이 더욱 중요하며, 변동 부분이 거의 없으면 플랫폼 아키텍처를 활용하거나 단일 제품으로 대응하고 다양성 메커니즘을 옵션으로 대응하는 것이 적절하다.

결론적으로 모듈러 아키텍처를 구성하는 대상은 제품 또는 제품군인데, 제품은 복잡성이 높은 제품, 제품군은 제품들의 다양성이 높고, 공통부와 변동부의 균형이 적절한 제품군이어야 한다. 이와 같은 이유로 모듈러 아키텍처를 활용하기 위해서는 제품의 특성을 명확히 파악해야 한다. 제품 자체의 복잡성, 제품들의 동'시계열'상에서의 다양성을 먼저 파악해야만 모듈러 아키텍처를 활용하는 것이 올바른 방향인지 확인할 수 있다.

4. 모듈러 아키텍처는 무엇으로 구성되는가?

무엇인 모듈러 아키텍처를 구성하느냐는 질문은 쉽다고 생각할 수 있다. 당연히 모듈러 아키텍처를 구성하는 것은 모듈이기 때문이다. 모듈 외에 모듈러 아키텍처를 구성하는 요소에 대해서 살펴보자.

모듈러 아키텍처의 또 하나의 구성 요소는 표준 인터페이스다. 문헌에 따라서는 전역적인 규칙, 설계 규칙 등으로 표현이 되지만, 표준 인터페이스는 그 의미들을 모두 포함하고 있기 때문에 본문에서는 표준 인터페이스로 갈음하겠다. 표준 인터페이스는 모듈러 아키텍처를 구성하고 있는 모듈들 간의 상호관계를 표현하고, 모듈러 아키텍처를 유지할 수 있는 최소한의 규칙을 제공한다.

모듈러 아키텍처의 구성을 모듈이 담당하고 있다면, 표준 인터페이스는 모듈러 아키텍처의 틀을 담당하고 있어서 모듈이 바뀌더라도 모듈러 아키텍처 자체가 크게 바뀌지 않도록 유지하는 역할을 한다.

예를 들어서 레고의 단위 블록이나 커스터마이징customizing된 블록들이 레고의 주제에 따라서는 달라지더라도 레고의 스터드stud의 폭과 높이는 바뀌지 않는다. 여기서 스터드의 치수 정보가 바로 레고의 아키텍처를 유지하는 표준 인터페이스라고 할 수 있다.

보통 모듈러 디자인, 모듈러 아키텍처 활동을 수행한다고 하면 모듈 그 자체에 주목하는 경향이 있는데, 모듈은 모듈러 아키텍처보다 일반적으로 수명이 짧다. 그 대신 표준 인터페이스가 모듈러 아키텍처와 수명을 같이한다고 할 수 있다. 일부 수정이 아니라면 표준 인터페이스가 변경된다는 것은 아키텍처를 재정의해야 하는 것을 의미한다.

모듈러 아키텍처가 가지고 있는 인터페이스는 크게 세 가지로 나누어 볼 수 있다. 첫 번째는 글로벌 설계 규칙global design rule으로 모듈별로 준수하는 규칙이 아니라 전역적으로 준수해야 하는 규칙을 의미한다. 두 번째는 모듈 간에 준수해야 하는 인터페이스고, 세 번째는 모듈 내에 모듈을 구성하는 구성 요소 간의 인터페이스다.

세 번째 인터페이스는 표준화할 필요 없이 모듈이 그 자신의 역할을 최상으로 수행할 수 있도록 높은 자유도를 갖는다. 첫 번째와 두 번째는 반드시 표준화해야 하는 대상이다. 특히 글로벌 설계 규칙의 경우는 이것이 바뀌게 되면 모듈러 아키텍처를 다시 만들어야 하는 상황이 발생하므로 신중하게 정의하며 반드시 지키도록 한다. 모듈 간의 인터페이스는 모듈 간의 변동이 파생되지 않고 모듈을 공용화 또는 재사용하기 위해서 반드시 표준화하고 준수해야 하는 규칙을 담고 있다.

앞서 언급한 것처럼 모듈러 디자인을 한다는 것은 모듈을 정의하면 끝나는 것 아니냐고 생각하는 사람들이 많지만, 엄밀히 따지면 그것은 모듈러 디자인을 절반만 이해한 것이다. 기차만 만들어 놓고

철길을 만들지 않아서 기차 박물관에 전시해 놓는 것처럼, 인터페이스를 표준화하지 않고 모듈만 정해 놓는 것은 그냥 제품을 구역만 나누어 놓은 것에 다를 바가 없다.

5. 모듈러 아키텍처의 특성은 무엇인가?

모듈 구조 정의 후에 모듈러 아키텍처를 구성하면, 이로 인해서 발생하는 또는 관리하는 특성이 있다. 이번 절에서는 모듈러 아키텍처가 갖는 특성과 어떻게 표현하는지 살펴보도록 하자.

(1) 모듈 수type: 모듈 타입의 수

첫 번째 특성은 모듈 수로 제품을 구성하고 있는 모듈의 종류로 제품의 규모나 사이즈에 영향을 받는다. 일반적으로 모듈 수는 사람이 직관적으로 파악할 수 있는 5±2가 적합하다. 그래서 이보다 모듈 수가 증가할 필요가 있는 제품이 복잡한 경우에는 모듈 수를 늘리는 것이 아니라, 계층화하여 모듈화를 적용하는 것을 추천한다.

모듈 수를 몇 개로 할 것인가를 수식화하거나 규칙으로 표현하기는 어렵다. 일반적으로 다음과 같은 준칙을 따르는 것을 추천하되 상황에 맞게 결정한다. 모듈의 수가 늘어나면 조합의 힘을 이용해서 조금 더 유연하게 다양성을 높일 수 있다는 장점이 있는 반면에 모듈 간의 호환성을 포함한 아키텍처를 유지하기 위해서 표준화해야 하는 인터페이스 관리가 어려워지는 약점이 있다. 즉, 조합으로 인한 복잡성이 증가하여 오히려 관리가 어려워진다는 단점이 있다.

표 18. 모듈 수에 관한 준칙

① 모듈 수는 5±2가 적합하다.
② 모듈 수는 최대로 10개 이하가 되도록 조정한다.
③ 모듈 수가 10개가 증가할 필요가 있다면 계층을 늘린다.

(2) 모듈 종수variety: 한 타입의 모듈의 종류

모듈 수가 제품을 구성하는 모듈들의 개수를 의미한다면, 모듈 종수는 하나의 타입의 모듈이 전체 제품군 내에 몇 개가 운영 중인지를 표현한 수치이다. 모듈 종수는 모듈을 구성하는 구성 부품의 종류나 모듈의 사양으로 결정된다.

일반적으로 모듈 수와 모듈 종수를 자주 혼동하며, 심지어 같은 특성으로 오해하는 경우가 허다하다. 명확하게 다른 개념이기 때문에 구별하여 사용하고 필요하다면 용어 정의를 별도로 제공해야 한다.

(3) 모듈당 생산량/매출volume: 한 종의 모듈이 적용된 제품 모델의 생산량/매출 합산

모듈을 개발해서 시장에서 얼마나 필요가 있었는지를 표현하는 모듈의 효과성을 나타내는 지표로 제품의 생산량, 매출과 모듈 종수로 결정된다.

(4) 모듈당 적용 모델 수: 한 종의 모듈이 적용된 제품 모델의 종류

한 종류의 모듈을 개발하여 얼마나 다양한 모델에 적용했는지를 표현하는 모듈의 효율성을 나타내는 지표로 제품 모델의 종류와 모듈 종수로 결정된다.

(5) 모듈의 크기size: 모듈의 물리적인 크기

물리적으로 측정할 수 있는 모듈의 치수 정보를 의미한다. 보통 모듈의 규모가 모듈의 크기보다 중요하다고 하는데, 제작, 구매 등 운영 활동상에서는 모듈의 크기도 중요한 특성이다.

(6) 모듈의 규모scale: 모듈을 구성하는 구성 부품의 수

모듈의 크기와 모듈의 규모는 같이 살펴봐야 한다. 모듈의 물리적인 크기와 모듈을 구성하는 부품이 많은 것을 뜻하는 모듈의 규모는 혼동하기 쉽지만 반드시 구분해야 한다. 모듈의 물리적인 크기가 크더라도 모듈화를 할 필요가 없는 경우도 있고, 작더라도 모듈화를 해야 할 경우가 있다. 그것은 모듈화는 정확히 말하면 시스템이 가지고 있는 기능의 수, 즉 모듈을 구성하는 구성 부품의 수에 더 큰 영향을 받기 때문이다. 이후에 다루겠지만 기능 정의를 할 때 하위 기능을 몇 개를 작성할 수 있는가에 따라서 시스템의 규모가 큰가 작은가를 따질 수 있다.

(7) 모듈의 집적도integrity: 정해진 물리적인 크기 내에 배치된 구성 부품의 수

모듈의 집적도는 정해진 물리적인 크기 내에 배치된 구성 부품의 수를 의미하며, 모듈의 크기와 규모로 결정이 된다. 집적도에 따라서 모듈화 가능 여부와 효과가 결정되기 때문에 모듈화 전부터 신경 써야 할 특성이다.

Box 9. 구성 용이성 vs. 모듈성

> 모듈화, 모듈러 디자인의 개념을 다룰 때 모듈성은 시스템이 가지고 있는 성질이라고 표현했다. 모듈성을 언급할 때 자주 유사한 개념으로 거론되는 개념이 '구성 용이성 configurability'이다. 국어로 번역하기에는 쉽지 않지만, 다음과 같은 조건을 가지고 있으면 갖춰져야 할 속성이다.
>
> "제품군들로 만족시킬 수 있는 모든 고객 니즈와 기능이 사전에 정의가 되어 있고(제품 영역product space, 제품 패밀리로 표현), 2) 해당 고객 니즈와 기능들과 관련된 모든 기술적인 파라미터가 명확하게 정의가 되어 있다면, '구성 용이성'을 갖추고 있다고 표현한다. 그래서 엄밀히 따지면 '구성 용이성'은 시스템의 속성이 아니라 제품군product family&product space과 같은 시스템들의 속성이라고 볼 수 있다."

일반적으로 '구성 용이성'이 높으면 고객 맞춤형 제품을 조금 더 효율적으로 만들어 낼 수 있다고 표현을 한다. 반면에 '모듈성'은 시스템 내부적으로 인터페이스들의 명확한 정의, 시스템 구성 요소 간의 낮은 의존관계, 유사 그룹 내의 높은 응집성을 갖는 것을 의미한다. 그래서 모듈성이 높으면 고객 맞춤형 제품을 만들 수 있는데 용이하지만, 고객 맞춤형 제품을 만든다고 하여 모듈성이 높다고는 볼 수 없다.

즉, 모듈성이 높으면 구성 용이성이 높다고 할 수 있으나, 그 역의 관계는 성립하지 않는다. 여기서 다음과 같은 의문을 갖는 사람이 있을 것이다. "모듈러 디자인은 기본적으로 제품군에 대한 활동이라고 했는데, 왜 모듈성은 제품에 대한 속성인가?"

모듈러 디자인이 기본적으로 변화에 대응하는 것이므로 제품군에 대한 활동을 기본으로 하고 있다. 그러기 위해서 시스템이 모듈성을 높여야 하는 것이고, 여기서 시스템은 제품군이 맞다. 시스템 내부의 모듈성을 높여서 구성 용이성을 확보하고 효율적으로 제품군을 파생할 수 있게 만드는 것이 모듈러 디자인의 방법이라면, 구성 용이성은 효율적으로 제품군을 파생할 수 있게 하기 위해서 모듈러 디자인을 포함한 다양한 방법을 고안하는 것을 포함하고 있다. 고객 맞춤형 개발 및 생산, 즉 매스 커스터마이제이션mass customization을 고려해볼 때는 모듈러 디자인은 그 방법 중 하나일 뿐, 매스 커스터마이제이션을 모두 모듈러 디자인을 적용할 필요는 없다. 그래서 구성 용이성을 높이는 활동을 반드시 모듈러 디자인이라고 볼 수는 없다.

6. 모듈러 아키텍처의 생명 주기는 무엇인가?

　　아키텍처, 모듈, 인터페이스, 제품 모델 중에서 생명 주기가 가장 긴 것은 무엇일까? 가장 짧은 건 제품 모델이다. 제품 모델은 고객이나 시장이 결정하는 판매 주기와 일치한다. 그리고 가장 긴 것은 아키텍처다. 제품을 구성하는 방식인 아키텍처는 제품 모델 대비하여 쉽게 바뀌지 않는다. 제품의 성숙 과정에서 지배적인 디자인이 만들어진 후의 제품 아키텍처는 큰 틀에서는 바뀌지 않는다고 볼 수 있다. 모듈화를 통해서 모듈 기반의 제품 아키텍처를 정의하는 게 제품이 아니라 제품군 단위의 활동인 것도 단일 제품보다 생명 주기가 긴 것을 나타낸다.

　　아키텍처를 구성하고 있는 인터페이스가 두 번째로 생명 주기가 길다. 인터페이스로 통칭했지만 인터페이스에도 여러 가지 종류가 있다. 시스템과 외부 환경 및 서브 시스템 간의 모듈과 관계없이 준수해야만 하는 규칙 등을 뜻하는 전역 룰, 모듈 간의 인터페이스, 모듈 내부의 구성 요소들 간의 관계를 다루는 로컬 룰을 모두 인터페이스라고 한다. 여기서 전역 룰과 모듈 간의 인터페이스만이 아키텍처로 표현되는 결과물이고 로컬 룰은 모듈과 생명 주기가 같다. 전역 룰은 아키텍처와 동일하거나 그보다 작다. 전역 룰이 바뀔 경우는 거의 아키텍처가 바뀐다고 볼 수 있다. 그다음은 모듈 간의 인터페이스가 길고 모듈이 뒤를 잇는다. 모듈 간의 관계만 바뀌지 않는다면 모듈은 자유롭게 바뀔 수 있다.

결론적으로 생명 주기는 다음과 같다.

아키텍처 ≥ 디자인 규칙 〉 모듈(=지역 규칙) 〉 모델

디자인 규칙 → '전역 규칙 〉 모듈 간의 인터페이스'

플랫폼 전략을 포함한 모듈화 전략은 기본적으로 '디커플링'을 활용한다고 볼 수 있다. 모듈화를 통해서 모듈 간의 생명 주기와 목적성을 디커플링하는 것, 모듈과 모델을 디커플링하는 것, 고정과 변동으로 나누는 것도 고정부 모듈과 변동부 모듈을 디커플링하는 것이다.

여기서도 생명 주기를 달리 가져가는 것은 디커플링을 활용하는 방안으로 볼 수 있다. 최대한 변화를 용인하고 대응성을 높이는 부분을 모듈 자체로 한정하고, 모듈의 조합으로 만들어지는 모델을 가장 변동성이 크다고 볼 수 있다. 반면에 디자인 규칙을 포함한 아키텍처를 최대한 유지하여 효율성 측면에서의 효과를 얻는다.

Box 10. 모듈러 아키텍처 톺아보기

일본 능률협회에서 고안한 VRP에서 다양성을 관리하는 기법을 다루고 있다. 대부분 다양성 메커니즘을 구상하는 데 활용할 수 있으나, 그중에서 모듈러 아키텍처의 핵심이 되는 기법은 '고정/변동' 기법이다.

제품은 시계열상에서, 또는 동시계열상에서 동일한 비중으로 변동되거나 변동되지 않는다. 특정 영역은 시간이 흘러가도 변화하지 않은 부분이 있고, 어떤 영역은 다양한 제품들 사이에서 고정되는 부분이 있고, 제품마다 변동이 일어나는 부분이 있다.

고정되는 부분과 변동되는 부분의 비중은 제품마다 달라진다. 그리고 고정과 변동을 판단하는 기준으로 시간 축으로 볼지, 공간 축으로 볼지도 달라진다. 그래서 이 정보들을 기초로 다양성 메커니즘을 달리 가져가야 한다.

고정되는 부분의 극단적으로 클 경우는 대부분을 표준화하고 변동되는 부분을 옵션 처리하는 방식으로 다양성 메커니즘을 잡을 수 있고, 반대로 대부분이 변동되는 부분이라면 제품 단위에서는 효율성을 높이는 작업을 찾기 어렵다. 효율성을 높이기 위해서 고정화하는 영역을 찾으려면 전 단계 또는 후 단계에서 찾는 것이다.

두 가지 스펙트럼 극단의 영역이 아닌 경우가 모듈러 아키텍처의 활용처라고 할 수 있다. 고정 영역이 클 경우는 모듈러 아키텍처의 특수한 형태인 플랫폼 아키텍처를 활용할 수 있다. 플랫폼은 특수한 형태의 규모가 큰 모듈이라고 할 수 있는데 플랫폼만으로는 다수의 제품 또는 제품 자체의 변화에 대응할 수 없기 때문에 플랫폼을 쪼갠 것이 모듈이다.

전체적으로 모듈러 아키텍처를 직접 활용한다고는 할 수 없지만, 모듈러 아키텍처의 기본 틀인 모듈성은 모두 이용한다고 할 수 있다. 고정과 변동을 구분해서 변화에 대응해야 하기 때문이다.

모듈성, 모듈화, 모듈에 대한 개념 구분이 필요한데, 모듈성은 시스템이 가지고 있는 기본 속성으로 통합성과 대응되는 개념이다. 모듈성이 높을수록 기능과 구조가 1:1 대응에 가까워져서 특정 부품, 서브 시스템, 모듈의 변화가 다른 부품, 모듈에 변화를 크게 주지 않는다. 반면에 통합성integrity이 높은 것은 다수의 부품, 다수의 서브 시스템, 다수의 모듈이 상호 작용하여 하나의 기능을 담당하기 때문에 특정 기능을 변화시키기 위해서는 변동시켜야 하는 영역이 클 경우이다.

모듈성이나 통합성은 완벽하게 한쪽으로 이동할 수 없는데, 모듈성과 통합성의 스펙트럼상에 대부분 제품이 위치해 있으며, 같은 시스템이나 제품이라도 계층별로 모듈성이나 통합성의 수준이 다를 수 있다. 모듈화는 모듈성을 높이고 통합성을 낮추기 위해서 제품을 포함한 시스템을 다수의 모듈로 나누는 작업을 의미한다. 모듈은 모듈화를 통해서 얻어진 제품을 포함한 시스템을 구성하는 기능 요소이자 구조 요소를 의미한다.

많이 하는 질문 중 하나가 모듈은 결국 서브 어셈블리가 아니냐는 것인데, 제품을 포함하여 부품을 제외하고는 모두 어셈블리이며, 제품과 부품을 제외하면 모두 서브 어셈블리이다. 즉, 모든 모듈은 서브 어셈블리이지만 모든 서브 어셈블리가 모듈이라고 볼 수 없다.

제6장

다양성 최적화

"복잡성 관리의 한 종류로
시스템을 구성하는 가치 요소의 종류와 수를 최적화하는 활동이다.
모듈러 디자인 활동에서 가장 기본적인 개념 중 하나이다."

예전에는 다양성 최적화와 모듈러 디자인을 대척점에 두고 비교하기도 했었다. 혹시 모듈러 디자인을 양파처럼 껍질을 까고 또 까게 되면 마지막에 남는 개념은 다양성 최적화가 되지 않을까 생각한다.

모듈러 디자인 활동 구석구석에 다양성 최적화 개념이 녹아 들어있다. 모듈러 디자인에서 고정과 변동 개념을 활용하는 것도, 모듈화 이전에 버라이어티 맵을 작성하는 것도, 최적 설계 시 개선 아이디어 도출 원리도 결국 다양성 최적화 개념으로 생각하면 조금 더 쉽게 접근할 수 있다. 모듈화의 목적 중 하나가 다양성 대응이기 때문에 당연한 것이 아닌가 생각한다.

1. 다양성 최적화의 의미

앞서 복잡성 관리의 방식으로 다양성 최적화에 대해서 언급했다. 다양성 최적화란 시스템이 가지고 있는 구성 요소나 구성 요소 간의 관계 등의 종류를 조절하여 시스템의 성과를 극대화하는 것을 의미한다. 기업 입장에서 다시 설명하면, 제품이나 제품을 구성하는 서브 시스템, 모듈, 부품 등의 종류를 조절하여 이익을 높이는 것을 의미한다. 다양성 최적화의 대상은 단순히 제품이나 부품으로 그치지 않고, 기업의 이익에 영향을 주는 모든 셀 수 있는 것들이 그 대상이 될 수 있다.

다양성 최적화라고 하면 뭔가 거창하게 들려서 쉽게 와 닿지 않을 수 있겠으나, 우리 주변에서 쉽게 찾아볼 수 있다. 식당을 예로 들어보자. 하나 또는 소수의 메뉴로 고객을 끌어모으는 식당이 있는 반면에, 다양한 메뉴를 자랑하는 분식집 같은 식당도 있다. 메뉴가 적은 식당이든지 많은 식당이든지 관계없이 이익이 안 나는 메뉴를 정리하는 작업을 할 수 있다. 일정 시점마다 이익을 계산해보고, 손님이 잘 찾지 않는 메뉴를 정리할 수 있다. 이렇게 메뉴를 정리하게 되면 사용하는 재료 종류, 조리법, 조리기구, 조리 인원 등이 줄어들 수 있다. 매출은 줄어들지 모르겠으나 이익은 올라갈지도 모른다.

또는 반대로 메뉴를 늘릴 수도 있다. 경쟁 식당이나 고객의 요청으로 기존 메뉴에서 발전하거나, 아예 새로운 메뉴를 도입할 수도 있다. 이렇게 될 경우는 자재 종류가 증가할 수 있고, 새로운 조리법을 익히거나 신규 조리 인원이 필요할 수도 있다. 이 경우에 매출은 증가할지 모르겠으나 이익은 따져봐야 한다.

식당의 예처럼 다양성에 대해서는 어떤 방향이 좋고, 나쁜지를 확정할 수 없다. 단지 최적값을 찾아서 조절할 수 있을 뿐이다. 중요한 것은 다양성 자체가 시스템의 성과에 영향을 주고, 그것을 관리할 필요가 있다는 사실이다.

2. 다양성 최적화를 위한 고려사항

다양성 최적화 활동이 어려운 이유는 정답이 없기 때문이다. 외부/내부 상황에 따라서, 목적에 따라서 최적화 활동의 방향이 달라진다. 어떨 때는 과거에 최적이라고 생각했던 방안이 최악의 결과를 낼 수도 있으며, 어떨 때는 해답 자체가 보이지 않을 때도 있다. 그래서 다양성 최적화 활동의 정도는 최대한 관련된 항목을 수집하고 분석하고 결론을 내야 하는 것이다. "A이면 B이다"라는 식의 단순한 해법은 통하지 않는다.

본 절에서는 다양성 최적화를 위해서 필요한 기본적인 고려사항을 다루고 있다. 여기 나오는 고려사항은 말 그대로 기본이다. 다양성 최적화는 이론과 경험을 통해서 완성한다. 경험을 통해서 다양성 최적화 활동 수행 시 검토할 자신만의 고려사항을 늘려가는 게 중요하다.

1) 산업 및 제품 특성

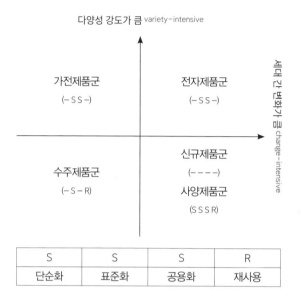

그림 26. 다양성 최적화를 위한 고려사항

다양성 최적화를 하기 위해서는 먼저 산업과 제품 특성을 파악해야 한다. 동 세대 내에서 다양한 제품을 원하는 강도, 세대 간에 변화를 요구하는 강도 두 가지 축으로 구분하여 산업을 분류할 수 있다. 사분면에 따라서 설명하면 다음과 같다.

1사분면은 세대 내 다양성 수준도 높고 변화 속도도 빠른 제품군으로 여기에 속하는 대표적인 예가 전자 제품이다. 1사분면에 속하는 제품은 세대 간의 제품 구조 및 구성 요소가 급격히 바뀌기 때문에 세대 간 재사용은 어렵고, 세대 내에서 공용화 수준을 높이는 방향을 찾아야 한다.

2사분면은 일반적으로 세대 내에 소비자가 원하는 제품의 종류가 다양하지만 세대 간의 변화 속도가 빠르지 않은 제품군이다. 여기에 속하는 제품의 대표적인 예가 가전 제품과 같이 성숙기 산업의 제품이다. 이와 같은 경우에는 현재 제품에 요구하는 다양성 수준이 높기 때문에 제품군 내 공용화 수준을 높이고, 변화속도가 낮기 때문에 재사용 수준을 높이는 방안을 찾아야 한다.

3사분면은 다양성 수준도 높지 않고 변화 속도도 빠르지 않은 제품으로, 여기에 속하는 제품은 일반적인 상용품이다. 여기에 속하는 제품은 제품 단위로 단순화 활동을 진행해야 하며, 표준 제품 단위로 비용을 절감할 수 있는 방안을 찾아야 한다.

4사분면은 다양성 수준은 높지 않지만 변화 속도는 빠른 제품으로, 보통 도입기의 제품이 여기에 속한다. 변화 속도가 빠른 만큼 제품 구조가 안정화되었다고 보기 어렵기 때문에 다양성 최적화 활동보다는 제품 구조를 단순화하고 표준을 잡아가는 활동이 주가 되어야 한다.

새로운 제품에 대한 모듈러 디자인 활동을 수행할 때도 산업 및 제품 특성을 파악하는 활동이 최우선이고, 그것에 따라서 활동 방향성을 선정해야 한다. 위에 정리된 활동 방향성은 참고만 해야 한다. 시간축에서나 공간축에서 절대적인 기준은 있을 수 없기 때문이다.

2) 관리 대상

두 번째는 다양성 최적화의 대상을 고려해야 한다.

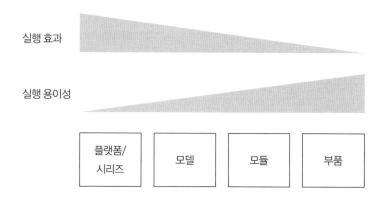

그림 27. 다양성 최적화의 대상

이론적으로 다양성 최적화의 대상은 기업이 성과를 내는 데 필요한 모든 가산성을 가진 요소가 대상이 된다. 심지어 프로세스, 업무, 작업과 같은 무형의 요소도 대상이 될 수 있다. 제품에 한정하여 관리 대상을 고려해 본다면, 실행 효과와 실행 용이성 측면에서 관리 대상을 선정해야 한다. 제품을 구성하는 작은 구성 요소를 대상으로 다양성 최적화를 할 때는 실행은 상대적으로 쉽다. 그러나 실행 효과는 낮을 수밖에 없고 전체적으로 최적화가 되지 않을 가능성도 크다. 즉 적용 범위는 넓힐 수 있으나 적용 후에 효과는 낮다.

반면에 큰 구성 요소를 대상으로 다양성 최적화를 할 때는 실행 효과는 클 수 있겠지만, 실행 용이성이 떨어진다. 즉, 적용 후 효과는 높지만 적용 범위가 좁다. 결론적으로 다양성 최적화의 주요 대상은 실행 효과와 실행 용이성을 고려하여 선택해야 한다.

3) 라이프사이클(적용 시점)

세 번째 다양성 최적화를 실행할 시점도 고려해야 한다. 앞서 살펴본 실행 효과와 실행 용이성 관점이 동일하게 다양성 최적화의 실행 시점에도 적용된다. 하나의 제품을 기준으로 하여 제품의 라이프사이클을 기획, 개발, 양산, 판매, 서비스순으로 구분해보자.

제품, 서브 시스템, 모듈, 부품 등은 라이프사이클상에서 앞 단계로 갈수록 실행 용이성이 낮다. 파생이 안 이루어지게 막는 것은 말하는 것처럼 쉽지 않다. 파생을 막거나 효율적으로 이루어지게 할수 있는 표준 또는 기준이 필요하고, 여러 관계자가 얽혀 있기 때문에 충분한 근거도 마련해야 한다.

반면에 라이프사이클로 갈수록 상대적으로 앞 단계에서 시작하는 것보다는 실행은 용이하다. 그것은 현상을 근거로 다양성을 최적화하면 되기 때문이다. 이것은 상대적으로 기획, 개발 단계에서의 실행 용이성 대비하여 쉽다는 것이지 활동 자체가 쉽다는 의미는 아니다. 후단으로 갈수록 사내, 사외에 연관하는 부서와 인원들이 많아지기 때문에 다양성 최적화에 저항을 받게 된다.

실행 용이성 측면과 반대로 실행 효과는 라이프사이클상에서 앞 단계로 갈수록 커지게 된다. 앞 단계에서 막는다는 것은 제품, 모듈, 부품 등이 발생하기 전에 막는 것을 의미하기 때문에 다양성으로 인한 비용이 발생하기 전에 막을 수 있다. 반면에 뒤의 단계로 갈수록 실행 효과는 작아진다. 이미 기실현된 비용은 절감할 수 없고 앞으로 발생할 것으로 생각하는 다양성 비용을 대상으로 해야 하므로 실현 효과는 그만큼 떨어질 수밖에 없다.

그러나 다양성 비용의 경영 효과를 표현해야 하는 입장에서는 이미 발생한 비용을 기준으로 절감 효과를 표현하는 것이 쉬울지 모르겠지만, 발생할지도 모르는 비용을 기준으로 절감 효과를 표현하는 것은 설득력이 없어 보인다. 그래서 앞 단계에서 막는 활동보다 후 단계에서 줄이거나 최적화하는 데 조금 더 노력을 기울이게 된다.

이러한 상황에 처하지 않기 위해서 다양성 최적화의 개념을 제품 개발 프로세스상에 역할과 절차를 명기해 놓아야 한다. 실행 효과를 입증해야만 수행하는 활동이 아니라, 당연히 거쳐야 하는 활동으로 만들어야 한다.

4) 발생 요인

다양성 최적화 활동을 하는 데 있어서 파생 원인, 다양성 발생 요인을 찾는 것은 핵심 중에서 핵심이다. 발생 요인에 따라서 다양성 최적화의 활동 방향성이 결정된다. 예를 들어서 발생 요인은 시장 요인에 의해서 발생할 수 있다. 고객이 원하는 사양에 직접적으로 영향을 받아서 부품이나 모듈이 파생할 수 있다. 어떤 경우에는 고객이 직접 관여하지 않지만, 기술의 발전에 의해서 파생하는 경우도 있다.

시장 요인으로, 또는 기술 요인으로 파생이 일어나는 경우는 개선하지 못할 가능성이 크다. 상수로 받아들이고 어떻게 하면 효율적으로 대응할지 고민해야 한다. 그 외에 시장 요인이나 기술 요인에 의해서 파생하지 않지만 엔지니어링 과정에서 발생하는 경우가 있다. 대체로 다양성 최적화의 활동은 여기에 집중한다. 다른 부품이나 모듈이 파생하면서 덩달아 파생하는 경우로 설계를 어떻게 하느냐에 따라서 회피가 가능하기 때문에 개선도 여기에 집중한다.

5) 방향성

다양성 최적화를 위한 마지막 고려사항은 활동 방향성이다. 다양성 최적화의 활동은 크게 두 가지로 분류할 수 있다. 하나는 다양성을 줄이는 활동이고, 또 다른 하나는 다양성을 더 이상 늘리지 않는 활동이다. 전자는 불필요한 부품이나 모듈 등을 찾아서 다양성을 직접적으로 줄이는 활동으로 3S에서는 단순화 활동이 여기에 속한다. 후자는 현재 상황에서 다양성을 줄이는 것이 아니라 더 이상 발생하지 않도록 막는 활동을 의미한다. 3S에서는 표준화와 공용화가 여기에 속한다.

무엇이 우선이냐, 무엇이 더 효과가 있느냐는 논의는 의미가 없다. 결국 두 가지 활동 모두 필요하다. 현재 존재하는 다양성을 줄이는 활동도 필요하고, 그와 동시에 다양성이 더 이상 늘지 않도록 최대한 막는 활동도 필요하다. 우선순위와 비중 차이가 있을 뿐이고 그것마저도 절대적인 기준이나 불변하는 성격의 것은 아니다.

3. 다양성 최적화와 다양성 메커니즘

다양성 최적화는 다양성 메커니즘과 함께 복잡성을 관리하는 하나의 방법이다. 다양성 메커니즘이 이익과 비용의 곡선을 조정하여 최적 다양성 시점을 조절하는 반면에 다양성 최적화는 위 그림에서 보는 것처럼 이익을 극대화하는 최적의 다양성을 찾는 방식이다.

다음 3단계 활동으로 기업이 갖는 복잡성을 관리한다고 할 때 다양성 최적화와 다양성 메커니즘 간의 차이를 구분해보자.

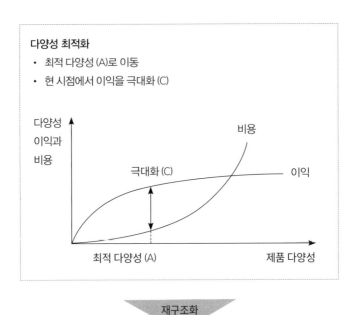

다양성 최적화
- 최적 다양성 (A)로 이동
- 현 시점에서 이익을 극대화 (C)

재구조화

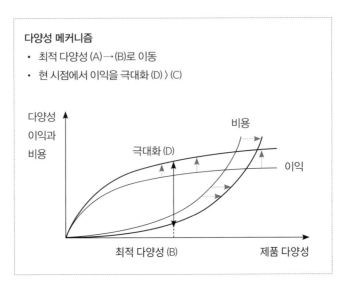

다양성 메커니즘
- 최적 다양성 (A) → (B)로 이동
- 현 시점에서 이익을 극대화 (D) 〉(C)

그림 28. 다양성 최적화의 개념

(1) 제품 파생 최적화하기

기업이 고객에게 제공할 수 있는 가치를 극대화하는 방식으로 고객 요구사항을 수집하고 시장 분석을 기반으로 제품 포트폴리오를 재정의한다. 물론 여기에는 기존 파생 제품을 합리화하는 과정도 포함한다. 기존에 있는 모델 중에서 불필요한 모델은 단종하고 경쟁사나 시장의 요구 대비하여 부족한 모델을 보충하는 방식으로 매출을 극대화하는 방향으로 제품 파생을 최적화한다.

(2) 운영 구조 최적화하기

첫 번째 절차가 기업의 매출을 극대화하는 데 집중했다면, 두 번째 절차는 비용을 절감하는 데 집중한다. 제품을 만드는 과정에서 생성되는 복잡성을 최적화하는 작업이 필요하다. 여기에 관련된 요인은 재료/부품/모듈의 다양성, 가공 기술, 조직적 복잡성, 인력, 제품 포트폴리오, 파생 제품, 기능성, 품질 등이다. 최적은 같은 매출을 올리더라도 최소의 비용을 사용하는 방식으로 최적화하는 것이다. 다만 다양성 최적화 활동에서는 위에서 언급한 바와 같이 곡선 자체는 조정하지 않는다.

(3) 전체 최적화하기

첫 번째 절차와 두 번째 절차에서 얻어낸 결과를 토대로 최적의 다양성 수준을 정한다. 다양성 최적화 활동을 위한 최적화 수준은 매출과 비용의 차이로 이익이 극대화하는 지점이다. 현재 체질상, 구조상 최적점을 찾는 활동이다.

반면에 다양성 메커니즘은 현재 체질이나 구조를 바꾼다. 즉 매출과 비용을 발생하는 곡선을 조정하여 최적점을 지금보다 오른쪽으로 이동한 지점으로 정한다. 결론적으로 다양성 최적화 활동은 최적점을 찾는 활동이고, 다양성 메커니즘은 원하는 최적점을 이르기 위해서 변화를 추구하는 활동이다.

여기까지가 이론적인 내용이고, 실제로는 이론대로 최적의 다양성 수준을 만들어내기 어렵다. 아니 불가능하다고 말하는 게 적절하다. 그래서 최적의 다양성을 수식처럼 구한다고 생각하지 말아야 한다. 첫 번째, 두 번째 절차의 원칙과 과정을 준수하는 합리적인 과정을 통해서 최종적으로 얻어낼 최적의 다양성은 지루하고 지루한 의사결정의 결과물임을 알아야 할 것이다.

다양성은 일차원이 아니라, 다차원 문제이다.

Variety is not a one-dimensional but a multidimensional issues.

Box 11. 고정과 표준의 차이

흔히 하는 오해 중 하나가 고정과 표준이 동일하다는 생각이다. 표준화가 되었으니 고정화가 된 결과로 생각할 수 있는데 엄밀히 따지면 같지 않다. 고정과 표준이 만들어지는 활동인 고정화와 표준화의 차이부터 살펴보자.

표준화는 다양성 최적화인 3S에서 자세히 다루듯이 기준과 규칙을 정하는 활동이다. 특정 조건이 있을 때 어떤 행동을 해야 한다는 식의 규칙 말이다. 이런 규칙은 고정부 모듈에 국한하지 않아도 가능하다. 변동부 모듈에서도 충분히 표준화 활동이 가능하고 범위도 작게는 재료, 부품에서 크게는 서브 시스템, 모델까지 무엇이든 가능하다.

반면에 고정화는 표준화의 부분 집합이라고 할 수 있다. 특정 구성 요소를 1개 또는 소수의 다양성으로만 운영하겠다는 기준과 규칙을 정하는 활동이다. 제품의 다양성을 변동으로 정의된 구성 요소로 넘기겠다는 것을 의미하므로, 방향성을 표현하는 용어이기도 하다. 그리고 범위도 주로 모듈, 모듈 중에서도 고정부 모듈에 국한한다. 두 활동 모두 다양성을 한정함으로써 복잡성을 줄이겠다는 목적은 동일하지만 구체적인 활동과 범위가 다르다.

고정과 표준의 차이도 고정화와 표준화 차이에 일맥상통한다. 고정은 다양성에 대한 특성을 의미한다. 고정부 모듈은 다양한 제품의 사양에도 불구하고 다양성을 소수로 가져가겠다는 의미를 내포한다. 반면에 표준은 사전에 정의된 규칙이 있음을 내포한다. 표준 모듈은 특정 조건에서는 해당 모듈을 사용하겠다는 약속이 있음을 의미하고, 표준 모듈은 고정부 모듈, 변동부 모듈 구분 없이 정의할 수 있다.

마지막으로 고정은 제품의 일부인 모듈이나 부품 등이 갖는 내재된 속성이다. 즉, 사양 특성에 따라서 결정되는 항목으로 볼 수 있다. 반면에 표준은 부여되는 속성이다. 비표준은 쓰지 않고, 표준을 앞으로 사용하겠다는 의지가 담긴 인위적으로 만들어진 속성으로 볼 수 있다.

4. 다양성 최적화 절차

다양성 최적화하는 일반적으로 다음과 같은 6단계를 거쳐서 실행한다.

1단계: 다양성 관리 필요성 인지

다양성에 대한 개념, 다양성이 비용을 발생한다는 다양성 비용에 대한 개념, 다양성 관리의 필요성을 인지하는 단계이다. 전반적인 체질 개선으로 전환하기는 어렵지만, 눈에 뜨일 정도로 심각한 현황에 대해서 부분적인 다양성 개선 활동을 실행하는 단계이다.

2단계: 부분적인 다양성 가시화

앞 단계에서 필요성을 인지하고 부분적으로 필요한 영역에서의 개선 활동이 이루어지긴 하지만 누구나 문제라고 생각하는 부분에 개선 범위를 한정하기 때문에 지속하기는 어렵다. 그래서 다양성 관리를 지속하고 활동 범위를 확대하기 위해서 가장 먼저 해야 할 일은 다양성을 가시화하는 활동이다. 가시화한다는 것이 거창하게 들릴 수 있지만, 다시 말해 수치화하는 것을 말한다. 현재 몇 개의 부품, 몇 개의 모듈, 몇 개의 제품이 있는지 숫자로 표현하는 것이다.

3단계: 부분적인 다양성 가치화 및 원인 분석

앞 단계에서 가시화한 결과를 활용하여 필요한 다양성과 불필요한 다양성을 구별하는데 이를 가치화한다, 가치로 표현한다고 말한다. 결국 다양성을 가시화하는 이유는 최적화하기 위함 이다. 최적화를 위해서는 어떤 종류는 남겨두고 어떤 종류는 단종하거나 절감해야 하는 상황이 발생한다. 이를 위한 올바른 선택을 하기 위해서 가치로 표현하고, 불필요한 요소가 발생한 원인을 찾는다. 그리고 부문 단위로 이러한 최적화 활동을 절차화하여 지속적으로 실행할 수 있는 준비를 한다.

4단계: 전 영역에서의 다양성 가시화

이전 단계까지 일부 부문이나 영역, 일부 제품군에서 활동을 진행했다면 이제 전사로 확대한다. 전사로 확대하여 다양성을 가시화하여 부분적으로 최적화하는 결과를 막는다.

5단계: 전 영역에서의 다양성 가치화 및 원인 분석

전사의 데이터를 기초로 전사 다양성 최적화 활동으로 확대하고, 활동을 정규화하고 지속 실행할 수 있는 체계를 마련한다.

6단계: 최적 다양성 예측 및 선행 대응

지금까지의 다양성은 이미 발생했거나, 발생하고 있는 다양성이고, 가장 효과적인 다양성 최적화는 발생하기 전에 사전에 대응하는 것이다. 그래서 향후 발생할 수 있는 다양성을 파악하기 위해서 업계 또는 시장 등에서 발생하는 요인을 모니터링하고, 최대한 능동적으로 대응하기 위한 준비를 한다.

마지막 6단계는 결국 다양성 최적화에서 벗어나서 큰 틀에서는 다양성 메커니즘을 변화하는 방향과 연결된다.

5. 3S

다양성 최적화의 대표적인 방법론은 3S이다. 3S는 단순화simplifi-cation, 표준화standardization, 공용화shareness의 영 단어 앞 글자를 모은 것으로 현재의 다양성을 최적화시키고 향후 활용성을 고려한 표준을 정하여 공용으로 사용하도록 하는 활동을 의미한다. 현상을 개선하는 것에 그치지 않고 비효율을 발생시키는 종류 및 원인을 분석하여 지속적으로 개선을 추진하고 관리하는 방법론이자 기본 사상이다.

모듈러 디자인에서는 3S를 하나의 구성 요소로 여기기도 하고 기반으로 여기기도 한다. 다양성 최적화 방법에 국한한다면 3S는 하나의 툴로 역할을 할 것이고, 결국 모듈러 디자인이 담당하게 될 토탈 버라이어티 매니지먼트total variety management 관점에서 보면 3S는 모듈러 디자인의 핵심 사상이라고 할 수 있다.

3S의 구성 요소를 간단하게 살펴보면 단순화는 낭비라고 생각되는 대상의 종류, 수를 줄이는 활동으로 간단하게 생각하면 버리는 활동을 의미한다. 표준화는 다양성을 관리하는 대상인 구성 요소의

사양, 특성 등에 대해서 표준을 정하고, 신규로 발생하는 구성 요소를 표준에 맞추도록 하여 다양성을 관리하는 활동을 의미한다. 마지막으로 공용화는 신규로 발생하는 다양성의 대상을 신규 개발하지 않고 기존에 발생한 것으로 사용하는 것을 의미하며, 그 종류는 유용화, 대체화, 공통화가 있다.

Box 12. 단순화가 먼저일까? 표준화가 먼저일까?

정리 정돈이라는 말이 있다. 주변에 흐트러진 것이나 어수선한 것을 한데 모으거나 둘 자리에 가지런히 함을 의미한다. 정리 정돈은 정리와 정돈이라는 활동으로 나눠진다. 둘 다 유사한 의미를 갖지만 굳이 구별하자면, 정리는 문제가 되거나 불필요한 것을 줄이거나 없애서 말끔하게 바로잡는 것으로 3S에서는 단순화와 성격이 유사하다. 반면에 정돈은 어지럽게 흩어진 것을 규모 있게 고쳐 놓거나 가지런히 바로잡는 것을 의미하며 3S에서는 표준화와 유사하다. 지저분한 방을 청소한다고 생각하면 물건을 둘 자리를 고려해서 치울 수도 있겠지만 가장 먼저 하는 일은 버리는 일이다. 쓰레기와 잡동사니 등을 먼저 버리는 것이 정리하는 사람 입장에서는 마음도 편하고 후속 작업을 조금 더 쉽게 할 수 있게 한다.

3S에서도 기준과 규칙을 수립하려면 현재 복잡한 상태에서 벗어나야 한다. 그래서 먼저 하는 일이 단순화이다. 누

가 봐도 무가치한 것을 구분하고 버리는 작업을 하여 복잡한 상태에서 어느 정도 벗어났을 때 표준화를 실행하는 것이 효과적이다.

Box 13. 단순화, 표준화, 공용화 중에서 가장 중요한 것은?

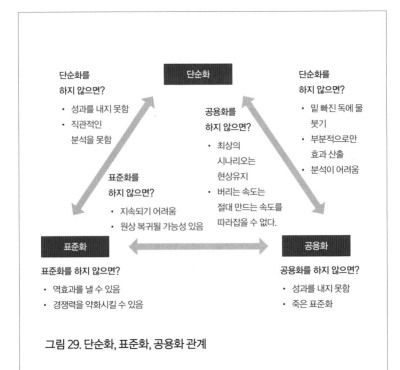

단순화

단순화를
하지 않으면?

• 성과를 내지 못함
• 직관적인
  분석을 못함

**공용화를
하지 않으면?**

• 최상의
  시나리오는
  현상유지
• 버리는 속도는
  절대 만드는 속도를
  따라잡을 수 없다.

단순화를
하지 않으면?

• 밑 빠진 독에 물
  붓기
• 부분적으로만
  효과 산출
• 분석이 어려움

**표준화를
하지 않으면?**

• 지속되기 어려움
• 원상 복귀될 가능성 있음

표준화

표준화를 하지 않으면?

• 역효과를 낼 수 있음
• 경쟁력을 약화시킬 수 있음

공용화

공용화를 하지 않으면?

• 성과를 내지 못함
• 죽은 표준화

그림 29. 단순화, 표준화, 공용화 관계

3S의 단순화, 표준화, 공용화 중에서 가장 중요한 구성 요소가 무엇이냐고 종종 질문을 받는다. 그럴 때마다 저자의 답변은 다음과 같이 동일하다. "셋은 서로 상호 보완적인 관계이다. 모두 다 중요하다."

1. 단순화 ↔ 표준화

단순화와 표준화 간의 관계를 먼저 살펴보면, 단순화를 하지 않는다면 표준화는 그 자체로는 성과를 내지 못하는 활동이다. 아무리 기준과 원칙을 표준화를 통해서 세운다고 해도 실행하지 않으면 모든 것이 무용지물이다. 그리고 기준을 세울 때도 현재 상태를 분석해서 그 결과를 기준으로 표준화를 수행해야 하는데, 단순화를 하지 않으면 직관적인 분석을 하기가 어렵다. 즉, 지리멸렬하게 이어지는 분석의 함정에 빠질 가능성이 크다.

반면에 표준화를 하지 않는 단순화는 지속하기가 어렵다. 무엇이 가치가 있고 없는지를 분류해서 단순화 작업을 해야 하는데 표준화를 하지 않으면 그런 분류 자체가 어렵다. 또한 단순화하기 전으로 회귀할 가능성이 크다. 단순화 작업을 하여 불필요한 것을 줄였다면 그것을 명문화하여 다시는 일어나지 않도록 막아야 한다. 그걸 수행하는 것은 표준화이다.

2. 표준화 ↔ 공용화

표준화와 공용화 간의 관계를 살펴보자. 표준화를 하지 않는 공용화는 역효과를 낼 수 있다. 분석을 통한 가치 판단이 명확히 이루어지고 향후 지속해서 유지할 것과 버려야 할 것을 구분하는 작업이 표준화이다. 그것 없이 공용화를 수행한다는 것은 불필요한 것을 널리 쓸 수도 있음을 의미한다. 그래서 오히려 역효과를 키우고, 제품의 경쟁력을 약화시키는 결과가 생길 수 있다. 반면에 공용화를 하지 않는 표준화는 단순화와 마찬가지로 성과를 내지 못하고 결국 죽은 표준화가 된다. 아무도 지키지 않는 규칙은 규칙이 아니다.

3. 공용화 ↔ 단순화

마지막으로 공용화와 단순화 간의 관계를 살펴보면 공용화를 하지 않는 단순화의 최상의 시나리오는 현상 유지이다. 버리는 속도는 절대로 만드는 속도를 따라잡을 수 없다. 단순화를 통해서 버리기만 한들, 공용화를 하지 않으면 현재 복잡한 상태를 벗어나는 것은 불가능하다. 반면에 단순화를 하지 않고 공용화를 하는 것은 밑 빠진 독에 물 붓는 격이다. 즉 현재 써야 할 부품이나 모듈을 공용화를 하는 동시에 사용하지 않는 부품이나 모듈을 단순화를 해야만 공용화를 통한 효과를 극대화할 수 있다. 그렇지 않으면 부분적으로 효과를 산출할 수 있다.

1) 구성 요소

이번 절에서는 3S를 구성하는 요소들을 하나씩 살펴보도록 하자. 설명하는 내용을 하나하나 익히는 것보다 원리를 파악해야 한다.

⑴ 단순화

'단순'은 사전적 의미로 **복잡하지 않고, 간단하고 명료**함을 의미

단순화의 핵심은 '**버리기**'이다.
특정한 기준을 가지고 복잡함을 이루는 요소들을 하나씩 버리는 것이 필요하다.

그냥 버리는 것이 아니라, '기준'이 필요하다.

즉, 단순화는 '**기준에 입각한 버리기**'를 의미한다.

1. 명확한 기준을 세운다.
2. 그 기준에 입각해서 철저하게 실행한다(버린다).

그림 30. 단순화란?

'단순'은 사전적 의미로 복잡하지 않고 간단하고 명료함을 의미한다. 그래서 단순화는 복잡한 대상을 간단하고 명료하게 만드는 활동을 의미한다. 단순화의 핵심은 '버리기'이다. 특정한 기준을 가지고 복잡함을 이루는 요소들을 하나씩 버리는 것이 단순화의 핵심이다.

보통 단순화라고 하면 버리는 행위에 집중하는 경향이 있으나, 앞서 언급한 것처럼 단순화는 '기준에 입각한 버리기'임을 주목해야 한다. 그래서 단순화는 크게 두 단계로 활동이 이루어진다.

① 명확한 기준을 세운다.
② 기준에 입각해서 철저하게 실행한다(버린다).

이 두 가지 중 하나라도 제대로 실행하지 않는다면 불필요한 것은 남겨두고, 남겨야 할 것은 버린다거나, 기준을 제대로 세웠음에도 말만 앞서는 활동이 될 수 있다. 명확한 기준을 세운다는 것은 단순화의 대상을 선정하는 것인데, 보통은 누가 보더라도 버려야 할 것을 단순화의 대상으로 생각하는 경향이 있다. 그러나 단순화의 대상은 현시점에서 존재의 필요를 못 느끼는 모든 것이 단순화의 대상이다. 여기서 기준이란 버릴 것에 대한 기준이 아니라 남겨두어야 할 것의 기준이어야 함을 말한다.

단순화의 프로세스는 부품, 모듈, 제품마다 다르지만 기본적인 원리는 동일하다. 여기서는 이해하기 쉽도록 부품을 기준으로 알아보도록 하자.

1. 대상 선정, 다양성 현황 조사, 가시화
 – 타입 분류, 타입별 종수 계산, 타입 간 절감 가능성 확인, 절감효과 계산

2. 부품, 모듈의 기능 분석
 – 입고 부품 기능 정의, 하위 부품 목록 나열, 하위 부품 기능 정의 및 절감

3. 모델 연계 분석 및 설계 방향 고려
 – 생산 모델 조사, 설계 방향 선정, 중요도 설정, 절감 방향 결정

4. 다양성 분석 및 절감 아이디어 발굴
 – 해당 부품 사양테이블 정리, 사양 간 중요도 표시, 그룹핑, 절감 실행

그림 31. 단순화의 절차

가장 먼저 해야 할 활동은 단순화를 실행할 대상을 선정하고 다양성을 조사하여 가시화하는 것이다. 무엇이든지 개선 활동은 먼저 현황을 표현하는 것으로 시작해야 한다. 먼저 다양성을 산출하고, 다양성이 많을 경우에는 몇 가지 인식하기 쉬운 타입으로 나눠서 분류한다. 타입을 나누면 먼저 타입 내에서 절감하고, 이후에 타입 간 절감을 수행하도록 한다.

그다음은 부품이나 모듈의 기능을 분석한다. 기능을 분석하는 것은 해당 부품이나 모듈이 꼭 필요한 이유를 찾는 것이다. 해당 부품이나 모듈의 기능을 분석하고, 하위 부품의 기능을 같이 분석하여 하위 부품의 절감 가능성을 찾는다. 여기서 절감 가능성은 기능 관점에서 불필요한 것을 찾는 것을 의미한다.

다음은 사용된 모델과 연계 분석하고 향후 설계 방향을 고려한다. 다양한 종류의 부품 중에서도 해당 부품을 사용한 모델이 많다면 그것을 단순화할 대상에서 제외하고, 설계 방향도 고려하여 최대한 개선한 부품이나 모듈을 남겨두도록 한다. 즉 적용한 모델이 많을수록, 최근에 설계한 부품일수록 남겨둘 가능성이 크다.

마지막으로 다양성 원인을 파악하여 부품 사양을 정리하고 절감할 대상을 선정하여 수행한다.

(2) 표준화

정리정돈, 정리는 불필요한 물건이나 일, 업무들을 제거하는 활동으로 모든 개선활동의 시작을 의미한다. 반면에 정돈은 다시 복잡한 상황이 발생하지 않도록 기준, 원칙, 체계를 만들고 적용하는 활동을 의미한다.

즉, 표준화는 바로 '기준을 세우기'를 의미한다.

1. 철저하게 현상분석하기
2. 이상적인 상태 선정하기
3. 기준 세우기
4. 기준에 대해서 고민하고 개정하기

그림 32. 표준화란?

표준화는 향후 실행해야 할 행위, 구성 요소의 규격 등 복잡함을 일으키는 요소들에 대한 기준을 잡는 활동을 의미한다. 한마디로 표현하면 표준화는 '기준 세우기'를 의미한다. 표준화는 일반적으로 다음 단계를 거치게 된다.

① **철저하게 현상 분석하기**

② **이상적인 상태 선정하기**

③ **기준 세우기**

④ **기준에 대해서 고민하고 개정하기**

표준화는 기준을 세우기 전에 현상을 철저히 분석할 것을 요구한다. 현 상태를 명확하게 정의하지 않고는 제대로 된 기준을 세울 수 없다. 그리고 현 상태를 기준으로 달성하고자 하는 목표를 정의해야 한다. 표준화는 직접적으로 어떠한 성과를 내는 활동은 아니지만, 성과를 내는 활동을 하기 위한 기준이나 가이드를 제공하기 때문에 중요하다.

한 번 정한 표준은 바뀌지 않을까? 표준을 한 번 정하고 바꾸지 않는다면 죽은 표준화가 될 수밖에 없다. 현 상태는 바뀐다. 즉, 현 상태를 근거로 만든 기준과 가이드도 지속적으로 바꿔야 함을 의미한다. 그렇게 하지 않는다면 적절하지 않은 기준을 유지하게 되고, 구성원들이 지키지 않는 의미 없는 문서만 남게 될 것이다. 반대로 죽은 표준을 구성원들이 억지로 지킨다면 제품, 조직의 경쟁력을 잃게 만들 수도 있다. 그래서 표준화는 현 기준을 고민하게 개정하는 것을 반복해야 한다.

표준화의 프로세스는 부품을 기준으로 설명하면 표준품 선정과 관리로 나눌 수 있다.

표준품 선정은 먼저 표준품을 선정할 대상을 지정한 후 현재 활용하고 있는 부품들의 사양을 분석한다. 사양별로 표준품을 선정하고, 시스템에 등록하고, 전체 공지한다. 마지막으로 표준품을 기준으로 다양성을 분석하고 절감하는 활동을 병행한다. 즉, 비표준품으로 남아있는 부품을 점차 줄이는 활동을 하고, 표준품으로 선정된 부품도 모니터링하여 절감하는 활동을 진행한다.

표준품 관리는 먼저 부품 사용 현황을 모니터링하고 다양성 분석 variety analysis을 수행한다. 최근 사용 요청이 빈번한 비표준품을 표준품으로 추가 선정하고 동시에 표준품 중에서 사용률이 떨어지는 것은 표준품 선정에서 배제한다. 그 결과를 표준 시스템에 등록해서 공지하고, 마지막에는 다양성을 분석하여 절감 활동을 수행한다.

표준품 선정
1. 표준품 지정, 사양분석
2. 표준품 선정
3. 표준 시스템 등록 및 공지
4. 다양성 분석 및 절감

표준품 관리
1. 부품 모니터링, 다양성 분석
2. 표준품 추가 선정
3. 표준시스템 등록 및 공지
4. 다양성 분석 및 절감

그림 33. 표준화의 절차

표준화는 표준품 선정과 같은 구조 표준화와 사양 표준화로 나눌 수 있는데, 구조 표준화는 과거 시점의 표준화로 과거에 설계한 부품을 기준으로 표준화하는 것을 의미한다. 반면에 사양 표준화는 미래 시점의 표준화로 미래에 설계할 사용을 기준으로 표준화하는 것을 의미한다.

(3) 공용화

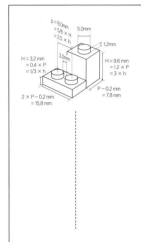

공용화의 핵심은 '실행'이다.
표준화 결과를 토대로 부품 등의 구성요소를 공통으로
사용하는 것을 의미한다.

공용화는 단순히 실행하기가 아니라, 기획을 통해서 실
행하기가 되어야 한다.
공통으로 쓰는 것이 어려운 것이 아니라, 그것을 미리
준비하고 계획하여 공통으로 쓰는 것이 어려운 것이다.

1. 표준화 결과 검토하기
2. 공용화 계획을 세우기
3. 실행하기

그림 34. 공용화란?

공용화는 표준화 활동을 결과를 토대로 부품 등의 구성 요소를 여러 제품에 적용할 수 있도록 하는 활동을 의미한다. 그래서 공용화의 핵심은 '실행'이다. 그런데 올바른 공용화는 단순히 실행하는 것이 아니라 기획을 통해서 실행하기가 되어야 한다. 공통으로 여러 제품에 사용하는 것이 어려운 것이 아니라, 그것을 미리 준비하고 계획하여 공통으로 쓰는 것이 어려운 것이다.

공용화 활동의 절차는 다음과 같이 표현할 수 있다.

① 표준화 결과 검토하기

② 공용화 계획을 세우기

③ 실행하기

먼저 표준화 결과를 검토하여 공용화하는 데 문제가 없는지부터 살펴보아야 한다. 물론 표준화를 올바르게 수행했다면 검토할 일도 없겠으나, 최근 상황이 어떤 식으로 바뀌었을지 예상하지 못하므로 현재 표준 부품, 표준 모듈 등을 검토해야 한다. 공용화는 여러 제품에 동시에 적용하기 때문에 문제가 있는 부품이나 모듈을 적용하는 것은 문제를 확산하고 전체 제품의 경쟁력을 떨어뜨리는 일이기에 검토하는 단계를 거쳐야 한다.

검토를 마친 후에는 공용화 계획을 수립해야 한다. 일반적인 재사용 활동과 공용화를 구별하는 차이점은 사전 계획 유무이다. 공용화는 기본적으로 계획을 토대로 실행해야 한다. 공용화 활동은 사전에 공용화할 대상을 정하고, 그에 대한 효과를 산출하고, 적용 여부를 점검하는 전반적인 활동을 포함한다.

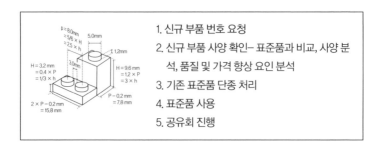

그림 35. 공용화의 절차

공용화 프로세스를 부품을 기준으로 설명하면 다음과 같다.

① 신규 부품 번호 요청
② 신규 부품 사양 확인: 표준품과 비교, 사양 분석, 품질 및 가격 향상 요인 분석
③ 기준 표준품 단종 처리
④ 표준품 사용
⑤ 공유회 진행

표준품이나 표준 모듈을 사용할 대상에서 신규 부품을 사용하겠다는 요청이 오면 표준품과 비교하고 사양 분석과 품질/가격 비교를 한다. 그래서 표준품이나 표준 모듈을 사용할 수 있다면 요청을 기각한 후 표준품을 사용하도록 하고, 동일한 사양을 가지고 있으나 기존 표준품을 사용할 수 없다면 기존 표준품을 신규로 요청하는 표준품으로 대체하도록 한다.

또는 다른 사양을 가지고 있다면 신규로 표준품을 등록하도록 한다. 필요에 따라서 기존 표준품을 단종 처리하도록 한다. 기본적으로는 신규 표준품이 등록되면 기존 표준품을 하나 이상 단종하는 활동을 병행한다. 표준품 리스트에 변경이 있다면 공유회를 진행하여 변경사항을 공표하도록 한다.

공용화에는 3가지 종류가 있다. 기존 부품을 그대로 다른 제품에 사용하는 부품 유용화carry-over가 있고, 신규 부품을 만들어서 기존 부품을 교체하는 형태인 부품 대체화가 있고, 마지막으로 기존 제품

까지는 교체할 수 없지만 향후 사용할 부품은 신규 부품으로 지정하는 부품 공통화가 있다. 여기서 부품 공통화는 부품 종수가 늘어나게 된다. 그러므로 승인 과정을 거쳐야 한다.

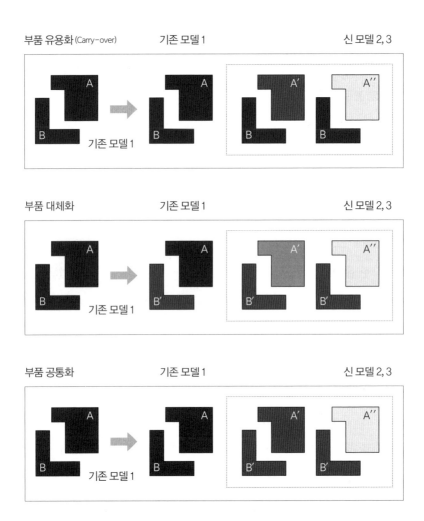

그림 36. 공용화의 종류

Box 14. 재사용/공용화/재활용

- **공용: 구성요소를 동시 또는 비슷한 시기에 전개되는 상위요소들에 적용**
→ 상대적으로 전개 이전의 기획과 적용 여부 관리가 중요

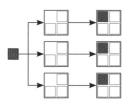

- **재사용/재활용: 한번 전개되었던 구성요소를 후행 전개되는 상위 요소에 적용**
→ 재사용 여부 관리와 재사용 후 효과 산출이 중요

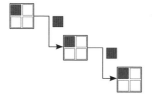

- **재활용과 재사용의 차이: '사전 의도의 유무'**
→ 재사용은 사전 의도가 있는 것으로 이론적으로 재사용 범위만큼의 효과를
  얻어야 함
→ 재활용은 사전 의도가 없는 것으로 기대했던 효과를 얻기가 어려움

그림 37. 재사용, 공용화, 재활용의 개념

공용화, 재사용, 재활용은 유사한 의미를 가진 활동으로 자주 섞어서 사용한다. 그러나 명확한 의미 차이가 있으므로, 구분해서 사용해야 한다.

공용화는 구성 요소를 동시 또는 비슷한 시기에 전개되는 제품에 적용하는 활동을 의미하며, 상대적으로 전개 이전

의 기획과 적용 여부 관리가 중요하다.

반면에 재사용은 한번 전개되었던 구성 요소를 후행 전개하는 제품에 적용하는 활동으로 후행하는 제품으로 무엇이 나올지 모르므로 기획은 어렵지만, 재사용 여부 관리와 효과 산출은 가능하다.

마지막으로 재활용은 소프트웨어 부문에서 중요한 개념인데, 재사용과 구분하여 사용한다. 재사용과 재활용의 차이는 사전 의도의 유무이다. 재사용은 사전 의도가 있는 것으로 이론적으로는 재사용 범위만큼의 효과를 얻어야 하지만, 재활용은 사전 의도가 없이 기존 코드나 산출물을 이후에 사용하는 것으로 기대했던 만큼의 효과를 얻기는 어렵다.

재사용은 기획 단계부터 고려하여 효과를 얻을 수 있지만, 재활용은 기존 자산을 분석하고, 수정/보완하고, 정제하고, 검증하는 로드가 추가되기 때문에 원하는 만큼의 효과를 얻기는 어렵다.

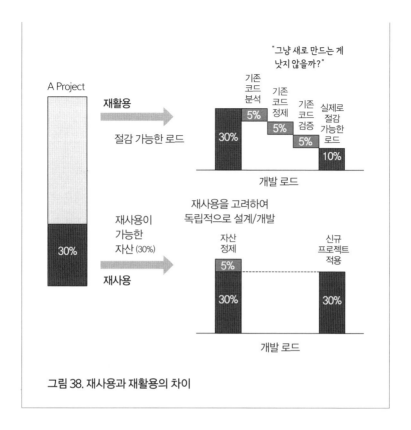

그림 38. 재사용과 재활용의 차이

2) 적용 범위

다양성 최적화 중 3S를 적용할 수 있는 범위를 결정한다는 것은 대상과 영역을 결정함을 뜻한다. 대상은 기업 활동을 영위하는 데 필요한 모든 요소, 부품, 모듈, 모델, 레이아웃/플랫폼 등 셀 수 있는 모든 요소가 대상이 된다. 심지어 프로세스 또한 3S의 대상이 될 수 있다. 영역은 가치 사슬 내 단계를 의미한다. 어떤 단계에서 시작하는지에 따라서 기획 3S, 개발 3S, 협력사/구매 3S, 양산 3S, 판매 3S, 서비스 3S로 구분한다.

활동별로 중점적으로 다룰 대상이 달라진다. 예를 들어서 기획

3S는 레이아웃/플랫폼부터 부품까지 전 영역을 대상으로 한다. 반면에 개발 3S는 모델에서 부품까지, 양산 3S의 경우는 모듈~부품을 대상으로 한다.

적용 범위를 명확히 해야 하는 것은 다양성 최적화는 결국 토탈 다양성 관리 활동이 필요하기 때문이다. 한 영역에서의 최적화 활동은 다른 영역으로의 비용 전가나 부문 최적화에 머물기 때문에 토탈 다양성 관리를 추구해야 한다. 이를 위해서는 영역과 대상을 명확히 하여 빠짐없이 일관성 있게 최적화 활동을 정의해야 한다.

6. 다양성 최적화의 스킬

표 19. 다양성 최적화의 스킬6

스킬	설명
고정과 변동	① 고정 부분과 변동 부분(제품의 베이스가 되는 것)의 편성 ② 변동 부분은 주로 시장 니즈에 대응한다. ③ 고정 부분은 주로 설계, 생산 니즈에 대응한다.
편성	제품의 다양화와 간소화 니즈의 모순을 제거하기 위해 부품이나 유니트를 간소화, 호환성을 고려하여 부품과 유니트의 편성으로 제품의 다양화를 도모
다기능, 집약	최소의 부품, 가장 간단한 구조로 소정의 기능을 실현시켜 부품 수, 생산 공정 수 절감
레인지	하나의 부품이 담당하는 성능의 범위를 극대화
계열	① 부품이나 생산설비에 필요한 성능이나 기능에 대해 일정한 법칙을 갖게 하여 관리 또는 재배열 치수나 사양 제원을 일정한 법칙에 의해 변화시킨다. ② 변동시키는 방법은 어느 계열에 적용시키는 것이다. 예를 들면 성능이나 치수를 등비화, 등차화에 의해 규칙화하는 것이다.

이번 절에서는 다양성 최적화에서 자주 사용하는 스킬 몇 가지를 소개하도록 하겠다. 본 절의 내용은 『21세기 코스트 전략』6을 기초로 하여 작성했다. 다양성 최적화 활동에서 알게 모르게 본 절에서 소개할 스킬을 사용하고 있다. 스킬 자체를 일부러 외우고 적용하려고 노력하기보다는 스킬 하나하나의 의미를 정확히 이해하고 자연스럽게 활용하기를 권한다.

1) 고정과 변동

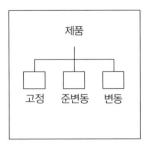

하나의 제품이라고 해도 동일한 성격을 가진 부품이나 어셈블리로만 구성되지 않는다. 어떤 부품이나 어셈블리는 시장이나 고객의 영향을 받지 않아서 세대 간 또는 세대 내에서 변화하지 않는 반면에 또 다른 부품이나 어셈블리는 시장이나 고객의 영향을 강하게 받아서 제품마다 바뀌기도 한다.

전자의 경우는 고정 영역이라고 칭하고 최대한 제품군 내에서 공용화 또는 재사용하여 담당하는 공정이나 서플라이 체인을 단순화하고 표준화하여 운영 효율을 높이는 방향으로 운영할 수 있다. 변동이 심하지 않기 때문에 자동화하기도 용이하다.

후자의 경우는 변동 영역이라고 칭하여 제품마다 최대한 다양한 타입을 유연하게 대응하는 방식을 취할 수 있다. 이 경우에는 자동화하기 어렵기 때문에 숙련자를 위한 지원 방식으로 운영을 최적화할 수 있다. 고정과 변동 스킬을 사용하는 대표적인 예는 모듈러 디자인에서 고정부 모듈과 변동부 모듈을 나눠서 운영 방향성을 결정하는 경우이다. 동일한 제품 내에서 개별 속성에 맞춰서 운영을 최적화하는 방식 중 하나가 고정과 변동 스킬이다.

2) 편성

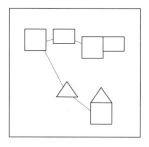

편성은 레고를 생각하면 쉽게 이해할 수 있다. 소수의 기본 유닛을 선택하고 조립해서 다수의 제품을 만드는 방식을 의미한다. 편성의 장점은 내부적으로 관리하는 부품이나 유닛은 소수로 복잡성을 줄이지만, 만들어낼 수 있는 제품은 다수로 최대한 고객의 요구사항에 대응할 수 있다는 점이다. 단순히 하나의 부품이나 유닛을 교체해도 또 다른 제품을 만들어낼 수 있다.

편성은 모듈러 디자인의 기본 원리 중 하나인 조합의 다른 표현이다. 그래서 편성의 조건은 조합의 조건과 동일하다. 우선 편성에 사용하는 유닛 간에는 호환성을 확보해야 한다. 레고 같은 경우는 스터드 치수를 표준화함으로써 편성에 필요한 호환성을 확보했다.

그리고 편성 후에 완성품은 완결성을 가져야 한다.

3) 다기능, 집약

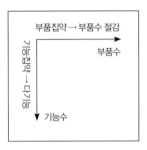

다기능, 집약은 최소의 부품, 가장 간단한 구조로 소정의 기능을 구현할 수 있도록 하나의 부품이나 어셈블리가 다수의 기능을 수행하도록 하는 스킬이다. 이를 통해서 부품 수, 생산 공정 수가 절감되는 효과를 얻을 수 있다. 다만 명심할 것은 다기능, 집약의 스킬은 엄밀히 따지면 모듈러 아키텍처의 기본에 위배되는 방향을 추구한다는 사실이다. 모듈러 아키텍처는 기본적으로 기능과 구조를 최대한 1:1로 매칭하기 위해서 규모, 질량, 크기 등의 물리적 요소에서의 약점은 수용하는 측면이 있다. 반면에 다기능, 집약의 스킬은 규모, 질량, 크기를 줄이기 위해서 하나의 구조 요소에 다수의 기능을 담당하는 걸 권장한다.

이렇게 상충됨에도 다양성 최적화 스킬로 소개하는 이유는 모듈성을 높이는 것(구조와 기능을 1:1로 매핑), 통합성을 높이는 것(구조와 기능을 M:N, 1:N, M:1으로 매핑)이 무조건 무엇이 옳다고 할 수 없기 때문이다. 제품 또는 제품이 가져야 할 목적에 맞게 모듈화, 통합화를 하는 것이 옳고, 그 과정에서는 어느 정도의 절충점을 찾아야 할 수도 있다.

모듈러 디자인을 수행하기 위해서 가장 먼저 할 일은 제품 구조를 최적화하는 것이라 말한다. 모듈러 디자인의 대상이 아무리 제품군이라도 제품 개별적인 구조가 경쟁력이 떨어지면 제품군 구조의 경쟁력이 높을 수 없다.

4) 레인지

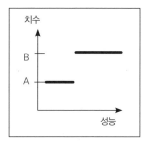

다음 스킬인 레인지range는 기본적으로 부품이나 어셈블리의 사양을 결정할 때 사용하는 스킬이다. 하나의 부품이나 어셈블리가 담당하는 성능을 포인트가 아니라, 범위로 정해서 최대한 해당 부품이나 어셈블리를 변경함이 없이 제품을 설계하는 스킬이다.

일반적으로 제품을 설계할 때 제품의 가격을 최대한 낮추기 위해서 사용하는 부품이나 어셈블리의 성능을 해당 제품에 맞추면서, 그 제품의 가격은 떨어지지만 제품군에서 볼 때는 부품이나 어셈블리 종류가 늘어나서 비용이 증가하는 경우가 있다. 본 스킬은 제품 단위가 아니라, 제품군 단위에서 부품의 성능 범위를 결정하여 제품군 단위에서 비용을 최적화할 방안을 찾는 것이 핵심이다.

5) 계열

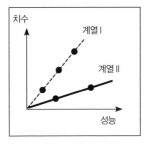

　계열series은 부품의 치수나 성능 인자, 제품의 사양을 특정한 규칙(등차 수열, 등비 수열 등)을 적용하여 내부 치수나 사양의 변화를 규칙화하는 스킬이다. 내부 부품에 사용하는 계열 스킬은 등차 수열과 황금비율을 활용하여 버려지는 재료를 최소화한 건축 사례가 대표적이고, 제품 사양에 대해서는 최대한 빈틈없이 폭넓은 사양 커버리지를 제공하고자 사양에 등비 수열을 적용한 사례가 대표적이다. 내부 다양성을 최소화하고, 외부 다양성을 극대화하기 위한 스킬이라고 볼 수 있다.

제7장

다양성 메커니즘

**"다양성 최적화는 구조를 바꾸지 않는다.
현시점에서 최적화 방안을 찾는다.
다양성 메커니즘은 다양성을 최적화할 수 있는 구조를 찾는다."**

플랫폼 기반의 제품 개발, 모듈러 디자인 모두 다양성 메커니즘의 한 종류이다. 우리 실생활에서 다양성 메커니즘은 쉽게 찾아볼 수 있다. 조금 더 적은 리소스와 시간으로 최대한 많은 결과를 내려는 생각은 인간의 본성이기 때문이다.

다양성 메커니즘의 결과는 마지막에는 시스템의 재구조화를 요구한다. 앞으로 설명하겠지만 모듈러 디자인에서의 재구조화 방법이 모듈 기반의 제품 아키텍처 정의, 즉 모듈 구조 정의이다. 본 장을 통해서 다양성 메커니즘에 대한 이론을 익히는 것보다 제품이 갖는 다양성 특성에 따라서 최적의 메커니즘을 찾고 재구조화해야 한다는 생각을 갖는 게 중요하다.

1. 다양성 메커니즘 활용 사례

다양성을 어떻게 관리하느냐에 따라서 복잡성을 일으키는 정도가 달라지고, 이것을 조정하는 방식에 따라서 기업의 성과가 달라진다. 복잡성을 관리하기 위한 방식은 복잡성을 일으키는 다양성을 직접 조절하는 방식과 다양성을 입력값으로 복잡성을 일으키는 함수 관계를 조정하는 방식이 있다. 후자는 다양성 메커니즘을 조정하는 방식이다.

다양한 메뉴를 판매해야 하는 식당을 예시로 하여 다양성 메커니즘에 대해서 설명하도록 하겠다. 집 근처 시장에 탕수육 전문점이 있다. 일반 중국음식점에서 판매하는 일반 탕수육부터 크림 탕수육, 칠리 탕수육 등 수십 가지의 탕수육을 저렴한 가격에 판매하고 있다.

쉽게 예상할 수 있듯이 이곳은 주문이 몰리는 피크 시간을 대비하여 탕수육 반죽을 미리 해 놓는다. 고객 주문에 따라서 대 · 중 · 소 양을 맞춰서 반죽을 튀기고, 탕수육 종류에 따라서 서빙 전에 소스를 붓는 식으로 판매를 한다. 기본 제품을 양념 없는 탕수육으로 정해 놓고 주문 시점에 맞춰서 소스를 붓는 식으로 주문에 대응하고 있다.

다양한 메뉴를 제공하는 탕수육 전문점과 달리 근처의 냉면 집의 메뉴는 비빔 냉면, 만두, 콩국수밖에 없다. 그마저도 콩국수는 여름에만 판매하고, 겨울에는 콩국수 대신 매운 짬뽕이나 잔치국수를 판매한다.

그렇다면 탕수육 전문점과 냉면집 중에서 더욱 다양한 메뉴를 제공하는 식당은 어디일까? 지금까지의 사례를 들으면 탕수육 전문점이라고 생각할 수 있겠지만, 꼭 그렇지 않다. 앞서 냉면집 메뉴를 소개할 때 이상하다고 생각하는 사람이 있다면 주의력이 뛰어난 사람이다. 다른 냉면집과 달리 메뉴에 물냉면이 없다.

이 냉면집은 비빔냉면을 시키면 양념장, 찬 육수를 같이 제공한다. 만약 물냉면을 먹고 싶으면 양념장을 넣지 않고 육수를 가득 넣으면 된다. 비빔냉면도 양념장의 양에 따라서 맵기 정도를 조절할 수 있고, 물냉면이라도 맵게 먹고 싶으면 육수와 함께 양념장을 넣어서 먹으면 된다. 만약 회냉면을 먹고 싶으면 회를 비빔냉면에 회를 추가하면 된다.

탕수육 전문점은 다양한 양념으로 동수의 다양한 메뉴를 제공하고 있다. 아마도 탕수육 전문점의 메뉴는 새롭게 개발하는 소스의 수만큼 늘어날 것이다. 반면에 냉면집은 고객이 직접 양념장과 육수를 조절하게 하여 셀 수 없을 정도로 다양한 메뉴를 제공하고 있다. 정확히 말하면 고객이 직접 자신의 입맛에 맞는 메뉴를 고른다고 할 수 있다.

식당이 나름 자신들이 제공하는 메뉴의 다양성을 특정한 메커니즘에 따라서 조정하여 메뉴의 다양성과 운영 효율성을 동시에 높일 수 있다. 기업 또한 제품의 다양성을 기업 나름의 메커니즘으로 제공할 수 있다. 이것을 다양성 메커니즘variety mechanism이라고 부르고, 다양성 메커니즘이 얼마나 효과적으로 작동하는가에 따라서 기업의 성과가 차이가 발생하게 된다.

2. 다양성 메커니즘의 정의

윤석철 교수는 기업이 영속하기 위한 기본 조건을 제시하기 위해서 다음과 같은 기업 생존의 부등식을 언급했다.[9]

제품의 가치value 〉 **제품의 가격**price 〉 **제품의 원가**cost

(1) 제품의 가치value 〉 제품의 가격price

첫 번째 부등식은 제품의 가치와 제품의 가격에 대한 관계이다. 고객이 제품으로부터 받는 가치가 고객이 지불하는 가격보다 커야 고객은 제품을 구매한다. 즉, 고객이 지불하는 가격에 대비하여 느끼는 가치가 클수록 고객의 선택 강도가 클 것이다.

해당 부등식은 제품의 효과성과 연관된다. 제품이 고객 또는 시장에서 선택을 받고, 기업 입장에서는 직접 매출로 연결되는 성과를 '제품의 효과성'이라고 부르고, 해당 제품을 '효과가 있다'고 표현한다.

---

9 경영학의 진리체계. 윤석철. 경문사. 2001.

(2) 제품의 가격price 〉 제품의 원가cost

두 번째 부등식은 제품의 가격과 제품의 원가에 대한 관계이다. 기업이 받을 수 있는 제품의 가격이 제품을 만드는 데 필요한 원가를 넘어서는 안 된다. 가격보다 원가가 높을 경우 기업은 이익을 내지 못하기 때문이다. 원가 대비 가격이 클수록 기업 입장에서는 이익을 키울 수 있다. 반면에 해당 부등식을 만족하지 못하면 아무리 많은 제품을 판매한다고 해도 회사 입장에서는 이익을 남길 수 없다. 이 과정은 제품의 효율성과 연관되는데, 판매하고자 하는 제품을 기업 입장에서 손해를 보지 않고 판매하는 것을 의미한다.

종합하면 기업은 제품을 만드는 원가를 최소화하면서 고객이 느끼는 가치를 높이는 방법을 찾아야 한다. 그런데 개별적인 시장과 고객은 가치를 느끼는 부분은 모두 다르기에 단일 제품으로 대응할 수 없다. 그렇기 때문에 기업은 고객 가치를 위해서 다양한 제품을 만들어낸다. 즉, 제품의 다양성 수준을 높일수록 제품의 효과성은 일반적으로 커진다.

반면에 제품의 다양성 수준이 올라가면 다양성 비용으로 인한 제품의 원가가 올라가므로 두 번째 부등식에 문제가 생긴다. 반대로 원가를 낮추기 위해서 제품의 다양화 수준을 낮추면 첫 번째 부등식에 문제가 생기므로, 고객의 선택을 받지 못하고 기업의 매출은 줄어들게 된다.

그래서 기업은 첫 번째와 두 번째 부등식을 모두 만족하기 위해서, 즉 제품의 다양성 수준을 높이면서 내부적으로는 효율성을 높이는 방안을 고안하는데, 이를 다양성 메커니즘이라고 부른다.

플랫폼 전략이나 모듈러 디자인은 다양성 메커니즘의 하나의 종류이다. 일반적으로는 기업의 생존 부등식을 만족하면서 산업의 성숙도, 제품의 표준화 수준에 따라서 기업에 적합한 다양성 메커니즘을 결정하게 된다. 종합하면 다양성 메커니즘이란 고객이나 시장의 선택을 받기 위해서, 즉 효과성을 높이기 위해서 다양한 사양 또는 다양한 종류의 제품을 만들고, 이를 기업 내부적으로 최대한 효율성을 높이면서 대응하기 위해서 취하는 개발·제작·판매 방식이라고 할 수 있다.

3. 다양성 메커니즘의 선정 방식

다양성 메커니즘은 다음 다섯 가지 항목을 기준으로 선정을 한다.

(1) 표준화 가능 수준

기업이 제공하는, 또는 제공할 제품군이 공통으로 가질 수 있는 영역의 비중에 따라서 먼저 적절한 다양성 메커니즘을 결정한다. 산업 성숙도, 제품 성숙도에 따라서 적절한 다양성 메커니즘을 선정할 수 있다.

기본적으로 산업 성숙도가 높지 않은 제품인 경우에는 고객이나 시장이 분화하지 않아도 단일화된 제품을 원할 경우가 많다. 이런 경우에는 오히려 제품 다양화 대응 측면에서의 모듈러 디자인 적용은 적합하지 않을 수 있다.

또한 쇠퇴기 산업에 경우에는 시장에서 원하는 제품의 요구가 줄어드는 시점이기 때문에 역시나 모듈러 디자인이 적합하지 않을 수 있다. 기업이 만드는 제품 간의 표준화 수준이 최소한 30% 수준은 되어야만 모듈러 디자인이 적합한 다양성 메커니즘으로 작동할 수 있으며, 수치가 너무 높아도 모듈러 디자인이 적합하지 않다.

(2) 기준 물량 대비 판매 물량

여기서 기준 물량이란 고정비를 상쇄할 수 있을 정도의 제품 생산량을 의미한다. 기준 물량 대비 판매 물량은 현재 대상으로 하는 제품의 판매량이 고정비를 상쇄할 수준이 되는가를 검토하기 위함이다. 기준 물량보다 못 미친다면 다양성 메커니즘을 결정하기 위한 대상을 통합하여 다시 다양성 메커니즘을 산출해야 하며, 기준 물량을 초과한다면 대상을 분할하여 다양성 메커니즘을 조금 더 효율적인 방안으로 조정할 필요가 있다.

예를 들어서 자동차 회사가 세단 타입의 승용차를 10만 대, 해치백 타입의 승용차를 10만 대 생산하고 있을 때 각각을 대상으로 다양성 메커니즘을 결정하는 표준화 가능 수준이 80%이라고 가정해보자. 80%에 맞는 다양성 메커니즘을 선정하는 데 15만 대는 고려해야만 고정비를 상쇄할 수 있다면, 세단과 해치백을 합쳐서 20만 대에 대한 다양성 메커니즘을 결정해야 한다. 당연히 표준화 가능 수준은 떨어질 것이고, 그에 대한 다양성 메커니즘도 달라진다.

반면에 40만 대를 생산하고 표준화 가능 수준이 40%인 SUV에 대한 다양성 메커니즘을 결정할 때는 반대로 분할을 하여 다양성 메커니즘을 재산정한다. 용량, 지역 등의 기준으로 제품군을 나누면 표준화 가능 수준은 올라간다. 그에 맞는 다양성 메커니즘으로 선정한다.

여기서 다양성 메커니즘은 한 번 정해진 후에 불변하는 원칙이 아니라, 상황에 따라서 적극적으로 변환할 수 있는 대상으로 생각해야 한다. 산업 초기에는 활용했던 다양성 메커니즘은 산업 성숙도가 올라갈수록 변형할 수 있다.

(3) 고객 관여도

고객이 관여하는 수준에 따라서도 다양성 메커니즘을 변경할 수 있다. 고객이 관여하는 수준이 높을수록 고객 관여로 인한 변동에 대응하기 위해서 다양성 메커니즘을 보수적으로 잡아야 한다.

일반적으로 표준화 가능 수준은 지금까지의 제품군의 실적으로 파악한 현황을 기초로 산출한다. 그러나 고객 관여도는 현재 만들고 있는, 또는 미래에 만들 제품에 대한 수준이므로 기파악한 표준화 가능 수준을 그대로 다양성 메커니즘을 결정하는 데 활용하는 건 무리가 있다. 주로 고객 관여로 인한 변동을 어떻게 대응할 것인지를 현재 정의된 다양성 메커니즘에 포함해야 한다.

(4) 고객 관여 시점

고객이 관여하는 수준만큼 고객이 관여하는 시점도 중요하다. 관여 시점은 다양성 메커니즘을 통해서 표준화할 고정 영역과 고객에 맞춰서 맞춤화할 변동 영역을 구현하는 시점을 나타낸다. 즉, 같은 다양성 메커니즘을 갖고 있더라도 고객 관여 시점에 따라서 메커니즘이 발현하는 시점이 차이가 있음을 의미한다.

표준화된 모듈을 미리 설계·제작하고 주문에 따라서 조립만 하면 되는 건지, 표준화된 모듈을 설계·제작하고 제품까지 만들어 고객이 선택하는 건지, 고객이 설계 단계부터 제품을 만드는 과정에 전반적으로 관여하는지에 따라서 다양성 메커니즘 구현 방식에 차이가 발생한다.

(5) 제품 모듈화 수준

마지막으로 현재 제품이 갖는 모듈화 수준이다. 모듈화 수준이 높을수록 기능 요소와 구조 요소가 1:1로 매칭되고 요소 간의 의존도가 낮게 된다. 모듈화 수준이 높다는 건 다양성 메커니즘을 구현하기 용이함을 뜻하고, 반대로 모듈화 수준이 낮다는 것은 많은 부분이 바뀌어야 함을 의미한다.

지금까지의 다섯 가지 항목을 고려하여 다양성 메커니즘을 선정하고 구현한다. 정리하면 표준화 가능 수준으로 먼저 적합한 다양성 메커니즘을 선결정하고, 물량에 따라서 조정한다. 고객 관여도와 관여 시점에 따라서 다양성 메커니즘 구현 방식을 결정한다. 마지막으로 현재 모듈화 수준을 파악하여 다양성 메커니즘을 구현하기 위해 필요한 변경 항목을 정리한다.

4. 다양성 메커니즘의 분류

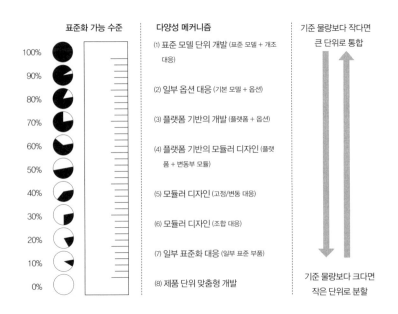

그림 39. 다양성 메커니즘의 분류

앞서 제품군 아키텍처는 제품 아키텍처와 다양성 메커니즘이 결합한 것이라고 말했다. 제품 아키텍처가 단일 제품의 효과성을 높이고 제품 자체의 복잡성을 개선하기 위한 고수준의 설계 결과물이라고 한다면, 제품군 아키텍처는 단일 제품이 아니라 다수 제품을 효율적으로 만들기 위한 고수준의 설계 결과물이다. 기업이 하나의 종류, 소량의 제품만 만든다면 제품군 아키텍처에 대해서 고민할 필요가 없기 때문이다.

여기서는 제품군 아키텍처의 다양성 메커니즘에 대해서 다루고자 한다. 다양성 메커니즘은 제품군 내의 표준화 가능 비중, 생산 물량에 따라서 달라진다. 여기서 다루는 표준화 가능 비중은 절댓값은 아니니 참고로만 활용할 것을 권한다.

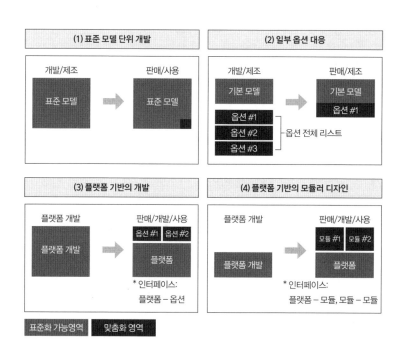

그림 40. 다양성 메커니즘의 도식화 (1)

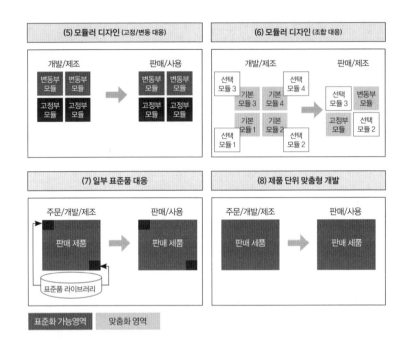

그림 41. 다양성 메커니즘의 도식화 (2)

표준화 가능 수준에 따라서 고정에 해당하는 부분과 변동에 해당하는 부분에 대한 개발 방식이 달라진다. 여기서 표준화 가능 수준에 따른 다양성 메커니즘은 기준 물량에 따라서 분할하거나 결합하여 변경할 수 있다.

예를 들어서 0~10%의 표준화 가능 수준을 가진 경우 제품 단위의 개발을 진행하는 데 물량이 기준 물량을 넘어섰다고 가정하자. 이 경우에는 물량을 분할하여 표준화 가능 수준을 따지면 하단으로 이동하여 다양성 메커니즘을 선택할 수 있다. 반대로 표준화 가능 수준이 90~100%이고 물량이 기준 물량보다 적을 경우에는 여러 가지 제품 또는 제품 그룹을 결합하여 다양성 메커니즘을 선택할 수 있다. 여기서 기준 물량은 제품 단위 고정비를 상쇄할 수 있는 물량을 의미한다.

다양성 메커니즘을 하나씩 살펴보면 표준화 가능 수준이 0~10%일 때는 표준화할 수 있는 영역이 거의 없다고 할 수 있다. 그래서 맞춤형 제품을 만드는 것으로 대응한다. 물량이 기준 물량을 넘어서고 맞춤형 제품에서 조금 더 효율적으로 대응하고 싶다면 제품 그룹을 유사한 제품의 부분 그룹으로 나눈다. 나눠진 그룹 내에서 조금 더 상위 다양성 메커니즘으로 대응한다.

표준화 가능 수준이 10~20%라면 일부 표준품을 정의해서 대응하고, 대부분은 맞춤형 제품 개발로 대응한다. 역시 물량이 기준 물량을 넘어서면 제품 그룹을 유사한 제품의 부분 그룹으로 나눈다. 표준화 가능 수준이 20~30%인 경우에는 부품이 아닌 표준 모듈을 활용하여 맞춤형 제품을 개발한다.

표준화 가능 수준이 30~70%인 경우에는 모듈러 디자인을 활용한다. 여기서도 표준화 가능 수준이 30~50% 사이이면 모듈의 조합으로 다양성에 대응하고, 50~70%인 경우에는 고정부 모듈과 변동부 모듈을 활용하여 다양성에 대응한다.

표준화 가능 수준이 70~80%면 규모가 큰 고정부 모듈인 플랫폼 기반으로 제품을 개발하되 변동하는 부분은 모듈로 대응한다. 80~90%인 경우에는 역시나 플랫폼 기반으로 제품을 개발하되 변동하는 부분은 모듈보다 규모가 작은 옵션으로 대응한다. 마지막으로 90~100% 수준의 표준화 가능 수준을 가진 경우는 표준 모델로 대응하되 변동되는 부분은 개조로 대응한다.

어떤 다양성 메커니즘을 활용하느냐에 따라서 제품 개발의 효율성이 달라지므로 자신의 제품의 특성, 제품군의 표준화 가능 수준을 파악하는 것이 중요하다. 그리고 물량과 비용 구조에 따라서 효과적인 다양성 메커니즘이 달라지기 때문에 지속적으로 검증하고 평가해야 한다.

표준화 가능 수준에 따라서 다양성 메커니즘을 차별화할 수 있다. 다양성 메커니즘을 효율적으로 구현하기 위해서는 모듈성을 확보해야 한다. 다양성 메커니즘의 핵심은 고정·변동, 조합을 활용하는 것이다. 이를 위해서는 시스템 자체가 모듈성을 갖춰야만 한다. 그래야만 변화하는 부분과 변화하지 않은 부분을 분리하고 다양성을 구현할 수 있기 때문이다. 그리고 모듈성은 인터페이스 표준화를 통해서 달성할 수 있다.

앞에서 표현된 다양성 메커니즘은 결국 제품군 내에서 고정되는 부분, 변동되는 부분의 규모·비중이 가장 큰 차이를 갖는다. 표준화 가능 수준이 고정되는 부분이고, 나머지는 제품군 내에 변동되는 부분이다.

표 20. 다양성 메커니즘의 개념

용어	정의	비고
표준 모델	제조사에서 고객에게 제공하는 단일 제품	기본 모델과의 차이점: 표준 모델은 제품의 변동을 고려하지 않음. 단일 또는 소수의 제품으로 판매함
기본 모델	고객이 옵션을 선택하기 전에 디폴트로 제공받는 제품	플랫폼과의 차이점: 기본 모델은 옵션 선택, 제작 과정을 거쳐야 함(개발 과정은 선택)
플랫폼 (반제품)	고객 사양 선택과 관계없이 표준화할 수 있는 구성 요소로, 그 자체로는 판매가 불가능하고 최소한의 개발 과정(옵션 개발 또는 결합, 변동부 모듈 개발 또는 결합)이 필요함	플랫폼과의 차이점: 플랫폼이 제품에서 차지하는 비중이 플랫폼 모듈보다 높음
플랫폼 모듈 (고정부 모듈)	플랫폼 역할을 하지만 플랫폼보다 규모가 작은 고정부 모듈의 한 종류	고정부 모듈과의 차이점: 거의 동일하지만 제품이 여러 개의 고정부 모듈을 가질 수 있으나, 일반적으로 플랫폼 모듈은 한 종류를 가짐
고정부 모듈	고객 사양과는 독립적으로 개발, 운영이 가능한 모듈	
변동부 모듈	고객 사양에 의존적으로 개발, 운영해야 하는 모듈	

다양성 메커니즘을 이해하기 위한 기본 개념을 표 20에 정리했다. 첫 번째는 표준 모델과 기본 모델의 차이이다. 표준 모델은 그 자체로 고객에게 제공되는 제품이다. 고객 맞춤형 개조는 거의 고려가 되지 않거나, 고려하는 부분도 극히 일부로 조율하는 수준이다. 기본 모델은 고객에게 제공되는 옵션 자체를 이미 기획한 결과물이다. 옵션을 제공하지 않는다는 것도 사전에 기획한다. 옵션을 교체할 때 모델 자체에는 큰 영향을 주지 않기 위해서 기본 모델 내 옵션은 사전에 정의된 인터페이스를 가지고 있다.

두 번째로 알아 두어야 하는 개념은 플랫폼 기반의 모듈러 디자인과 모듈러 디자인의 차이이다. 보통 제품을 모듈화하면 모듈 간의 비중이 일정하지 않다. 어떤 모듈은 제품의 핵심을 담당하기도 하고, 어떤 모듈은 고객에게 제공되는 핵심적인 피처를 담당한다. 반면에 어떤 모듈은 제품의 외장만 담당하기도 한다.

그런 의미에서 플랫폼 기반의 모듈러 디자인은 모듈 중에서 가장 핵심이 되는 모듈을 플랫폼으로 선정하고, 나머지 고객·시장을 위한 개별 기능을 변동부 모듈로 대응한다. 그래서 여기서의 플랫폼은 제품의 핵심이 되는 모듈이다. 그리고 규모도 다른 모듈 대비해서 큰 편에 속한다. 플랫폼이 여러 개의 고정부 모듈로 나누어지고 변동부 모듈의 규모도 커지면서 모듈러 디자인 영역으로 진입한다. 이론적으로는 이렇게 구분하지만 실전에서는 구별 없이 사용된다.

5. 다양성 메커니즘의 구현 방안

표준화 가능 수준에 따라서 다양성 메커니즘을 결정하고, 다양성 메커니즘에 따라서 어떻게 후속 작업을 진행하는지 알아보자. 먼저 일부 옵션 대응인 경우에는 먼저 기본 모델을 선정한다. 모든 사양을 포함한 모델을 선정하고 선택해야 하는 사양은 빼는 방식으로 옵션부를 정의해도 되고, 가장 낮은 사양의 모델을 선정하고 선택해야 하는 사양을 붙이는 방식으로 정의해도 된다.

기본 모델을 선정한 후에는 옵션부를 정의하는데, 현재 정의된 사양에 대한 옵션 부분을 전부를 정의한다면 군이 표준 인터페이스를 정의할 필요는 없다. 그러나 옵션이 계속 추가되거나 변동이 잦은 경우에는 기본 모델 내의 옵션의 인터페이스를 정의해야 한다.

두 번째, 플랫폼 기반의 개발인 경우는 가장 먼저 플랫폼을 정의한다. 기본 모델과 플랫폼의 차이는 기본 모델은 그 자체로도 판매가 가능한 형태이지만 플랫폼은 반제품이다. 표준화가 가능한 영역만 포함한 반제품이다. 전체 제품군에 대해서 공용화할 수 있는 영역을 최대한 플랫폼으로 정의하고, 그 외에 결합되는 부분을 옵션부로 정의한다.

마지막으로 플랫폼과 옵션 간의 인터페이스를 표준화한다. 앞선 기본 모델과 다른 점은 기본 모델에서 표준 인터페이스 정의는 필수가 아니라는 점이다. 그렇지만 플랫폼 기반의 개발에서는 플랫폼과 옵션 간의 인터페이스 표준화는 필수이다.

세 번째 플랫폼 기반의 모듈러 디자인은 모듈러 디자인의 방법론과 거의 동일하다. 기능 분석, 기능-구조 매핑을 하고, 인터페이스 정의, 클러스터링하고, 플랫폼을 정의한다. 플랫폼을 정의하는 것은 순수 모듈러 디자인 방법론과 차이가 있는데, 먼저 클러스터링 결과를 가지고 표준화할 수 있는 영역을 플랫폼으로 정의한다. 그 이후에 나머지 모듈들을 변동부로 정의하고 인터페이스 표준화 작업을 진행한다.

우리가 흔히 볼 수 있는 모듈러 디자인 적용 사례는 대부분인 플랫폼 기반의 모듈러 디자인 사례이다. 어느 제품에서나 중요한 기능 및 역할을 수행하는 모듈이 있는데, 이것을 플랫폼으로 정의하고 나머지 변동부 모듈을 결합하는 형태를 갖기 때문이다.

네 번째, 다섯 번째 모듈러 디자인은 앞서 설명한 플랫폼 기반의 모듈러 디자인과 거의 동일하게 진행된다. 기능 분석, 기능-구조 매핑, 인터페이스 정의, 클러스터링, 고정·변동 정의 또는 표준·비표준 모듈 정의, 인터페이스 표준화 과정을 거친다. 모듈러 디자인(고정·변동 대응)인 경우는 고정·변동 대응을, 모듈러 디자인(조합 대응)은 사실상 고정·변동 정의의 효용성이 떨어지기 때문에 조합을 위한 표준과 비표준으로만 구분한다.

6. 다양성 메커니즘의 조정

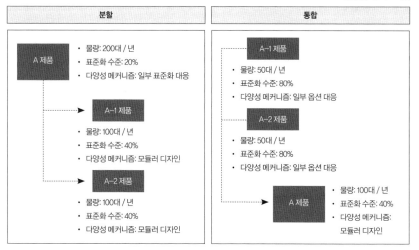

분할	통합

분할

A 제품
- 물량: 200대 / 년
- 표준화 수준: 20%
- 다양성 메커니즘: 일부 표준화 대응

A-1 제품
- 물량: 100대 / 년
- 표준화 수준: 40%
- 다양성 메커니즘: 모듈러 디자인

A-2 제품
- 물량: 100대 / 년
- 표준화 수준: 40%
- 다양성 메커니즘: 모듈러 디자인

통합

A-1 제품
- 물량: 50대 / 년
- 표준화 수준: 80%
- 다양성 메커니즘: 일부 옵션 대응

A-2 제품
- 물량: 50대 / 년
- 표준화 수준: 80%
- 다양성 메커니즘: 일부 옵션 대응

A 제품
- 물량: 100대 / 년
- 표준화 수준: 40%
- 다양성 메커니즘: 모듈러 디자인

그림 42. 다양성 메커니즘의 조정

다양성 메커니즘은 한 번 선정하면 현재 물량과 원하는 표준화 방향성에 따라서 조정이 가능하다. 조정은 크게 분할과 통합, 두 가지 형태로 이루어진다.

분할부터 살펴보자. 예를 들어서 고정비를 감당할 수 있는 기준 물량을 100대로 가정해보자. A 설비는 연간 물량이 200대이고, 표준화 수준이 20% 정도이다. 그것으로 판단했을 때 적절한 다양성 메커니즘은 일부 표준화 대응이다. 표준화 방향성을 상향하기 위해서 A 설비를 특정 기준에 따라서 각각 물량이 연간 100대인 A-1 설비와 A-2 설비로 분할한다. 이렇게 하면 표준화 수준이 유사한 제품끼리 재편성했기 때문에 올라간다. A-1 설비와 A-2 설비 모두 40% 수준으로 올라갔다고 가정하면 다양성 메커니즘은 모듈러 디자인으로 조정된다.

통합은 분할과 반대로 물량이 기준 물량에 미치지 못하는 연간 50대씩 생산하는 A-1 설비와 A-2 설비가 표준화 수준이 80% 정도이고, 이에 해당하는 다양성 메커니즘은 일부 옵션 대응이다. 이것을 A 설비로 통합하고 표준화 수준은 떨어진다. 만약 40%로 떨어지면 그에 해당하는 다양성 메커니즘은 모듈러 디자인이 된다.

정해진 다양성 메커니즘에 맞게 운영하다가 물량과 표준화 수준에 맞게 다양성 메커니즘을 적극적으로 조정하는 것이 필요하다.

7. 다양성 메커니즘의 구현

표 21. 다양성 메커니즘의 구현

다양성 메커니즘	구현 절차	변동 대응	세대 전환
표준 모델 단위 개발	ⓐ 표준 모델 선정 ⓑ 조율 또는 개조 방식 정의(선택)	• 원칙적으로 수용하지 않지만 불가피한 경우 일부 조율 또는 개조로 대응	• 신규 모델 개발
일부 옵션 대응(기본 모델+옵션)	ⓐ 기본 모델 선정(저사양/고사양) ⓑ 옵션 결합/옵션 분리 ⓒ 전체 옵션 리스트 작성 ⓓ 표준 인터페이스 정의(선택)	• 옵션 추가/분리 • 신규 옵션 개발(기본 모델에 맞게 개발)	• 기본 모델 개발

(계속)

(이어서)

플랫폼 기반의 개발 (플랫폼+ 옵션)	ⓐ 기능 분석 ⓑ 인터페이스 정의/ 클러스터링(선택) ⓒ 플랫폼 정의 ⓓ 옵션부 정의 ⓔ 플랫폼─옵션부 간의 인터페이스 표준화	• 옵션 변경 • 옵션 추가/분리 • 신규 옵션 개발 (인터페이스에 맞게 개발)	• 신규 플랫폼 개발
플랫폼 기반의 모듈러 디자인	ⓐ 기능 분석 ⓑ 인터페이스 정의/ 클러스터링 ⓒ 플랫폼 정의 ⓓ 변동부 모듈 정의 ⓔ 모듈 간의 인터페이스 표준화	• 변동부 모듈 변경 • 변동부 모듈 신규 개발	• 신규 플랫폼 개발 • 모듈 구조 정의 변경
모듈러 디자인 (고정/변동 대응)	ⓐ 기능 분석 ⓑ 인터페이스 정의/ 클러스터링 ⓒ 고정부/변동부 모듈 정의 ⓓ 모듈 간의 인터페이스 표준화	• 변동부 모듈 변경 • 변동부 모듈 신규 개발	• 모듈 구조 정의 변경
모듈러 디자인 (조합 대응)	ⓐ 기능 분석 ⓑ 인터페이스 정의/ 클러스터링 ⓒ 모듈별 기본/선택 모듈 정의 ⓓ 모듈 간의 인터페이스 표준화 ⓔ 조합 검증	• 신규 개발 추가 • 모듈 변경 • 모듈 조합 변경	• 모듈 구조 정의 변경

다양성 메커니즘을 선정하고 조정한 후에는 다양성 메커니즘을 구현하는 과정을 거친다.

표준 모델 단위 개발은 먼저 고객에게 판매할 표준 모델을 선정하고, 필요에 따라서 조율 또는 개조하는 방식으로 고객에게 대응하도록 한다. 표준 모델 단위 개발은 원칙적으로 변동 대응을 수용하지 않지만, 불가피한 경우 앞서 언급한 대로 일부 조율 또는 개조로 대응한다. 표준 모델 단위 개발인 경우, 세대 전환은 신규 모델 개발로 대응한다.

일부 옵션 대응은 총 4단계로 구현한다. 먼저 옵션 대응을 위한 기본 모델을 선정하는데, 기본 모델은 두 가지 방식으로 정의할 수 있다. 저사양 모델을 기본 모델로 선정한 후에 옵션을 추가하는 방식으로 접근할 수 있고, 고사양 모델을 기본 모델로 선정한 후에 옵션을 삭제하는 방식으로도 접근할 수 있다. 기본 모델을 선정한 후에는 사용자의 필요에 따라서 대응할 옵션을 결합하거나 분리한다. 이렇게 분리한 옵션에 대해서 선택 가능한 전체 옵션 리스트를 준비한다.

그다음 옵션과 옵션 외 기본 모델 간의 인터페이스를 표준화한다. 일부 옵션 대응의 경우 고객에 의한 변동 대응은 옵션 추가 또는 분리, 신규 옵션 개발로 이루어진다. 그리고 세대 전환이 필요할 경우 신규로 기본 모델을 개발한다. 플랫폼 기반의 개발은 기본적인 모듈 구조 정의의 방법과 동일하게 진행한다. 기능을 분석하고 기능 요소 간의 인터페이스 정의 및 클러스터링 후에 플랫폼 및 옵션부를 정의한다.

마지막으로 플랫폼과 옵션부 간의 인터페이스를 표준화하는 것으로 구현한다. 변동 대응은 옵션 변경, 옵션 추가 또는 분리, 신규 옵션 개발로 이루어진다. 세대 전환은 신규 플랫폼 개발로 이루어진다.

플랫폼 기반의 모듈러 디자인은 플랫폼 기반의 개발과 절차가 거의 동일하지만 옵션부 정의가 아니라 변동부 모듈을 정의해야 하고, 플랫폼과 옵션 간의 인터페이스가 아니라 모듈 간의 인터페이스를 표준화해야 한다. 변동 대응은 변동부 모듈을 변경하거나 신규 개발하는 방식으로 이루어지며, 세대 전환은 신규 플랫폼 개발 또는 모듈 구조 정의를 변경함으로써 이루어진다.

모듈러 디자인(고정/변동 대응) 역시 플랫폼 기반의 개발과 절차가 거의 동일하지만, 플랫폼과 옵션부가 아니라 고정부와 변동부 모듈 정의를 해야 한다. 변동 대응은 플랫폼 기반의 모듈러 디자인과 동일하지만 세대 전환은 모듈 구조 정의 변경으로 이루어진다.

마지막으로 모듈러 디자인(조합 대응)은 기능 분석 후에 인터페이스 정의 및 클러스터링을 진행하고, 모듈별로 기본 모듈과 선택 모듈을 정의한다. 모듈 간의 인터페이스 표준화를 진행한 후에 마지막으로 모듈 간의 조합이 가능한지 검증해야 한다. 변동 대응은 신규 모듈 개발, 모듈 변경뿐만 아니라 모듈 조합을 변경하는 것으로 이루어진다. 세대 전환은 모듈 구조 정의 변경으로 가능하다.

제8장

모듈러 디자인 개론

"최소의 모듈로 최대의 사양에 대응한다."

설계자 모두 모듈화 설계를 한다고 한다. 어떻게 보면 당연하다. 한정된 리소스로 그렇게 많은 모델에 대응한다는 것 자체가 특별한 수단이 없으면 불가능할지도 모른다. 모듈러 디자인을 한글로 번역한 대로 모듈화 설계로만 이해한다면, 본 장에서 설명할 모듈러 디자인 개념은 납득이 되지 않을지도 모른다. 모듈화 설계는 모듈러 디자인의 협의의 개념이고, 본 장에서 설명하는 모듈러 디자인은 모듈화 설계의 개념을 포함한 광의의 개념이기 때문이다. 모듈러 디자인은 최소의 리소스로 다양한 제품을 대응하기 위한 기획, 개발, 운영 등의 제품 개발 전 과정을 포함하는 제품 개발/운영 방법론이다.

1. 핵심 개념

본 절에서는 모듈러 디자인을 이해하기 위해서 필요한 핵심 개념을 소개하도록 하겠다. 사전적 의미를 암기하는 것보다 오래 걸리더라도 개념을 하나하나 이해하기 위해서 노력해보자.

1) 모듈러 제품 시스템

첫 번째로 이해해야 하는 개념은 모듈러 제품 시스템이다. 모듈러 디자인 활동을 하기 위해서는 모듈 구조 정의, 즉 모듈화를 통해서 모듈러 제품 시스템을 만들어야 한다. 모듈러 제품 시스템을 통해서 모듈러 디자인 활동을 수행하는 회사 내 운영 시스템을 모듈러 오퍼레이팅 시스템이라고 부른다. 모듈러 디자인의 처음이 모듈러 제품 시스템이고, 모듈러 디자인의 끝은 모듈러 오퍼레이팅 시스템이라고 할 수 있다.

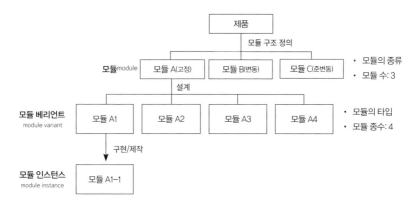

그림 43. 모듈러 시스템 개념 (1)

- 모듈module: 제품을 모듈화한 후 제품을 구성하는 구성 요소 단
  위

- 모듈 베리언트module variant: 다른 사양 또는 형태를 가진 같은 종
  류의 모듈

- 모듈 인스턴스module instance: 모듈 베리언트가 설계 및 제작된
  단일 결과물

- 모듈의 종류: 제품에서 다른 기능이나 다른 역할을 담당하는 모
  듈을 구분하여 설명함 → 모듈 수

- 모듈의 분류: 다른 종류의 모듈이 가진 속성이나 특성에 따라서
  운영 방향성을 구분하기 위해서 설명함

- 모듈의 타입: 동일한 종류의 모듈에 속하는 모듈 베리언트는 타
  입이 다르다고 표현함 → 모듈 종수

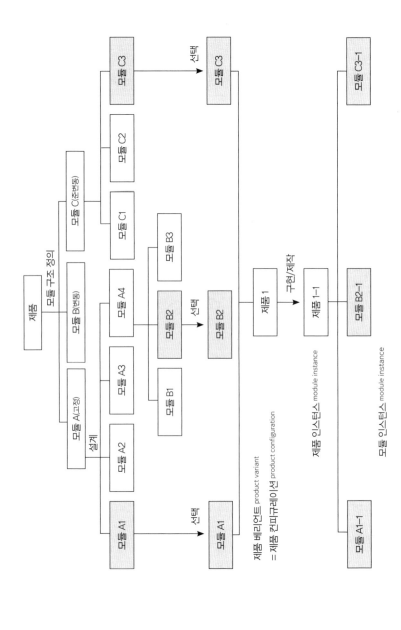

제품

모듈 구조 정의

모듈 A(고정)   모듈 B(변동)   모듈 C(준변동)

설계

모듈 A1   모듈 A2   모듈 A3   모듈 A4   모듈 B1   모듈 B2   모듈 B3   모듈 C1   모듈 C2   모듈 C3

선택   선택   선택

모듈 A1   모듈 B2   모듈 C3

제품 베리어언트 product variant
= 제품 컨피규레이션 product configuration

제품 1

구현/제작

제품 1-1

제품 인스턴스 module instance

모듈 A1-1   모듈 B2-1   모듈 C3-1

모듈 인스턴스 module instance

그림 44. 모듈러 시스템 개념 (2)

낯선 용어가 많기 때문에 조금 더 이해를 높이기 위해서 붕어빵을 가지고 설명해보자. 붕어빵 틀은 반죽과 팥이 있으면 붕어빵을 만들어낼 수 있다. 여기서 붕어빵 틀은 모듈이라고 볼 수 있다. 해당 붕어빵 틀로 만들어지는 붕어빵 하나하나를 같은 종류라고 볼 수 있다.

붕어빵 틀에 팥 앙금을 넣을 수도 있고 슈크림 앙금이나 잡채를 넣을 수도 있다. 이렇게 같은 붕어빵 틀에서 앙금에 따라서 달라질 수 있는 모듈은 같은 종류이지만, 타입이 다른 모듈이고 이를 모듈 베리언트라고 부른다. 팥 앙금을 넣기로 결정한 후에 실제로 만들어진 붕어빵은 모듈 인스턴스라고 부른다.

- 제품product: 설계가 완료된 단일 제품
- 제품 베리언트product variant: 다른 사양 또는 형태를 가진 같은 종류의 제품
- 제품 컨피규레이션product configuration: 모듈 베리언트가 조합한 제작 이전의 제품(모듈러 디자인에서는 제품 베리언트와 동일한 의미)
- 제품 인스턴스product instance: 제품 베리언트가 설계 및 제작된 단일 결과물

다음은 필자가 자주 예시로 사용하는 김밥을 가지고 설명하겠다. 김밥은 김, 밥, 시금치, 단무지, 햄, 맛살, 기타 재료로 구성된다. 김밥 자체는 제품이고, 김밥을 구성하는 개별 재료를 모듈이라고 가정하자. 김, 밥, 시금치, 단무지, 햄, 맛살, 기타 재료는 앞에서 설명한 것처럼 종류가 다른 모듈들이다.

경우에 따라서 밥은 일반 쌀밥이 들어갈 수도 있고, 잡곡밥이 들어갈 수 있다면 밥이라는 모듈은 두 개의 베리언트를 가진 셈이 된다. 그리고 김, 밥, 시금치, 단무지, 햄, 맛살은 모든 김밥에 들어가기 때문에 고정부 모듈이라는 분류classification를 갖고, 기타 재료는 손님이 시키는 김밥의 종류에 따라서 달라지기 때문에 변동부 모듈이라는 분류를 갖는다.

제품 베리언트는 김밥 가게에서 판매하는 김밥의 종류들, 일반 김밥, 야채 김밥, 돈가스 김밥, 참치 김밥, 치즈 김밥 등이 되고, 김밥 가게가 모듈러 디자인을 통해서 김밥을 재구조화했다면 제품 베리언트는 제품 컨피규레이션과 동일한 용어가 된다. 그리고 손님이 김밥을 시킨 후에 만들어지는 김밥 하나하나가 제품 인스턴스이다.

- 모듈러 시스템modular system (툴킷): 모듈, 모듈 베리언트, 인터페이스, 컨피규레이션 룰configuration rule로 구성된 모듈러 디자인 체계
- 모듈러 제품 아키텍처modular product architecture: 모듈러 시스템을 표현한 하이 레벨 설계 결과물
- 모듈러 오퍼레이팅 시스템modular operating system: 모듈러 시스템을 기반으로 운영하는 제품, 오퍼레이팅 모델operating model (프로세스, 조직을 포함한 가치사슬), 인프라스트럭처infrastructure

조금 더 확장해보자. 김밥을 김, 밥, 시금치, 단무지, 햄, 맛살, 기타 재료로 만든다는 것과 재료 간의 관계를 표현한 설계물이 있다면

그것은 모듈러 제품 아키텍처가 된다. 모듈러 제품 아키텍처를 기반으로 김은 광천 김, 밥은 쌀밥과 잡곡밥, 시금치는 어느 지역의 살짝 데친 시금치, ⋯ 기타 재료는 돈가스, 참치, 치즈 등이 포함된다는 모듈과 모듈 베리언트 정보, 재료 간의 인터페이스, 조합 시 필요한 컨피규레이션 룰을 포함하는 체계를 모듈러 시스템이라고 부른다.

마지막으로 모듈러 시스템을 기반으로 제품을 만들고 재료를 수급하는 업체, 만드는 과정, 만드는 사람과 역할 등 필요한 제반사항을 포함하는 김밥을 만들기 위해서 재료를 사고, 김밥을 만들고, 판매하고, 이익을 만들어내는 전반적인 과정을 모듈러 오퍼레이팅 시스템이라고 부른다.

2) 모듈

모듈이라는 용어만 제대로 이해해도, 모듈러 디자인 활동에 대한 한층 깊은 인사이트를 가질 수 있다고 생각한다. 생각보다 모듈러 디자인 활동을 수행하는 사람이 모듈에 대한 개념은 명확하지 않은 경우가 많다. 기본 중에서도 기본이니까 아마도 당연히 알 것으로 생각하고 넘어가는 것 같다. 기본 중에 기본을 제대로 알아야 실력을 더욱더 깊어 진다고 믿는다. 몇 가지 관점에서 모듈의 개념을 살펴보도록 하자.

(1) 모듈은 규칙이다.

모듈은 건축에서 유래한 어휘이다. 모듈의 어원인 모듈러스mod-ulus는 원래 공간의 기본적인 크기, 척도를 의미했다. 같은 어원에서 파생된 모뒬로르는 르코르뷔지에의 독자적인 황금비율로 인체의 치수와 수학이 결합하여 나온, 사물을 만드는 도구로 건축에 있어서 공간을 조금 더 효율적으로 활용하기 위해서 사용되었다.

건축에서 모듈이라는 용어를 사용하게 된 이유는 모듈을 기본으로 설계하면 공간을 효율적으로 사용할 수 있고, 건축 재료가 규격화되기 때문에 재료의 낭비를 최소화할 수 있다는 장점을 가지고 있기 때문이다. 특히 모뒬로르는 인간의 신체 크기를 활용하여 사람 중심의 건축물을 짓는 데 활용되었다.

건축에서부터 모듈의 개념을 설명하게 된 것은 모듈의 형태를 생각해보기 위함이다. 제품 개발 방법론으로써 모듈러 디자인에서의 모듈의 개념은 모듈의 어원과 동떨어진다고 생각할 수 있는 시스템을 구성하는 물리적, 논리적 구성 요소이다. 물론 모듈을 이루고 있고 또는 모듈 간의 규칙이 모듈의 어원과 연결은 되긴 하지만 기본 크기, 척도라는 개념을 가진 어원과 현재 모듈의 의미는 상당히 거리감이 있다. 하지만 다르게 생각하면 모듈의 형태는 모듈화라는 결과로 만들어진 것이고, 모듈의 원 의미가 '규칙'이라는 점에서 두 가지 의미는 연결이 된다.

모듈러 디자인에서의 모듈은 제품군을 다루는 다양성 메커니즘에 담겨 있는 규칙일 수도 있고, 제품의 다세대를 걸쳐서 지켜야 할 규칙일 수도 있다. 모듈은 규칙들이 모여서 만들어진 인지할 수 있는 형태를 갖춘 것이지만, 확장된 개념으로 인지한다면 "모듈은 규칙이다"라고 해도 문제가 없다.

다시 말하면 '모듈 기반의 제품 아키텍처'는 제품군, 제품의 다세대를 위한 제품들이 가져야만 '규칙'을 정의한 구성 요소들이라고 볼 수 있다. 그 구성 요소는 아키텍처, 인터페이스, 구성 컴포넌트들의 모임으로 볼 수 있고, 구성 컴포넌트들의 모임을 '모듈'이라고 지칭한 것이다.

구성 컴포넌트들의 모임은 그 형태 자체로 모듈이지만, 그 형태 안에는 다양한 규칙들을 담고 있다. 규칙이라는 모듈의 의미를 고려하여 모듈러 디자인을 재정의해보면 고객·시장에서의 요구사항을 반영하여 최적화된 제품군을 설계·개발 및 운영하는 데 필요한 일련의 규칙을 정의하고, 규칙대로 설계·개발 및 운영하여 고객에게 전달하기 위해 필요한 운영체계를 만드는 것이라고 할 수 있다.

모듈러 디자인을 처음 접하는 사람들에게 소개할 때 레고형 설계방식이라는 표현을 많이 한다. 레고의 구성 요소들을 다양하게 조합하여 다양한 제품을 만들 수 있다는 직관적인 예라고 볼 수 있다. 하지만 모듈러 디자인에 대해서 어느 정도 아는 사람에게도 레고형 설계방식이라고 표현을 한다면 그것은 설명하는 사람이 모듈러 디자인에 대해서 이해도가 부족하거나 설명하는 대상에게 조금 더 쉽게 설명하고자 그러한 용어를 쓴 것으로 볼 수 있다.

레고형 설계방식으로 모듈러 디자인을 설명하면 '너무 이상적'으로 모듈러 디자인을 바라볼 수밖에 없다. 이 또한 바람직하지 않다. 현실에서는 완벽한 레고형 설계 방식이 존재하지 않고, 엄밀히 따지자면 레고형 설계방식은 완벽한 모듈러 디자인이라고 볼 수도 없다.

레고의 구성 요소들은 기능 단위가 아니다. 단지 모듈성이 높은 부품들이다. 레고에서의 '규칙'은 스터드에 대한 것밖에 없다. 스터드의 크기, 높이 정도가 유일한 공통 규칙이고 나머지는 모듈러 디자인의 특성을 설명하기에는 부족함이 많다. "모듈이 규칙이다"라고 표현한다면 레고는 스터드에 대한 규칙을 모듈로 가지고 있는 장난감이라고 할 수 있다.

정리하자면 모듈은 규칙을 담고 있는 부품 또는 컴포넌트들이 집합의 형태를 띠고 있는 구성 요소이다. 간혹 모듈은 물리적이거나 논리적으로 가시화된 형태를 띠지 않고 규칙들로 표현이 될 수 있다. 그리고 그 규칙들은 '의도', '전략적 의도'를 담고 있다. 이 또한 모듈러 디자인으로 봐야 한다.

모듈러 디자인의 핵심 원리는 나누고 조합하는 것이다. 첫 번째 원리는 분할 또는 모듈화이고 두 번째 원리는 조합이다. 나눈다는 것의 결과물이 모듈이다. 그리고 나누는 것은 규칙을 정의하는 것을 의미한다고 했다. 그 결과물이 모듈이 된다.

사실 모듈러 디자인의 핵심은 모듈이 아니라, 모듈화다. 모듈화는 특정한 목적을 가지고 시스템이 가지고 있는 모듈성을 높이기 위해서 규칙을 정하는 행위이다. 모듈로 나누는 것도 규칙을 정하는 행위의 결과물이다. 그런데 '덩어리'의 모듈에 집중하다 보면 모듈러 디자인의 적용을 한정할 수밖에 없는 상황을 겪게 된다. 어떤 제품은 제품 규모나 매우 작거나 제품의 크기가 작다. 그것을 군이 덩어리인 모듈로 나누기엔 무리가 있다. 그래서 세대 간 또는 제품 군 간 레이아웃(크기, 부품의 위치) 등을 표준화했다.

이것도 모듈러 디자인이라고 볼 수 있을까? 쉽게 표현하는 사람은 레이아웃 자체가 모듈이라고 표현할 수 있겠지만, 레이아웃을 구성하는 치수, 크기, 위치 등이 바로 모듈화를 통해서 얻어진 규칙이다. 그리고 어원으로 따지면 이 정보들이 모듈이라고 할 수 있다.

결론적으로 '덩어리'의 모듈의 개념에서 벗어나야만 진정한 모듈러 디자인의 개념을 익힐 수가 있다. 우리가 인지할 수 있는 모듈은 규칙들을 지키기 위해서 만들어진 결과물 들이다. 모듈러 디자인은 특정한 목적을 달성하기 위해서 시스템의 모듈성을 높이고자 한다. 그래서 설계나 운영의 규칙을 정의하는데, 이 과정을 '모듈화'라고 한다. 그리고 그 결과물이 모듈이다. 규칙을 모듈이라고 부르기도 하고 규칙으로 만들어진 시스템의 구성 요소를 모듈이라고도 한다.

(2) 결과물로써의 모듈의 의미

① 제품을 구성하는 요소   ② 사전 정의된 인터페이스 有   ③ 고유의 기능성 有

그림 45. 모듈의 개념

규칙을 내포하고 있는 모듈은 제품의 구성 요소로 표현된다. 이것은 결과물로써의 모듈이다. 결과물로써의 모듈은 세 가지 조건을 갖는다.

첫 번째, 모듈은 제품을 구성하는 요소여야 한다. 기구 또는 하드웨어라면 모듈은 어셈블리 형태를 갖춰야 한다. 반면에 소프트웨어라면 모듈은 코드 형태로 표현된다. 두 번째, 모듈은 독립적으로 설계 또는 개발해야 하기 때문에 모듈 간의 인터페이스는 표준화되어 있어야 한다. 마지막으로 모듈은 개별적으로 고유의 기능성을 가져야 한다. 한마디로 결과물로써의 모듈은 고유의 기능성과 사전에 표준화된 인터페이스를 갖는 제품을 구성하는 요소이다.

3) 인터페이스

모듈러 아키텍처를 이해하는 데 중요한 개념 중 하나이자, 모듈러 아키텍처를 처음 접하는 사람들이 생소하다고 생각하는 개념이 바로 인터페이스다. 모듈러 아키텍처뿐만 아니라 아키텍처는 컴포넌트, 모듈 등으로 대표되는 구성 요소와 인터페이스로 이루어져 있다고 과언이 아니다. 인터페이스는 먼저 아키텍처의 구성 요소element들이 인터랙션interaction, 즉 상호 작용을 하는 통로를 의미한다.

혼동하기 쉬운 개념인 인터랙션과 구별할 필요가 있는데, 인터페이스는 인터랙션이 일어나는 정적인 개념의 관계이고 인터랙션은 인터페이스를 통해서 이루어지는 동적인 상호 작용이다. 여기서 조금 더 나가면 인터페이스는 앞서 언급한 바와 같이 규칙의 의미를 갖는다. 정확히 말하면 아키텍처를 구성하는 구성 요소 간의 관계, 그들이 동작하는 방식, 설계된 의도 등을 담고 있다.

인터페이스로 연결되어 있다는 것은 인터페이스로 연결된 구성 요소 간에 의존관계가 있다는 의미가 되는데, 이는 의존관계 자체가 규칙의 하나로 볼 수 있다. 반면에 인터랙션은 의도하지 않은 작용도 내포한다. 인터페이스가 정적인 관계, 규칙을 의미하기에 의도한 결과물로 볼 수 있는 반면에, 인터랙션이 전체를 의도했다고 볼 수는 없다.

앞서 언급한 바와 같이 모듈러 아키텍처에서는 모듈 간의 인터페이스는 사전에 정의되고 표준화된다. 사전에 정의된 규칙하에서 변화하는 모듈들은 모듈러 아키텍처를 깨뜨리거나 변형시키지 않으며 사전에 정의된 규칙하에서 동작하고 자신의 역할을 하게 된다. 그래서 인터페이스를 사전에 정의된, 사전에 설계된 규칙이라는 의미에서 디자인룰design rule이라고 부르기도 한다.

디자인룰에 대해서 조금 더 자세히 살펴보자. 모듈러 아키텍처로 이루어진 시스템은 정확히 세 가지 타입의 디자인룰을 갖는다.

첫 번째, 전역 규칙인 글로벌 디자인룰은 시스템과 외부 환경과의 관계, 시스템 경계 내에서의 모듈들의 위치, 역할, 작동을 담당하고 있다. 모듈러 아키텍처에서는 당연히 사전에 정의되고, 표준화가 되어있어야 하며, 글로벌 디자인룰은 모듈러 아키텍처와 수명을 같이 한다. 즉 글로벌 디자인룰이 바뀐다는 것은 모듈러 아키텍처가 바뀌어야 한다는 것을 의미한다. 인터페이스 측면에서는 설명하면 글로벌 디자인룰은 시스템과 외부 환경과의 인터페이스, 시스템과 모듈 간의 인터페이스를 의미한다.

두 번째, 모듈 간의 디자인룰은 시스템을 구성하고 있는 모듈과 모듈 간의 상호 작용을 표현한 것으로 글로벌 디자인룰과 마찬가지로 사전에 정의되고 표준화가 되어있어야 한다. 글로벌 디자인룰과 차이가 있다면 글로벌 디자인룰에 대비하여 상대적으로 수명이 짧다는 것이다. 모듈 간의 인터페이스를 의미하므로, 의존관계에 있는 모듈 간에 문제만 없다면 모듈러 아키텍처를 해하지 않고도 변경할 수 있다.

마지막으로 로컬 디자인룰local design rule은 모듈 내의 구성 요소들 간의 인터페이스로 모듈러 아키텍처에서는 관여하지 않는다. 정확히 말하면, 설계자의 재량에 맡기고 해당 모듈의 수명과 수명이 일치한다.

인터페이스, 인터랙션, 디자인룰을 구분히여 설명헀으나 쓰이는 상황이 다를 뿐이지 거의 동일한 개념을 내포하고 있다. 정적인 상태를 볼 때는 인터페이스, 동적인 역할을 주목하면 인터랙션, 최소한의 설계 규칙을 주목할 때는 디자인룰을 사용한다고 생각하면 된다.

4) 모듈의 분류

모듈은 모듈이 가지고 있는 특성, 모듈에 대한 운영 방향성에 따라서 몇 가지 분류를 정할 수 있다. 여기서 정할 수 있다고 표현하는 것은 특성에 따라서 기계적으로 모듈의 분류는 무엇이라고 정하는 게 아니라, 향후 어떤 방식으로 설계하고 제작하고 운영할 것인지에 대한 의도가 담기기 때문이다. 먼저 여기에서 다루는 모듈의 분류는 일반적인 항목으로 모듈러 디자인을 적용하는 산업, 회사마다 모듈의 분류는 달라질 수 있음을 알아 두어야 한다.

모듈은 몇 가지 기준에 따라서 분류할 수 있지만, 가장 많이 사용하는 분류는 세대 내 다양성 특성에 따른 분류이다. 모듈은 제품군 내의 다양성 특성에 따라서 고정부, 준변동부, 변동부 모듈로 분류할 수 있다. 경우에 따라서 옵션부 모듈도 분류에 포함한다.

고정부 모듈은 모든 모델에서 공통적으로 사용되는 부품 또는 모듈로, 일반적으로 플랫폼의 요소로 사용한다. 이에 따라서 플랫폼은 규모가 큰 고정부 모듈 또는 고정부 모듈의 집합이라고 볼 수 있다. 고정부 모듈은 제품군 내에서 무분별하게 파생이 일어나지 않도록 관리하고, 세대 간 재사용을 위하여 기획이 필요한 대상이다.

반면에 변동부 모듈은 모든 모델에서 모델 간의 차별성을 위하여 고유로 개발 및 운영하는 부품 또는 모듈을 의미한다. 고정부 모듈과 달리 파생 관리를 하지 않거나 모듈 단위가 아니라 그보다 작은 어셈블리 또는 부품 단위로 관리한다. 고정부와 변동부 모듈로 구분하여 관리하는 것은 최대한 파생을 변동부로 한정하고, 둘 간의 개발 또는 운영 방향성을 차별하기 위함이다.

고정부와 변동부 성격을 모두 가진 준변동부 모듈은 두 개 이상의 모델에서 공통적으로 사용되지만 일부 차이가 있는 부품 또는 모듈을 의미하기도 하고, 정해진 다양성만 가지고 있는 모듈이기도 하고, 동일한 구성 요소로 이루어져 있지만 개수나 크기만 차이가 있는 모듈을 의미한다. 일반적으로 파생 관리는 하지만 절감 운영은 하지 않는다. 사실 준변동부는 그레이 영역의 모듈이라고 할 수 있다. 원칙적으로 그레이 영역에 있는 준변동부 모듈은 고정부와 변동부로 분할하여 성격을 명확히 하는 것이 바람직하다.

앞서 언급한 바와 같이 모듈을 다양성 특성에 따라서 고정부, 준변동부, 변동부로 분류하는 것은 설계 및 운영 방향성을 차별화하기 위함이다. 고정부 모듈은 절감, 파생 관리하고, 설계 및 운영 효율성을 높이는 데 집중하고, 변동부 모듈은 최대한 고객 또는 시장 대응을 위하여 파생을 강화하는 데 집중한다. 이런 식으로 제품 내 특성에 따라서 운영 방향성을 명확히 하고 내부 복잡성을 절감하여 운영 효율성을 높이는 한편 고객이나 시장 대응력을 높이는 상반된 목적을 달성하고자 한다.

세대 내 다양성 수준에 따른 분류에 따라서 세대 내 다양성 수준이 낮으면 고정부 모듈, 다양성 수준이 높으면 변동부 모듈로 분류한다. 그리고 고정부 모듈, 변동부 모듈의 성격을 모두 갖거나, 소수의 다양성 수준을 유지, 내부 구성 요소의 개수로 차이가 발생하는 등의 특징을 가질 경우는 준변동부 모듈로 구분한다. 여기서 영어 표현도 같이 익혀야 하는데, 다음 분류인 세대 간 분류에서의 한글 표현이 동일하기 때문이다. 여기서 고정부 모듈은 커먼 모듈common module이라고 표현하고, 준변동부 모듈은 시밀러 모듈similar module, 변동부 모듈은 유니크 모듈unique module이라고 표현한다.

두 번째, 세대 간 변화 수준에 따른 분류이다. 변화 수준이 낮다면 고정부 모듈, 변화 수준이 높다면 변동부 모듈로 분류한다. 위의 분류 명칭과 동일한데 영어 표현이 다르다. 여기서 고정부 모듈은 플랫폼 모듈platform module이라고 쓰고, 변동부 모듈은 피처 모듈feature module이라고 쓴다.

첫 번째 분류의 고정부 모듈과 두 번째 분류의 고정부 모듈은 거의 유사한 의미를 갖지만, 차이가 있다면 전자의 고정부 모듈은 다양성 관리variety management에 집중하고, 후자의 고정부 모듈은 다양성 관리뿐만 아니라 다양성 기획variety planning에도 신경을 써야 한다는 것이다. 즉 전자의 고정부 모듈은 다양성이 증가하지 않도록 표준화 및 공용화에 힘써야 하지만, 후자의 고정부 모듈은 당연히 해야 하는 것이고 로드맵을 작성하여 세대 간에 재사용할 수 있도록 해야 한다. 그래서 명칭도 플랫폼 모듈이라고 쓰는 것이다.

두 분류 모두에 모듈 자체를 포함 여부를 결정할 수 있는 옵션부 모듈을 포함할 수 있다. 옵션부 모듈이라고 하면 변동부 모듈이라고 생각할 수 있겠으나 포함 여부가 다를 뿐 다양성 수준은 낮을 수도 있고, 다양성 수준이 낮더라도 포함 여부가 하나의 다양성이 될 수도 있고, 세대별로 변화가 클 수도 있기 때문에 분리를 시키는 것이 유리하다.

세 번째 분류는 표준 모듈과 비표준 모듈이다. 앞선 모듈이 세대 내, 세대 간에 다양성 수준으로 기준으로 분류했다면, 본 분류는 기술 진보성, 적용 물량, 향후 기대 적용 물량을 고려하여 다양성 수준을 관리하기 위한 분류이다. 앞의 두 가지 분류와 혼용하여 사용할 수 있고, 향후 지속적으로 쓸 모듈은 표준으로, 단종하거나 대체할 모듈은 비표준 모듈로 정의한다.

그 외에도 모듈을 정의한 가치 사슬의 위치 또는 운영 부문에 따른 분류, 설계 및 제작 범위에 따른 분류 제작 주체에 따른 분류, 물리적 형태 유무에 따른 분류가 있다.

표 22. 모듈의 분류

기준	하드 모듈hard module	혼합 모듈mixed module		소프트 모듈soft module
물리적 형태 유무	물리적 형태를 가진 모듈 예 기구 모듈	물리적 형태를 가진 구성 요소와 물리적 형태를 가지지 않은 구성 요소가 섞여 서 이루어진 모듈 예 제어기를 가진 전장 모듈		물리적 형태를 가지지 않은 모듈 예 소프트웨어 모듈, 서비스 모듈, 프로세스 모듈
기준	고정부 모듈common	준변동부 모듈similar		변동부 모듈unique
사양 변화에 대한 민감도	고객 · 시장 · 사양 변화에 관계없이 여러 제품 간에 표준화 · 공용화가 가능한 모듈	고정부와 변동부 성격을 모두 가진 모듈로 일반적으로는 한정된 종류로 운영이 가능할 때, 또는 하위 구성 요소의 개수로 차이가 발생하는 모듈을 구별할 때 활용함		고객 · 시장 · 사양 변화에 따라서 여러 종류가 발생하는 모듈
기준	자사 개발 모듈	OEMoriginal equipment manufacturing 모듈	ODMoriginal development manufacturing 모듈	기성품 off-the-shelf 모듈	서드파티 모듈
담담 범위	자사에서 기획, 설계, 제조를 도맡아 운영하는 모듈	자사에서 기획, 설계를 담당하지만 타사에서 제조를 맡는 모듈	자사에서 기획을 담당하지만 타사에서 설계, 제조를 맡는 모듈	자사의 제품과 독립적으로 기획, 설계, 제조되는 모듈	자사의 인터페이스를 활용하여 타사에서 독립적으로 만드는 모듈

(1) 운영 부문

모듈은 정의되고 활용되는 운영 부문에 따라서 기획 모듈, 개발 모듈, 생산 모듈, 구매 모듈, 판매 모듈, 서비스 모듈로 나눌 수 있다. 운영 부문에 따라서 모듈을 나누는 이유는 해당 운영 부문의 프로세스, 업무 형태 등에 최적화된 상태로 제품을 모듈화하기 때문이다.

(2) 설계 또는 제작 범위

모듈은 설계 또는 제작 범위에 따라서 기성품off-the-shelf 모듈, 일부 변경 모듈, 신규 개발 모듈로 나눌 수 있다. 기성품 모듈은 일반화된 형태로 만들어져서 여러 업체에 판매하는 모듈로 품질 안정성이 높다는 장점이 있으나, 제품을 만드는 회사 입맛대로 만들 수 없고 기성품 모듈에 맞게 다른 모듈을 구성해야 한다는 단점이 있다. 일부 변경 모듈은 제품에 따라서 일부 설계 변경하여 활용하는 모듈을 의미하고, 신규 개발 모듈은 처음부터 개발하는 모듈을 의미한다.

(3) 설계 또는 제작 주체

모듈은 한 회사에서 모두 만들 수도 있으나 설계와 제작을 외부에서 진행하는 경우도 있다. 모듈을 설계부터 제작까지 자사에서 진행하는 모듈을 자체 설계 및 제작 모듈, 기획만 자사에서 진행하고 설계와 제작을 외주로 맡기는 기획 모듈, 설계만 진행하고 제작은 외부에서 진행하는 설계 모듈, 기획, 설계를 자사에서 진행하고 생산은 외주로 맡기는 생산 모듈로 나눌 수 있다. 그 외에 제품이 완성된 상태에서 외부 업체에서 자체적으로 기획, 설계, 제작하고 고객 또는 주체가 구매하여 제품에 설치하여 사용하는 모듈을 서드파티 third-party 모듈이라고 한다.

설계 또는 제작 주체는 제품뿐만 아니라 산업 생태계 내에서의 주도권을 누가 가져갈 것인가에 대한 문제가 담겨 있다. 제품에서 중요한 역할을 하는 모듈을 외부 업체에서 담당한다면 산업의 주도 권을 뺏기고 단순 조립업체로 전락할 가능성이 있다. 모듈의 가격에 따라서 제품의 수익성이 떨어질 가능성도 있다. 그 외에 제품에 추 가되는 서드파티 모듈 업체의 수, 다양성에 따라서 제품이 만드는 생태계의 경쟁력이 강화될 수도 있다.

5) 모듈의 특징

보통 모듈의 특징과 분류에 대해서 혼동하는 경우가 있는데, 모 듈의 특징에는 제품 내에 모듈이 가지고 있는 속성이 포함되고 분 류는 모듈의 특징에 맞게 부여한 정의한 모듈의 기준을 의미하는데, 이 또한 모듈의 특징에 포함된다. 분류가 특별한 것은 분류에 설계 자의 의도가 포함된다는 점이다.

만약 모듈이 현재 다양성 수준이 높아서 변동부 모듈과 같다고 하더라도 수행하는 입장에서는 해당 모듈을 고정부 모듈로 정의할 수 있다. 다양성 수준을 낮추고 관리하겠다는 의지를 표명해서 말이 다. 즉, 모듈의 특징에 맞춰서 모듈을 분류해야 하지만 꼭 현재 모듈 이 가지고 있는 특징만으로 분류할 필요는 없다. 모듈이 가진 특징 에 향후 운영 방향성을 고려해서 모듈의 분류를 정해야 한다.

모듈의 특징은 ① 속성, ② 특성, ③ 분류로 나눌 수 있다. 첫 번째, 속성은 모듈 구조 정의 시에 부여되는 성질로 다음 항목들이 속한다.

- 명칭
- 하위 구성 요소
- 기능 또는 역할
- 인터페이스 메커니즘interface mechanism
- 제약사항
- 표준 사양/비표준 사양
- 모듈 규모 또는 모듈 재료비

몇 가지만 살펴보면 먼저 인터페이스 메커니즘은 모듈과 다른 모듈 간의 물리적, 전기적, 물질 이동 등에 대한 의존 관계를 의미한다. 인터페이스 메커니즘은 해당 모듈이 설계 또는 제작하는 데 있어서 설계 규칙으로 존재한다. 제약사항은 모듈이 가지고 있는 인터페이스 메커니즘과 함께 모듈의 설계와 제작에 영향을 주는 요인으로 준수해서는 안 될 항목들이다.

두 번째, 모듈의 특성은 운영 과정에서 반영되는 성질을 의미하고 다음 항목이 속한다. 즉, 정의 시 부여하는 특징이 아니라 설계, 생산, 운영하는 과정에서 발현되는 특징을 의미한다.

- 시간 변화 강도change
- 공간 변화 강도variety

- 세대 간 기획 필요성 및 용이성
- 영향을 주는 다양성 요인variety factor
- 다양성 관리 필요성 및 용이성
- 설계 및 제작 리드타임
- 공급망 구조
- 복잡성
- ……

세 번째, 모듈의 분류는 이전 절에 설명했으나 여기서는 자세한 내용은 생략하도록 한다. 앞서 언급한 바와 같이 모듈의 분류에는 모듈의 특징 내 속성이나 특성과 달리 설계자의 의지를 반영한다는 점이 특별하다.

6) 모듈의 규모

모듈화 시에 결정해야 하는 중요한 항목이 모듈의 수와 모듈의 규모이다. 두 가지로 구분하여 설명하였지만, 모듈의 규모를 결정하면 모듈의 수는 자연스럽게 결정되므로 한 항목으로 보아도 무방하다.

여기서 모듈의 규모scale의 종류에 대해서 살펴볼 필요가 있다. 모듈의 규모는 크게 물리적 규모size와 기능적 규모granularity로 나눌 수 있다. 앞서 모듈화 시에 결정해야 하는 중요한 항목인 모듈의 규모는 후자인 기능적 규모를 의미한다.

첫 번째 물리적 규모부터 살펴보자. 물리적 규모는 모듈의 크기라고 부르며, 물리적인 형상을 가지지 않은 소프트웨어를 제외한 하드웨어와 기구가 해당한다.

두 번째 기능적 규모는 모듈의 입도라고 부르며, 모듈이 포함하는 기능 요소의 수를 의미한다. 입도와 앞서 설명한 크기는 서로 상관관계가 있을 수 있으나 반드시 비례한다고는 볼 수 없다. 즉 크기가 작더라도 입도가 클 수 있고 크기가 크더라도 입도는 작을 수 있다.

입도가 큰데 크기가 작은 경우는 모듈의 집적도가 높다고 표현하고, 입도가 작은데 크기가 큰 경우는 모듈의 집적도가 낮다고 표현한다. 모듈의 입도는 모듈의 복잡성과 연관된다. 모듈의 입도가 클 경우 모듈이 처리해야 하는 관계성이 커지고 처리해야 하는 데이터가 많아지므로 복잡성이 커진다고 볼 수 있다.

시스템의 기능적 규모는 시스템이 갖는 기능 요소의 수와 계층 단계로 표현할 수 있다. 즉, 계층 단계가 깊을수록, 기능 요소가 많을수록 시스템의 규모는 크다고 한다. 그렇다면 모듈의 입도는 클수록 좋은 걸까?

모듈의 입도가 클 경우 시스템이 갖는 모듈의 수는 작아지고, 대응 유연성이 낮아지며, 관리 용이성이 커진다. 반면에 모듈의 입도가 작을 경우 시스템이 갖는 모듈의 수는 커지면서 대응 유연성은 높아지지만 관리 용이성이 낮아지게 된다. 즉 적절한 모듈의 입도와 모듈 수를 정의하는 것이 중요하다.

7) 모듈화

모듈화는 시스템 또는 서브 시스템을 하나 이상의 모듈로 분할하고, 모듈 간의 관계를 정의하는 과정을 의미한다. 모듈 분할, 인터페이스 표준화로 모듈화를 표현할 수 있음에도 일반적으로 앞부분 활동인 분할에 집중하는 경향이 있다. 그러나 분할만 하면 모듈 간의 독립성 확보가 이루어지지 않아서 모듈 기반의 제품 아키텍처, 모듈러 아키텍처를 지속할 수 없다.

모듈화는 분할, 모듈 정의, 모듈 구조 정의, 모듈 기반의 제품 구조 정의, 모듈 기반의 제품 아키텍처 정의, 모듈 기반의 제품군 아키텍처 정의와 동일한 용어로 사용한다. 어떤 용어로 표현을 하든지 모듈러 아키텍처는 모듈과 모듈 간의 관계인 인터페이스로 구성되기 때문에 모듈, 인터페이스 모두를 정의해야만 모듈화했다고 할 수 있다.

8) 모듈성

모듈성은 시스템이 가지고 있는 속성으로 통합성의 상반하는 개념으로 사용한다. 모듈성은 시스템을 구성하고 있는 요소의 기능과 구조를 최대한 1:1로 매핑하고, 구조 요소 간의 독립성이 높은 수준을 의미한다.

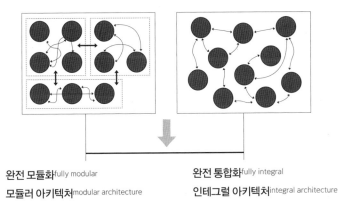

완전 모듈화fully modular
모듈러 아키텍처modular architecture

완전 통합화fully integral
인테그럴 아키텍처integral architecture

그림 46. 모듈성, 통합성의 스펙트럼

모든 시스템은 모듈성과 통합성을 모두 가지고 있으며, 시스템 자체 내에서도 부분적으로 그 정도가 다를 수도 있고, 시스템의 계층에 따라서도 그 수준이 달라지기도 한다. 일반적으로는 하위 계층으로 내려갈수록 통합성이 높아지고 모듈성이 낮아지며, 반대로 상위 계층으로 올라갈수록 모듈성이 높아지고 통합성이 낮아진다.

어떤 시스템도 극단적으로 모듈성만 갖추고 있고 반대로 극단적으로 통합성만을 가지고 있지 않다. 모든 시스템은 스펙트럼상에 있다고 볼 수 있고 모듈화, 모듈 기반의 제품 아키텍처 정의를 한다는 것은 스펙트럼상에서 통합성을 낮추고 모듈성을 높이는 활동으로 볼 수 있다.

Box 15. 플랫폼화와 모듈화

제품을 플랫폼화한다는 것은 어떤 의미일까? 플랫폼화 이

전에는 하나의 제품이 모든 기능을 담당하고 그 안에서 가치를 제공한다. 제품을 플랫폼화한 후에는 제품이 제공하던 기능 일부를 사용자, 고객 또는 파트너가 담당하도록 하기 위하여 제품의 일부분, 즉 일부의 구조 영역을 그들이 기획, 개발하도록 한다.

그런데 무작정 맡기는 것이 아니라 플랫폼의 전체 틀(architecture)을 깨지 않고 향상된 가치를 제공하도록 일정한 정책과 규칙을 따르게 한다. 그리고 그 일정한 정책과 규칙을 형상화한 것을 인터페이스라고 부른다.

플랫폼화를 하게 되면 다양한 플레이어가 참여하게 되는데 플랫폼을 중심으로 생태계를 이룬다고 한다. 생태계 내에서 다양한 플레이어들이 플랫폼이 정해 둔 설계, 규칙을 깨지 않도록 관리하는 활동을 거버넌스governance라고 부른다.

처음에 언급한 것처럼, 제품이 제공하던 기능의 일부를 사용자, 고객 또는 파트너가 담당하도록 하기 위하여 제품의 일부분, 일부의 구조 영역을 그들이 기획, 개발하도록 한다. 이를 위해 전체 틀을 수정하고 인터페이스를 정하는 활동을 모듈화라고 부른다. 여기서 특정한 기능을 담당하는 제품의 일부분, 구조 영역을 모듈이라고 부른다.

결론적으로 플랫폼화와 모듈화는 떼려야 뗄 수 없는 개념이다.

예를 들어보겠다. 과거의 휴대폰은 하나의 회사에서 운영체제부터 응용 소프트웨어까지 거의 대부분의 소프트웨어를 만들었다. 반면에 애플의 아이폰은 운영체제를 포함한 핵심 소프트웨어만을 만든다. 그리고 정해진 인터페이스를 통해서 사용자들이 앱을 만들어서 사용할 수 있도록 했다.

여기서 아이폰의 iOS는 기존의 휴대폰 소프트웨어가 플랫폼화한 결과물이라고 볼 수 있으며 하나하나 앱을 모듈이라고 볼 수 있다. 애플은 정해진 공간에서 앱을 등록하고 판매하도록 조정하고 있는데 이런 활동은 거버넌스라고 볼 수 있다. 정해진 인터페이스는 공개 API application programming interface 이다. 각각의 앱들은 상호 독립적으로 작용하면서도 iOS가 제공하는 서비스를 활용하도록 만드는 것은 모듈화라고 볼 수 있다.

9) 모듈화 동인

어셈블리와 모듈 간의 차이는 그것이 어떤 목적으로 만들어졌는지에 달려있다. 즉 결과물은 어셈블리, 모듈 상관없이 동일하더라도 재사용/공용화, 유지보수성, 서비스 용이성, 확장성 등을 고려하여 모듈을 구성하는 것이다. 불필요한 파생을 막기 위해서 모듈 간의 독립성을 유지하기 위한 인터페이스를 표준화하는 과정을 거친 결과물을 모듈이라고 부를 수 있다. 위의 말한 목적을 다른 용어로 '모듈화 동인 modularization driver'이라고 부른다. 모듈화 동인은 달리 표현하면 모듈화를 통해서 달성하고자 하는 목적이다.

모듈화를 한 목적을 가지고 그것을 달성하기 위해서 모듈 구조 정의, 즉 모듈화 과정을 거치게 된다. 모듈 구조 정의는 일반 설계자들이 보기에는 BOMbill of material, 자재명세표를 최적화하는 작업과 동일해 보일 수 있다. 만약 BOM, 자재명세표 최적화를 모듈화 동인을 달성하기 위해서 수행했다면, 모듈 구조 정의하는 과정이라고 볼 수 있다.

모듈화 동인이 있는가 없는가, 모듈화 동인에 따라서 모듈 구조 정의를 했는가 안 했는가 여부, 그에 따라서 결과물이 모듈이 되느냐 안되느냐가 결정된다.

표 23. 모듈화 동인의 종류

제품 모듈화 동인		제품 모듈화 방향
시장/개발	재사용carryover	장기 수명 특성을 가지는 표준화 된 부품 중심
	기술 진화	고객 요구나 기술 개발에 따라 지속적으로 변화되는 부품
	성능/비용혁신계획	제조원가혁신 등의 목적에 의해 재설계 계획이 수립되어 있는 부품
생산	공통 부품	고객의 공통 니즈와 관련된 부품(대량 생산량)
	공정 공용화	동일한 생산 공정을 공유하는 부품
구매	모듈 단위 공급	모듈 단위 구매가 가능한 부품
품질quality	분리 테스팅separate testing	최종 제품으로 조립되기 이전에 테스트가 가능한 부품

판매/ 서비스	서비스 및 유지 관리	서비스/유지관리 대상이 되는 부품
	업그레이드	고객이 필요에 따라 업그레이드할 수 있는 부품
	재활용	재활용이 가능한 부품

표 23에는 일반적으로 제품 개발에 있어서 활용하는 모듈화 동인을 나열한 것이다. 상세하게 설명하기 전에 모듈화 동인이라는 것은 결국 제품이 가지고 있는 구성 요소들의 이질적인 특성과 이질적 특성에 맞게 운영을 최적화하는 과정에서 유인된다는 것이다. 제품에 모든 구성 요소가 재사용이 가능하지 않고 기술 진화에 관련되어 있지 않다. 특정 구성 요소는 상대적으로 고장이 날 수도 있고 업그레이드가 필요할 수 있다.

제품 모듈화 동인에 대해서 하나씩 살펴보면 시장·개발 측면에서는 재사용, 기술 진화, 성능·비용 혁신 계획과 관련한 모듈화 필요성이 있다. 특정 부품이나 모듈은 제품보다 라이프사이클이 길기 때문에 표준화하여 반복 사용하는 것이 유리할 수 있다. 어떤 부품은 기술 진화 측면에서 고객 요구나 기술 개발에 따라서 제품 단위가 아니라 부품이나 모듈 단위로 변화를 요구할 수도 있다. 반면에 어떤 부품이나 모듈은 한 번 개발한 후에도 지속적으로 원가 절감을 위해서 설계의 변경을 요구하는 부품이나 모듈이 있을 수 있다.

생산 측면에서는 다양한 제품들 사이에서 변경 없이 사용할 수 있어서 대량 생산 측면에서 효율성을 추구할 수 있는 부분이 있을 수 있고, 공통 부품으로 사용하지 못하더라도 유사한 형태나 구조로 공정을 표준화할 수 있는 구성 요소가 있을 수 있다.

구매 측면에서는 공급 단위 자체가 모듈로 구성할 수 있다거나 품질 측면에서 분리하여 테스트가 가능한 경우도 모듈화를 하는 것이 유리하다. 판매나 서비스 측면에서는 유지 보수가 자주 일어나거나 업그레이드가 필요한 경우 제품이 수명을 다한 후에 재활용이 가능한 구성 요소도 모듈화 대상이라고 볼 수 있다.

모듈화라고 하면 전체 시스템을 대상으로 모듈로 분할하는 경우만 생각하기 쉬운데, 앞서 소개한 모듈화 동인으로 인하여 부분적으로 모듈화하는 경우는 우리 주변에서 쉽게 찾아볼 수 있다. 제품 변화 특성을 고려해서 모듈화하는 경우이다.

프린터를 예를 들면 토너나 카트리지는 소비라는 제품 변화 특성을 가지고 있어서 토너와 카트리지는 본체와 분리된 표준화된 인터페이스로 분할하는 편이 유리하다. 모듈화가 되어 있기 때문에 모델과 분리 개발 및 생산하여 토너나 카트리지는 다양한 모델에 공통으로 사용할 수 있고, 토너나 카트리지의 잉크가 떨어졌을 때 사용자가 쉽게 교체하기도 쉽다. 위의 모듈화 동인으로 따지면, 서비스 · 유지 보수, 별도 테스트 가능, 모듈 단위 공급 등의 모듈화 동인을 가지고 있다.

또 다른 예로 자동차에서 타이어는 마모라는 제품 변화 특성을 가지고 있다. 타이어가 차량 본체보다 생명 주기가 짧다. 그리고 마모된 타이어는 재활용을 하기도 한다. 여러 타이어 회사에서 여러 자동차 회사에 공급하므로 표준화된 인터페이스로 본체와 분할하는 편이 유리하다. 이와 같은 형태로 제품의 이질성, 제품 변화 특성을 고려하면 모듈화 사례를 쉽게 찾아볼 수 있다.

2. 플랫폼 전략에서 모듈러 디자인으로

플랫폼 전략과 모듈화 전략 각각은 자주 사용하는 용어이지만, 정작 둘의 관계를 물으면 정확히 모르는 경우가 대부분이다. 플랫폼 전략과 모듈화 전략의 공통점을 찾으면 둘 다 시스템의 모듈성을 높이는 모듈화 과정이 필요로 한다는 점이다.

세부적으로 플랫폼 전략의 플랫폼은 모듈화 전략에서 살펴보면 하나 또는 두 개 이상의 고정부 모듈의 집합일 수도 있고, 아니면 특수한 형태로 규모가 큰 모듈이라고 볼 수 있다. 모듈과 마찬가지로 플랫폼은 플랫폼이 아닌 영역과 분할해야 하고 둘 사이의 인터페이스는 표준화가 되어있어야 한다. 즉, 모듈화가 되어야 한다.

그런 의미에서 플랫폼 전략은 모듈화 전략의 특수한 형태로 볼 수 있다. 다만 플랫폼 전략은 제품군 내의 공통성에 집중하여 공용화를 통한 효율 향상을 목적으로 하고 있다. 반면에 모듈화 전략은 플랫폼 전략의 장점을 살리면서 동시에 제품군 내의 변동성을 어떻게 유연하게 대응할 것인가에 해결책을 내놓으려고 한다.

그래서 플랫폼 전략은 모듈화 전략의 특수한 형태이면서, 모듈화 전략은 플랫폼 전략의 발전한 형태로 볼 수 있다. 그래서 모든 모듈화 전략은 기본적으로 플랫폼 전략의 틀을 갖추고 있다. 그렇다면 모듈화 전략을 플랫폼 전략과 동일하게 볼 수 있는가에 대한 질문을 하기 위해서는 모듈화 전략을 모듈러 디자인으로 한정해야 한다.

모듈화 전략에는 모듈을 단순히 활용하는 것부터 부분적으로 모듈화하는 것, 시스템 전체를 모듈화하는 것 모두 포함하므로 모듈화 전략 중에서도 모듈러 디자인으로 한정해야만 플랫폼 전략과 비교가 가능하다.

다음과 같이 정리할 수 있다.

- 모든 플랫폼은 특수한 형태의 모듈 또는 고정부 모듈의 집합이다.
- 모든 플랫폼 전략은 모듈화 전략이다.
- 모듈러 디자인에는 플랫폼 전략을 포함한다.
- 플랫폼 전략, 모듈화 전략은 모두 모듈성, 모듈화의 개념을 활용한다.

3. 모듈러 디자인의 정의

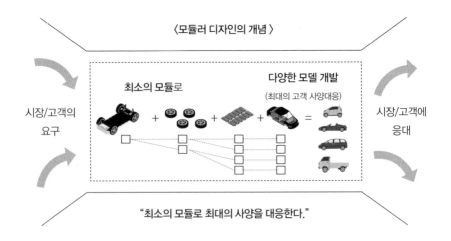

그림 47. 모듈러 디자인의 개념

모듈러 디자인은 단어 그대로 해석하면 모듈화 설계, 모듈 기반의 제품 개발을 의미한다. 모듈러 디자인을 협의로 정의하면 모듈화 설계, 모듈 기반의 제품 개발로 설명할 수 있다. 이 책에서는 협의의 모듈러 디자인만을 다루지 않는다. 광의로 정의하면 모듈화 설계에서 벗어나서 '최소의 모듈로 최대의 사양 또는 최대의 모델에 대응하기 위해서 모듈 기반으로 제품을 기획, 설계, 생산, 구매, 판매하는 활동'을 통칭하는 의미가 된다.

협의와 광의의 정의의 차이에 따라서 일선에서는 "우리는 이미 모듈러 디자인을 적용하고 있다.", "모듈러 디자인은 정확히 무엇을 의미하는지 모르겠다."라는 의견이 나오게 된다.

광의의 모듈러 디자인은 '모듈 기반의 운영체계를 설계하고 구현하는 활동'이라고 표현한다. 단순히 제품을 모듈 단위로 설계하는 것이 아니라 모듈 단위로 제품을 기획하고, 모듈 단위로 공급망과 공정을 구축하고, 프로세스와 조직을 변경하는 활동을 의미한다.

4. 모듈러 디자인의 목적

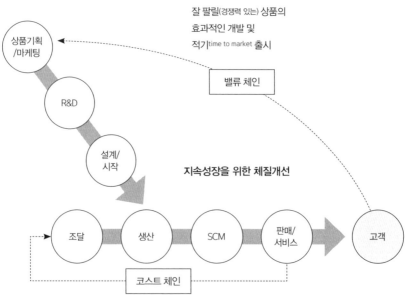

그림 48. 모듈러 디자인의 목적

　광의의 개념을 가진 모듈러 디자인을 도입하는 목적은 내부적으로 운영 효율성을 높이고, 외부적으로는 시장 또는 고객 대응력을 높이기 위해서이다. 이를 통해서 지속 성장을 위한 체질 개선을 하는 것이 목적이다. 체질 개선을 목적으로 하기 때문에 단순히 설계 기법으로써의 모듈러 디자인이 아니라 모듈 기반의 운영체계를 설계하고 구현하는 과정이라고 표현한다.

표준화함으로써 복잡성을 절감하는 영역을 모듈로 정의하고, 모듈의 다양성을 최적으로 운영함으로써 운영 효율성을 높이도록 한다. 고정·변동 기법을 활용하여 모듈의 다양성을 한정시키고 토탈 다양성total variety을 최적화하는 것이 운영 효율성을 높이는 방식이다. 또한 모듈을 사전 제작하여 제품 개발의 리드타임을 단축시킴으로써 시장 또는 고객 대응 속도를 높이고, 적은 노력으로도 쉽게 제품 다양화를 꾀함으로써 전체적으로 시장 또는 고객 대응 역량을 강화하는 것이 시장 대응력을 높이는 방식이다.

둘은 상반되지만 두 가지 모두를 만족시키기 위해서 기업의 체질을 개선하는 모듈러 디자인의 궁극적인 목적이다.

5. 모듈러 디자인의 원리

모듈러 디자인은 분할(모듈화)과 조합이라는 두 가지 기본 원리로 구성된다. 분할은 시스템을 모듈이라는 구성 요소들로 특정한 목적과 기준에 맞춰서 나누는 활동을 의미한다.

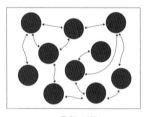

조율형 제품

- 구성품: 10개
- 복잡도: $\dfrac{10\,(10-1)}{2} = 45$

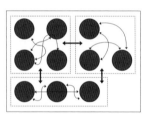

조합형 제품

- 구성품: 10개, 모듈: 3개
- 복잡도:
$$\frac{3\,(3-1)}{2} + \frac{4\,(4-1)}{2} + \frac{3\,(3-1)}{2} + \frac{3\,(3-1)}{2} = 15$$

※ 여기서는 제품 내의 구성품들 간의 상관관계로 인한 복잡도만 고려

그림 49. 분할

분할은 기본적으로 특정한 목적에 맞춰서 유사한 특성을 갖는 구성 요소들은 묶고, 상이한 특성을 가진 구성 요소들은 나눈다. 분할은 기본적으로 시스템 전체의 복잡성을 낮추는 효과를 갖는다.

시스템을 구성하는 모듈들을 조합하여 다양한 종류의 시스템을 구성하는 활동을 조합이라고 한다. 시스템을 한정된 종류의 모듈들로 나누면, 시스템 단위로 제품을 개발할 때보다 낮은 리소스로 다양한 제품을 만들 수 있다.

모듈러 디자인의 두 가지 원리를 한마디로 표현하면 '더하기와 곱하기'이다. 시스템이 모듈 A, 모듈 B, 모듈 C로 구성이 된다고 가정하자. 각각 두 종류씩 있다.

시스템을 분할하여 모듈로 구성하자. 회사 입장에서는 제품 종류와 관계없이 제품을 구성하는 모듈 A, 모듈 B, 모듈 C 각각에 두 종류를 더한 만큼의 운영 복잡성을 갖게 된다. 분할의 목적이다. 시스템을 모듈로 나누고, 모듈 종류를 더한 만큼의 복잡성을 갖는다. 총 6의 복잡성이며, 시스템으로 따지면 두 가지 종류의 시스템에 해당하는 복잡성이다.

소비자 입장에서는 모듈 A 두 가지, 모듈 B 두 가지, 모듈 C 두 가지의 조합인 $2 \times 2 \times 2 = 8$의 시스템에 해당하는 복잡성이다. 조합은 곱하기의 효과를 얻게 된다. 분할의 더하기 효과로 운영 복잡성은 낮추면서, 조합의 곱하기 효과로 시장 또는 고객 대응력은 높이게 된다.

더하기와 곱하기 효과로 인해서 생산자 입장에서는 다양한 모델을 만드는 것에 대비하여 운영 효율성이 향상되는 효과를 얻고, 소비자 입장에서는 다양한 선택을 갖게 되는 효과를 얻게 된다. "모듈러 디자인은 더하기와 곱하기이다."라고 기억하면 쉬울 것 같다.

6. 모듈러 디자인의 구성

표 24. 모듈러 디자인의 구성

	모듈러 디자인	
활동	모듈러 아키텍처링modular architecturing	모듈러 오퍼레이팅modular operating
설명	• 현 제품을 모듈화하여 모듈 기반의 기획 · 개발 · 운영을 준비 • 활동: 모듈 구조 정의, 표준 모듈 정의, 표준 인터페이스 정의 → 제품에 대한 변화 요구	• 모듈 기반으로 제품 기획 · 개발 · 운영, 최적화된 다양성을 관리함 • 활동: 모듈 기획, 모듈 선행 개발, 모듈 조합 제품 개발, 조직, 시스템 → 프로세스, 조직에 대한 변화 요구
해결 문제	"다양성 최적화하기 위해서 현 제품이 모듈화되었는가?"	"다양성이 최적화된 상태로 운영하고 있는가?"

모듈러 디자인 활동을 위해서는 두 가지 질문에 답을 할 수 있어야 한다. 첫 번째 질문은 "다양성을 최적화하기 위해서 현 제품이 모

듈화되었는가?"이고, 두 번째 질문은 "다양성을 최적화된 상태로 운영하고 있는가?"이다.

첫 번째 질문과 관련된 활동이 모듈러 아키텍처링modular architecturing, 모듈 구조 정의 및 최적화, 모듈 기반의 제품 아키텍처 정의 및 최적화이다. 두 번째 질문과 관련된 활동이 모듈러 오퍼레이팅modular operating이다.

첫 번째 활동인 모듈러 아키텍처링은 현 제품을 모듈화하여 모듈 기반의 기획, 개발, 운영을 준비하는 활동으로 제품의 변화를 요구한다. 모듈러 아키텍처링에는 모듈 구조 정의뿐만 아니라 표준 모듈 정의, 표준 인터페이스 정의가 포함되어 있다.

두 번째 활동인 모듈러 오퍼레이팅은 모듈을 기반으로 제품 기획, 개발, 운영하여 최적화된 다양성을 관리하는 활동을 의미한다. 모듈러 오퍼레이팅은 제품에 대한 변화뿐만 아니라 프로세스, 조직에 대한 변화를 요구한다. 모듈러 오퍼레이팅 안에는 모듈 기획, 모듈 선행 개발, 모듈 조합 제품 개발, 모듈러 디자인 조직, 모듈러 디자인 지원 시스템 등이 포함되어 있다.

보통 모듈러 디자인이라고 하면 첫 번째 활동인 모듈러 아키텍처링에 집중하는 경향이 있다. 그러나 모듈러 아키텍처링은 기준과 원칙을 세우는 활동으로, 그것을 통해서 효과를 얻기 위해서는 모듈러 오퍼레이팅에 노력을 기울여야 한다.

7. 모듈러 디자인의 정의-운영-관리 프로세스

모듈러 디자인의 활동은 크게 '정의 → 운영 → 관리'로 이루어진 사이클로 표현할 수 있다. 먼저 모듈을 기반으로 제품 아키텍처를 정의하는 활동을 '정의'라고 표현하고, 그 결과물로 모듈을 기획하고, 개발하고, 제품 파생 또는 공용화하는 활동을 '운영'으로 표현한다. 그리고 운영 과정상에서 정의된 표준에 어긋나는 활동이 발생하지 않도록 종수 관리 등을 통해서 복잡성을 절감하고 관리하는 활동을 '관리'로 표현한다. 정의, 운영, 관리 중에서도 초기 비용을 크게 요구하는 활동은 정의이다.

그러다 보니 모듈러 디자인 도입하는 조직에서 가장 신경 쓰는 활동도 정의이다. 어떻게 모듈화를 할 것인지, 어떻게 표준을 정할 것인지 가장 신경을 많이 쓴다. 그러나 실제로 초기 도입 단계인 프로젝트 모드에서 실질적인 운영 모드로 전환됐을 때 가장 힘든 활동은 **"관리"**이다.

물론 정의를 얼마나 잘하는가에 따라서 관리의 난이도가 영향을 받기도 하지만, 모듈러 디자인을 잘 활용하는 조직은 관리를 철저하게 잘하는 조직이다. 그래서 반복해서 언급하는 것과 같이 모듈러 디자인 실제 구현이 어렵다는 것이다.

예를 들어 표준 모듈을 정의해서 모든 제품에 그 모듈을 적용하기로 정했다고 치면 운영을 담당하는 조직은 직접 제품 개발에 적용하고 검증하는 역할을 담당한다. 그런데 검증 과정에서 예상치 못한 오류가 발생하거나, 표준 모듈을 사용하는 것이 단위 모델당 원가를 증가시켜서 목표 원가를 맞추지 못한다거나, 표준 라이브러리 대신 설계하지 않아서 표준 모듈과의 인터페이스상 문제가 발생했을 때 직접적으로 해결하거나 이슈를 조율하는 역할을 담당하는 부서가 할 일이 바로 '관리'이다.

모듈러 디자인에서는 모듈 기획 조직이라고 표현을 해 놓았다. 그래서 얼마나 모듈 기획 조직이 책임, 권한, 역량을 갖췄느냐가 모듈러 디자인 성패의 열쇠라고 할 수 있다.

관리 후에는 모듈-모델 운영/관리상의 이슈와 시장 · 기술 · 운영 환경의 변화에 맞춰서 현재 모듈 기반의 제품 아키텍처를 재정의 또는 최적화해줘야 한다. 이 사이클은 생산 아키텍처, 구매 아키텍처도 동일하게 적용된다.

제9장

모듈 기반의 제품 아키텍처 정의

**"모듈러 디자인의 시작은 제품을 모듈화하는 활동,
제품 아키텍처를 모듈 기반의 제품 아키텍처로 전환하는 활동부터다."**

모듈러 디자인 교육 교재에서 가장 많은 분량을 자랑하고 가장 많은 시간을 할애하는 영역이 모듈 기반의 제품 아키텍처 정의, 모듈 구조 정의, 모듈화이다. 그리고 실제 활동 기간도 짧으면 1개월에서 몇 개월에 걸쳐서 진행할 만큼 많은 리소스를 요구하는 활동이다. 그만큼 중요하기도 하지만 모듈러 디자인 활동에서 과정 내 활동 하나하나에 대한 이해가 부족한 영역이기도 하다. 본 장에서는 모듈 기반의 제품 아키텍처 정의에 대한 상세한 절차를 다루지 않는다. 본 장에서 얻어야 할 것은 모듈 기반의 제품 아키텍처 정의에 대한 명확한 개념이다. 절차는 명확한 개념하에서만 성과를 볼 수 있다.

1. 모듈화의 의미

모듈화의 개념을 명확히 이해하기 위해서는 전 장의 모듈, 모듈화, 모듈성의 개념을 구별할 수 있어야 한다. 모듈화가 단순히 제품을 모듈들로 나누는 것으로만 생각한다면 현재 상태만 가지고 기준을 세운 것이다. 시간이 지날수록 모듈화의 결과물, 즉 기준은 깨지게 된다.

모듈화는 제품을 모듈로 나누는 것뿐만 아니라 모듈 간의 인터페이스를 정의하고 표준화하는 것. 표준 인터페이스 정의까지 포함해야 한다. 모듈 간의 독립성을 유지하기 위한 최소한의 장치인 표준 인터페이스가 정의되지 않으면 한 모듈의 파생은 또 다른 모듈의 파생으로 이어진다. 요약하면, 모듈화는 모듈을 정의하고, 모듈 간의 인터페이스를 표준화해야 한다.

모듈화의 결과물인 모듈은 두 가지 특징을 가져야 한다. 기능적인 응집성을 가져야 하고 모듈 간의 독립성을 가져야 한다. 기능적인 응집성을 통해서 모듈의 성격이 명확해져야 한다. 예를 들어서 모듈의 분류 중 하나인 제품군 내에서 변화가 없는 부분인 고정부 모듈, 변화를 용인하는 변동부 모듈은 그 성격이 명확해야 한다. 고정부 모듈은 철저하게 변동이 적어야 하고 변동부 모듈은 적극적으로 변동을 활용해야 한다. 어중간한 성격이 가장 좋지 않다.

시스템은 통합성과 모듈성을 모두 가지고 있다. 시스템이 여러 계층으로 이루어져 있을 경우 계층을 올라가거나 내려가는 과정에서 통합성과 모듈성의 수준이 달라지게 된다. 현실 세계에서 완벽한 통합성을 가진 시스템이나 완벽한 모듈성을 가진 시스템은 없다. 조금 더 통합성에 치우친 제품 아키텍처는 인테그럴 아키텍처, 조율형 아키텍처라고 볼 수 있고, 조금 더 모듈성에 치우친 제품 아키텍처는 모듈러 아키텍처, 조합형 아키텍처라고 볼 수 있다.

처음부터 모듈러 디자인 활동을 하는 것이라면 기획 및 설계부터 모듈러 아키텍처로 제품을 만들 수 있겠지만, 현재 개발이 완료된 제품을 대상으로 모듈러 디자인 활동을 준비하고 있다면 현 제품을 대상으로 모듈화해야 한다. 모듈화를 한다는 것은 모듈러 아키텍처로 전환해야 한다는 것을 의미하며, 모듈러 아키텍처는 모듈 기반의 제품 아키텍처이므로 모듈화는 모듈 기반의 제품 아키텍처로 재정의함을 의미한다.

모듈 기반의 제품 아키텍처 정의는 현재보다 통합성을 낮추고 모듈성은 높이는 작업을 의미한다. 모듈 기반의 제품 아키텍처 정의는 목적을 명확히 이해하면 무엇을 해야 하는지 예측할 수 있다. 모듈성이 높다는 것은 기능 요소와 구조 요소가 1:1에 가깝다는 것을 의미한다. 가장 먼저 해야 할 일은 시스템을 기능 요소 단위로 분해를 하는 것이다. 기능 요소 단위로 분해를 한 다음에는 기능 요소와 구조 요소 간의 관계를 살펴보기 위해서 분해된 기능 요소를 현재 구현된 구조 요소와 매핑하는 것이다. 결과적으로는 제품이라면 기능 요소와 어셈블리 또는 부품과 연결하는 모양이 될 것이다.

이 시점에 기능 요소와 구조 요소가 M:N 관계인지, 1:1 관계인지, 1:N 또는 M:1 관계인지 파악될 것이고, 최대한 1:1 관계로 만들기 위해서 구조 요소를 쪼개는 작업을 한다. 구조 요소를 쪼갠 후에는 인터페이스 타입을 정의하고, 기능 요소이자 구조 요소 간의 인터페이스를 측정한다. 인터페이스를 측정하는 이유는 인터페이스 강도가 높은 것끼리 묶음으로써 모듈 간의 의존도는 낮추고 모듈 내 응집성은 높이기 위함이다.

이 과정을 거쳐서 1차 모듈 기반의 제품 아키텍처가 정의되고, 엔지니어링 리뷰를 통해서 유사한 기능을 가진 구성 요소 간의 재분류를 통해서 모듈 기반의 제품 아키텍처를 확정한다.

그렇다면 실무적으로 모듈 구조 정의, 모듈 기반의 제품 아키텍처 정의는 무엇을 뜻하는 걸까? 기본적으로 네 가지 정도가 수행되면 모듈 구조 정의가 완료되었다고 본다.

첫 번째, 대상 제품을 구성하고 있는 모듈에 대한 정보가 정의되어야 한다. 모듈 구성이라고 부르는 모듈의 명칭, 분류(고정부/변동부 등), 수행 기능을 포함한다. 두 번째, 모듈을 구성하고 있는 서브 어셈블리 또는 부품의 구성을 정의한다. 모듈이 무엇으로 구성되어 있는지 파악하고 가능하다면 모듈 하위를 구성하는 최상단까지는 표준화하도록 한다. 세 번째, 모듈 간의 인터페이스를 표준화해야 하고, 마지막으로 공용화할 표준 모듈을 정의해야 한다.

보통은 세 번째와 마지막 활동까지 수행해야만 모듈 구조 정의가 완료된 것이지만, 첫 번째, 두 번째 활동까지만 수행하고 모듈 구조 정의가 완료되었다고 생각하는 경우도 많다. 그러나 모듈러 아키텍처를 실무에 활용하기 위해서는 첫 번째, 두 번째 활동이 기본이고, 나머지 두 활동을 수행 완료해야만 한다.

그런데 처음 두 활동을 하는 것을 단순히 구성만 정의하는 것으로 완료되는 것으로 생각하는 것도 문제가 있다. 모듈 구조 정의를 위해서 모듈 구성, 모듈을 구성하는 하위 요소의 구성을 정의하는 것은 정의에 끝나면 안 되고, 모듈 명칭, 모듈을 구성하는 BOM 구조, 하위 구성 요소의 품명까지 표준화해야 함을 의미한다. 실컷 모듈화해놓고 막상 표준화할 것을 현행 그대로 남겨둔다면 원상태로 돌아오는 것은 시간 문제이다.

기준 정보를 표준화해야만 시스템을 바꿀 수 있고, 시스템을 바꿔야만 변화된 프로세스를 유지할 수 있다.

Box 16. 모듈화에 너무 힘 빼지 마세요

모듈러 디자인 실행에 있어서 가장 중요한 일은 '모듈 기반의 제품 아키텍처 정의', 즉 모듈화를 하는 것이다. 모듈화는 모듈러 디자인의 전략적 방향성을 설정하고 변화 요인을 분석한 후에 모듈로 제품 아키텍처를 재정의하는 활동으로, 모듈러 디자인 활동 기준이자 표준을 설정하는 가장 중요한 활동이다.

그런데 필자는 아이러니하게도 모듈러 디자인 세미나 할 때마다 모듈화에 너무 힘 빼지 말라고 강조한다. 절차대로 모듈을 정의한 후에 업데이트나 최적화하지 않는 것보다 처음에는 경험적으로 모듈을 정의하고 나서 모듈을 최적화하는 체계, 프로세스나 조직을 만들고 꾸준히 업데이트하고 최적화하는 것이 더 낫다.

만약 모듈러 디자인을 연구 또는 공부하는 입장이고 모듈러 디자인으로 성과를 내는 데 시간적인 여유가 있다면, 모듈러 디자인의 개념도 익힐 겸 모듈화에 충분한 시간을 쏟으라고 권장할 수 있다. 예를 들어서 1년 정도 모듈러 디자인을 단계적으로 적용할 수 있는 시간이 있다면, 3개월 정도 차근차근 모듈화를 하라고 말하겠다.

그렇지 않다면 모듈화는 경험적으로 진행하고, 그 남은 시간은 추진 방향성을 설정하고 프로세스, 조직 등의 운영체계를 구축하는 데 쏟아야 한다.

또한 제품 라이프사이클이 도입기라면 모듈화를 통해서 제품 아키텍처를 극적으로 변화시킬 수 있을 것이다. 그리고 도입기의 기업이라면 제품 아키텍처를 변화시키는 정도로도 운영체계를 잡을 수도 있다.

그러나 성장기에서 성숙기에 있는 제품은 모듈화를 통해서는 제품 아키텍처를 극적으로 변화시킬 수 없다. 경험적으로 정의하고, 이를 기준으로 성과를 낼 수 있는 운영체계를 만드는 것이 필요하다.

Box 17. 모듈화는 끊임없는 반복 학습이다[10]

마이클 포터 교수는 자신의 논문에서 지능화되고 상호 연결되는 제품이 어떤 방식으로 경쟁의 개념을 바꾸고 있는지 다루었다. 과거의 제품의 개념이 균일적이고, 단편적이고, 단일화된 '유형'의 것이었다면, 미래의 제품은 차별적이고 연속적이고 다양화된 '유/무형의 결합'으로 바라보고 있다.

그것은 제품product에서 제품 시스템product system으로, 제품 시스템에서 시스템의 시스템system of systems으로 확대해서 생각해야 한다고 주장하고 있다. 여기서 모듈화의 개념과 연결해보겠다.

모듈화는 결국 기업의 전략적 의도와 연결하여 생각해야 한다고 주장해왔다. 기업이 원하는 전략적 의도를 달성하기 위해서는 제품을 모듈화해야 하고, 그 범위는 단순히 물리적인 제품에 한정되지 않는다. 그 안에 포함된 소프트웨어는 물론이고, 서비스와 결합되는 다른 제품들까지도 같이 고려해야 한다. 기업이 가지고 있는 '전략적 의도'를 달성하기 위해서는 말이다.

현재 우리가 모듈화해야 한다고 생각했던 물리적인 제품은 단지 하나의 모듈일 수도 있다. 대신에 그 안에 포함된

---

10 Porter ME, Heppelmann JE. How smart, connected products are transforming competition. Harvard Business Rreview 2014;92:64-88.

소프트웨어로 확장된 서비스를 플랫폼으로 하여 제품을 단지 활용해야 하는 형태일 수도 있다. 결국에는 시장 환경, 경쟁 환경에 따라서 전략이 달라질 수밖에 없듯이, 모듈화의 결과물도 달라질 수밖에 없다는 것이다. 그런데 이런 기본을 이해하지 못한 채 분할하는 데만 급급하고, 한번 모듈화해 놓은 것에 변함없이 만족한다는 것은 10년 전에 세워 둔 목표와 계획을 지금까지도 바라보는 것과 다르지 않다.

먼저 시장을 선도할 수 있는 제품 전략을 고민해본다. 그러고 나서 그 전략에 맞추어 현재 제품이 모듈화가 되었는지 확인한다. 마지막으로 지속적으로 위 과정이 반복되는지 검증한다. 모듈화는 변치 않는 정답을 찾는 일회성 활동이 아니다. 모듈화는 현재 상황에서 가장 적합한 답을 찾는 반복적인 활동이다.

Box 18. 모듈화는 회사만 좋은 활동이다?

"모듈화를 하면 회사 입장에서는 비용이 절감되지만, 고객 입장에서는 비용이 증가하는 부작용이 있지 않은가?"

실제로 자동차가 모듈화를 채용하면서 부품 단위로 서비스를 받으면 되는 고장도 모듈 단위로 서비스를 받아야 해서 고객 비용이 증가해야 한다는 기사도 있었다. 물론 기업 입장에서는 부품 단위로 서비스를 할 때보다 모듈 단위로 서비스를 할 때 이익이다. 서비스 센터에서 보유해야 하는 부품 종류보다 모듈 종류를 적게 유지하여 재고 비용을 줄일 수도 있고, 작업을 단순화하여 서비스 공수를 줄일 수도 있고, 부품 단위로 판매하는 것보다 모듈 단위로 판매하기 때문이다.

그런데 이 과정에서 고객에게도 이점이 있다. 부품 단위로 서비스할 때보다 모듈 단위로 서비스를 할 때 신뢰성을 확보하는 데 유리하고, 부품 단위로 고치느라 고장이 완벽하게 고쳐지지 않는 경우도 모듈로 교체하면 상대적으로 완벽하게 보완 가능할 수 있다(시스템 관점에서 단일 부품에서의 문제가 아니라 부품 간의 인터페이스 문제일 가능성도 있는데 점검이 안 될 가능성이 있기 때문이다).

기업 입장에서는 과거에 만들었던 모듈보다 업그레이드되거나 출시 후 발견된 취약점을 보완한 모듈을 서비스하게 되므로, 고객 입장에서도 조금 더 보완된 제품을 보유하게 된다는 이점도 있다. 또한 오래된 모델의 경우에는 부품 수급이 안 되어 수리가 안 되는 경우도 있는데, 모듈의 인터페이스는 상대적으로 장기적으로 유지한다면 수급 문제로 수리가 안 되는 경우는 적을 수 있다. 서비스 측면이 아니라 실제 고객이 제품을 구매할 때 다양한 모듈의 조합으로 선택의 폭이 넓어질 수 있다는 이점도 크다.

그런데 사실상 이런 이점은 고객 입장에서는 쉽게 눈에 띠지 않는 것이고, 기업들이 내세우는 고객들의 간접적인 이점이다. 고객들에게는 직접적으로 와 닿는 이점은 비용 절감이다. 고객들에게 직접적인 이점을 줄 수 있는 모듈화를 하기 위해서는 제품을 모듈화할 때부터 고민해야 한다. 기술 관점, 생산·구매 등의 운영 관점, 시장 관점뿐만 아니라 서비스 측면에서도 모듈화를 고민해야 하고, 그 과정에서 고객의 의견이 모듈화에 반영되도록 해야 한다.

어느 한 영역에서만 이점을 찾을 수 있는 모듈화라면 모듈화 과정에서 참여시키지 않은 영역, 반영하지 않은 의견이 있지 않았는지 고민해볼 필요가 있다. 그래서 모듈화 과정이 모듈러 디자인, 모듈화 전략의 핵심이면서 어렵다고 말한 것이다. 쉽다면 어느 기업이나 다 실행했을 것이다. 어려우니까 실행한 사례가 많지 않은 것이고, 실행한 사례 중에도 성과를 낸 사례가 드문 것이다. 그리고 이 고민은 누가 대신해 줄 수 없다.

2. 모듈화의 세 가지 관점

앞서 모듈 기반의 제품 아키텍처 정의(모듈 구조 정의)에 있어서 적정한 모듈 수와 적정한 모듈의 규모는 언급했다. 그러나 기계적으로 모듈 수를 3~7개 사이, 최대 10개 이내로 정하라고 하면 납득하기 쉽지 않다. 이럴 때는 세 가지 관점에서 모듈을 정의했을 때 문제가 없는지 살펴볼 것을 권한다.

첫 번째는 당연히 설계 관점이다. 모듈을 설계해서 개발하는 단위로 묶였는지 검토해야 한다. 두 번째는 운영 관점이다. 모듈을 기획하고, 모듈 단위로 제품을 기획할 수 있어야 하고, 생산하고, 구매하는 단위로 모듈을 정의해야 한다. 마지막은 관리 관점이다. 정확히 말하면, 복잡성 관리 관점이다. 다양성을 줄이기 위해서 표준화하고 공용화하기 적절한 단위여야 하고 이를 통해서 충분히 효과를 얻을 수 있어야 한다.

이 세 가지 관점 사이에서 모듈의 규모와 수를 정해야 하며, 여기서 모듈의 수가 3~7개 사이에 위치하지 않고 10개를 넘을 경우에는 설계, 운영, 관리 관점에서 계층을 나눠서 모듈 구성을 하도록 한다.

예를 들어 모듈 운영 관점에서 첫 번째 계층에서 모듈을 3~7개 사이로 정하고, 모듈 설계·개발 관점에서 상위 계층의 모듈별로 다시 3~7개 사이의 서브 모듈을 나누고, 모듈 관리 관점에서 두 계층의 모듈과 서브 모듈을 관리하도록 한다.

이렇게 관점을 나눠서 모듈을 정의하고 관리하는 것은 개별 관점별로 모듈을 나누면서 기대하는 항목이 다르기 때문이다. 모듈 설계·개발 관점에서는 최소한의 설계 리소스로 다양한 모델을 개발해야 하므로 모듈을 기능 단위로 묶으면서 실세, 공용화 관점에서 나눠야 한다.

모듈 운영 관점에서는 제품의 피처와 모듈이 연계되어야 하고, 모듈 단위의 생산과 구매도 가능해야 한다. 그리고 서비스 측면에서의 모듈 분리도 고려되어야 한다. 대체로 설계 관점보다 규모가 클 가능성이 크다. 모듈 관리 관점에서는 모듈을 키우는 것이 다양성 측면에서 효과를 높일 수 있으면서도, 모듈을 너무 키우면 공용화 용이성이 떨어지게 되므로 이를 위해서 적정 수준을 찾아야 한다.

세 가지 관점을 모두 만족시키면서 모듈 구조 정의를 완성하는 것은 작은 규모의 기업체에서 만드는 제품이 아닌 이상 어렵다. 즉 우리가 알고 있는 대기업에서 만드는 제품, 복잡한 형태의 제품인 경우에는 모듈 구성 계층을 갖지 않고 하나의 모듈 구조 정의를 갖는 것은 불가능하다고 볼 수 있다. 설계 입장에서 기술적 요인을 고려해서 설계할 수 있는 단위, 리소스를 최적으로 활용할 수 있는 공용화 가능한 단위, 운영 입장에서 생산과 구매를 최적으로 수행할 수 있는 단위, 복잡성 관리 측면에서 최적의 규모 모두를 만족하는 것은 불가능하다. 그런 의미에서 모듈 구조 정의를 복잡한 시스템, 다양한 제품을 기획, 개발, 생산하는 업체에서는 모듈 구성 계층을 정의하는 것으로 이해해야 한다.

3. 모듈화의 목적

모듈러 디자인 활동에 대해서 많이 하는 질문 중 하나가 모듈과 어셈블리의 차이와 모듈 구조 정의와 BOM(자재명세표) 최적화 간의 차이에 대한 질문이다. 모듈러 디자인에 대해서 처음부터 공부했다면 기본도 모르는 질문이라고 생각하겠으나, 모듈러 디자인에 대해서 잘 모르는 사람이라면 충분히 물어볼 수 있는 질문이다.

첫 번째 질문부터 살펴보면, 모듈은 기능의 구성 요소이자 구조의 구성 요소이기 때문에 모듈은 기본적으로 어셈블리 형태를 갖출 수 있다. 즉, 모듈은 어셈블리라는 말은 틀린 말이 아니다. 어셈블리는 설계와 조립의 단위로 설계의 결과물이다. 반면에 모듈은 설계자의 의도가 반영된 설계의 결과물이다. 스트럭처와 아키텍처 간의 차이와 유사하다. 공용화와 재사용의 단위이자, 모듈 간의 호환성을 유지하면서 조합이 가능한 단위이며, 서비스 용이성, 확장 가능성, 업그레이드 용이성, 유연성 등 사전에 의도된 동인driver을 달성하기 위해서 만들어진 결과물이다. 모듈의 형태는 결국은 어셈블리가 된다. 그래서 어셈블리가 모듈인 게 아니냐는 것은 모듈러 디자인을 잘 이해하지 못하는 사람만 할 수 있는 질문인 것이다.

같은 맥락으로 두 번째 질문도 생각할 수 있다. 설계자의 의도를 반영하여 모듈을 구성하고, 모듈들로 제품을 구성하기 위해서 모듈화 동인을 정하고, 구성 요소 간의 인터페이스를 평가하여 모듈 간의 독립성을 유지하고, 모듈 내의 응집성을 높이는 과정을 거치는 것이다. 이 과정에서 BOM 최적화와 모듈 구조 정의와의 차이를 설명할 수 있다. BOM 최적화는 말 그대로 어셈블리를 재구성하는 것이고 모듈 구조 정의는 제품을 모듈로 구성하는 과정이다. 그 결과물 중 하나가 BOM 최적화라고 볼 수 있다. 하지만 BOM 최적화가 모듈 구조 정의라고 볼 수 없다.

결론적으로 어셈블리와 모듈 간의 차이는 '어떤 목적(모듈화 동인)으로 이루어졌는가'이다. 즉, 결과는 어셈블리나 모듈이나 동일하더라도 재사용·공용화, 유지보수성, 서비스 용이성, 확장성 등을 고려하여 모듈을 구성하고, 모듈 간의 파생을 막기 위해서 모듈 간의 독립성을 유지하기 위해서 인터페이스를 표준화하는 과정을 거쳤는가에 따라서 결과물을 모듈이라고 부를 수 있게 된다.

모듈화에 집중하는 이유를 살펴보면 첫 번째는 현재 제품을 만드는 방식을 개조하여 원가를 절감하고, 절감하는 비용으로 제품의 가치를 높이거나 제품의 다양성을 높이려는 것이다. 가장 기본적인 모듈화 전략의 목적으로 현재 많은 기업이 모듈화에 기대를 걸고 있는 목적이다.

두 번째는 점차 복잡화되는 제품의 변화에 대응하기 위함이다. 하나의 기업이 제품의 모든 것을 책임지는 시기를 벗어나서 여러 기업이 각각 자신들의 특화된 역량을 발휘하여 하나의 제품을 만드는 시기에 도래했을 때 이를 효과적으로 컨트롤할 수 있도록 제품을 모듈화하는 것이다.

예를 들어 자동차의 경우 과거에는 하나의 자동차를 하나의 기업에서 거의 대부분 책임지고 만들었다고 하자. 자동차를 큰 단위의 부품으로 나누어 보면 자동차 벤더 회사는 제품을 만드는 데 있어서 통합자 역할을 한다. 자신의 영향력에 있는 부품사 또는 모듈 회사에게 자신들이 해왔던 부품 또는 모듈의 개발 및 제소를 맡기는데, 궁극적으로 자동차의 지능화, 전동화를 통해서 자동차 회사가 갖추지 못하는 영역을 그 전문 기업에게 맡기는 형태인 것이다. 이때 자동차 회사가 조정자의 역할을 담당할 수 있도록 모듈화하는 방향이 두 번째 목적이라고 할 수 있다.

세 번째 이유는 제품의 독특한 가치를 높이기 위한 것이다. 최근 스타트업 기업들이 내놓는 제품들이 모듈화 콘셉트를 많이 차용하는 것은 사용자의 사용하는 방식에 따라서 제품의 형태, 기능을 다르게 가져가기 위함이다. 예를 들어 집에서 사용되는 에스프레소 머신의 일부 모듈을 떼어내서 외출 중에도 사용할 수 있게 하거나, 3D 프린터를 확장하는 모듈을 개발하여 하나의 머신으로 다양한 기능을 확보하게 하는 등의 콘셉트가 여기에 해당한다.

본문에서 기업들이 모듈화에 관심을 갖는 이유를 살펴본 것은, 그 이유에 따라서 모듈화 전략이 구현되는 방식이 달라져야 하기 때문이다. 모듈화라는 하나의 명칭으로 똑같이 불리고는 있지만 그 적용 이유나 목적에 따라서 구현되는 모습은 달라질 수밖에 없다. 원가 절감을 위해서 모듈화를 적용한 경우에는 모듈화 전략 실행에 있어서 복잡성 개선에 초점을 맞춰야 하고, 다양성 확보를 위해서는 고객·시장 이해 방식을 포함한 프로세스 개선에 초점을 맞춰야 한다. 그리고 원가절감에 치우치지 않고 제품의 시장성을 향상시키려는 노력이 병행되어야 한다.

반면에 제품의 복잡성에 대응하기 위한 모듈화는 기업의 공급망에서의 현재 위치를 고려하여 접근해야 한다. 제품의 어떤 모듈에 시장의 가치가 높게 평가되고 있는지 파악해야 하고, 시장 내에서 경쟁사 대비 비교뿐만 아니라 생태계 간의 비교, 생태계 내의 역학 관계도 같이 신경을 써야 한다. 마지막으로 제품의 가치를 높이기 위한 모듈화는 단지 실험적인 시도에 그치지 않도록 판매량 확대 시 제품 운영 측면에서 경쟁력도 같이 고려되어야 한다.

4. 모듈화의 방법

모듈 구조 정의를 하는 방법은 크게 수치적인 방법과 경험적인 방법으로 나눌 수 있다. 그 외에도 다양한 모듈화 방법이 있으나 기본적으로는 두 가지로 분류할 수 있다.

모듈러 디자인에서는 제품 구조의 성숙도에 따라서 수치적인 방법과 경험적인 방법을 구분해서 사용할 것을 문헌 연구를 통해서 전달하고 있지만, 각각의 방법이 장단점이 있기 때문에 기본적으로는 둘 다 활용할 것을 추천한다.

먼저 수치적인 방법으로 대표적인 것은 디자인 스트럭처 매트릭스DSM, design structure matrix를 활용한 모듈화 방식이다. 디자인 스트럭처 매트릭스를 활용한 모듈화 방식은 결합도가 높은 제품 구성 요소끼리 묶고, 결합도가 낮은 제품 구성 요소들은 다른 모듈로 분류하는 방식이다.

모듈은 기본적으로 모듈 내에서의 기능적인 응집성을 극대화하고 모듈 간의 의존성을 최소화하는 방식으로 구성해야 한다. 이를 위해서 모듈 내의 인터페이스 강도가 높은 것은 기능적인 응집성이 높은 것으로 모듈 간의 인터페이스 강도가 낮은 것은 모듈 간의 의존성을 낮추는 것으로 생각하기 때문에 가능한 접근 방법이다. 이 방법은 모듈화를 위한 의사결정에 수치 기반의 초안을 제공한다는 점에서 유용한 방법이고, 여기서 집계된 인터페이스 정의가 향후 표준 인터페이스 정의서의 기초 자료가 되기 때문에 여러 모로 활용해 볼 만한 방법이다. 그리고 모듈 간의 인터페이스 강도를 산출할 수 있어서 제품의 어느 부분을 개선하고, 최적화하고, 표준화해야 하는지 시각화하는 데도 꽤 유용한 방법이다.

하지만 본 방식은 우선 디자인 스트럭처 매트릭스를 돌릴 수 있는 툴이 필요하다. 저자 같은 경우는 오픈되어 있는 클러스터링 알고리즘을 활용하여 디자인 스트럭처 매트릭스 툴을 개발하여 사용하고 있지만, 그렇지 않은 경우에는 수기로 복잡한 계산을 해야만 가능한 방식이다. 그리고 인터페이스 기준 수립 및 측정을 사람이 하다 보니 시간이 오래 걸리고, 정확성이 떨어지고, 누락되거나 과대·과소 평가되는 인터페이스도 많다. 그에 따른 모듈화 결과는 당연히 정확도가 떨어질 수밖에 없다.

반면에 두 번째 경험적인 방법은 경험 많은 엔지니어가 직접 모듈을 구성하는 방식이다. 기능적 응집성과 의존성을 충분히 고려하여 모듈화하기 때문에 경험에 따라 상대적으로 빠르고 정확한 결과를 얻을 수 있다. 그리고 엔지니어 혼자에게만 본 활동을 맡기는 것이 아니라, 기존 다양성이 파생된 결과를 기초로 모듈을 구성하기 때문에 현 다양성을 최적화할 수 있는 방안을 찾을 수 있다.

그러나 경험 많은 엔지니어를 오랫동안 모듈러 디자인 활동에 투입 시키기가 어렵고, 모듈화 콘셉트가 명확하지 않으면 기존 제품 구조를 해치지 않는 선에서 활동을 마무리하려는 경향을 보이거나, 모듈을 구성하는 데 꽤 오랫동안 진도가 나가지 않는 경우가 많다.

그렇다면 어떻게 모듈 구조 정의를 하는 것이 최적일까? 앞서 언급한 바와 같이 저자는 두 방식을 혼용해서 사용하라고 권장한다. 먼저 수치적인 방법으로 모듈 구조 정의의 초안을 만든다. 물론 인터페이스 기준과 측정이 정확하지 않을 수 있으나, 모듈화 과정은 원 사이클이 아니라 반복해서 진행되는 활동이므로 결과를 보면서 엔지니어와 결과를 맞추어 나갈 수 있다.

어느 정도 모듈 구조 정의 초안의 모습이 잡혔을 때 경험적인 방법을 활용한다. 엔지니어링 리뷰를 수행하는 것이다. 수치적인 방법으로는 기능적인 응집성을 완벽하게 구현해내기 어렵다. 그래서 다양성 현황과 원인을 파악하고 다양성 패턴variety pattern을 분석하여 엔지니어가 리뷰할 수 있는 결과물을 제공한다.

결론적으로 모듈 구조 정의는 수치적인 방법으로 초안을 마련하고, 경험적인 방법으로 결론을 짓는다. 물론 수치적인 방법을 수행하기 전에 기능 요소들의 다양성 현황 및 원인을 파악하고, 엔지니어가 생각하는 고정과 변동 여부를 먼저 기능 요소 수준에서 파악하는 것이 필요하다. 모듈화를 할 때 모듈 내의 구성 요소들의 성격은 최대한 똑같거나 유사해야 한다. 고정·변동 성격이 다르거나 기능 요소들의 변동 요인이 다를 경우는 최대한 분리를 시키는 것이 필요하다. 이처럼 엔지니어가 판단할 수 있는 근거를 제공하기 위해서 모듈 구조 정의 전에 다양성 관련된 자료를 분석해 놓아야 한다.

Box 19. 모듈화를 하기 위해서 디자인 스트럭처 매트릭스DSM가 필수인가?

예전에 모듈화를 하기 위해서 DSM 소프트웨어를 돌리고 있는데 결과가 잘 안 나온다는 질문을 받은 적이 있다. 제품 플랫폼을 정의할 때 DSM을 돌려야 한다고 자문하는 사람도 봤다. 그렇다면 DSM은 모듈화를 위해서 꼭 필요한 툴일까?

다양한 용도로 사용될 수 있는 DSM 그 자체는 제품 아키텍처를 가시화하는 하나의 효과적인 툴이다. 그렇지만 모듈화를 할 때 꼭 필요한 툴은 아니다. 도메인 전문가 몇몇은 초기 모듈 후보를 정할 수 있다면 DSM을 반드시 활용할 필요가 없다고 조언한 적도 있다. 만약 전문가들이 정의해 놓은 모듈 후보군을 검증하기 위해서 DSM을 근거로 삼는다면 이해할 수 있다.

즉, DSM은 제품 아키텍처가 이미 정형화된 제품군에서 제품 아키텍처를 수치화하는 데 유용한 툴이다. 그런데 반대로 제품 변화가 심하거나 새로운 아이디어가 필요할 때는 오히려 DSM이 적합하지 않을 수도 있다. 그리고 DSM을 모듈화를 위한 후보 모듈을 도출하는 목적만이라면 앞서 언급한 것과 같이 도메인 전문가가 직접 정하는 것도 하나의 방법이다. 그렇다면 DSM은 필요가 없을까?

그것은 아니다. DSM은 모듈화를 통해서 후보 모듈을 얻어 내는 것뿐만 아니라 모듈 간의 혹은 모듈 내의 의존관계를 가시화하고, 그에 대한 개선 방향성을 찾게 큰 도움을 준다. 그래서 오히려 제품 아키텍처를 최적화하는 데는 DSM이 더욱 유용하게 쓰일 수 있다.

다만 DSM을 조금 더 편하게 하기 위해서는 관련 소프트웨어를 구입해야 한다는 점에 있어서 득실을 따져봐야 한다. 그리고 앞서 제품 플랫폼을 정의하는 데 DSM을 이용했다는 사람은 실무를 안 해봤을 가능성이 크다. 제품 플랫폼을 정의하기 위해서는 하나의 제품이 아니라 세대 내, 세대 간 제품을 검토해야 한다. 공통 부분은 무엇인지, 변동 부분은 무엇인지, 공통 부분은 무엇을 목적으로 했는지, 변동 부분은 무엇을 목적으로 했는지, 향후는 어떤 식으로 개선해야 하는지, DSM을 만능 툴처럼 써먹겠다는 의견은 곱씹어봐야 한다.

5. 모듈화의 절차

모듈러 아키텍처와 관련한 핵심 프로세스는 1) 시스템 분석, 2) 재구조화, 3) 최적화이다. 첫 번째 시스템 분석은 현재 제품 혹은 시스템이 어느 정도로 모듈화가 되어 있는지 파악하는 프로세스로 시스템이 가지고 있는 모듈성을 파악하여 개선하는 것이 목적이다.

시스템 분석은 다양성 분석, 인터페이스 분석interface analysis을 수행한다. 시스템 분석 중 다양성 분석은 현 다양성을 파악하고 분석함으로써 시스템을 구성하고 있는 요소들의 모듈화 수준을 간접적으로 파악하는 작업이다. 인터페이스 분석은 구성 요소 간의 인터페이스 결합도를 파악하여 직접적으로 모듈화 수준을 파악하는 작업이다. 결국 인터페이스 분석의 결과는 향후 다양성을 예견한다고 볼 수 있다.

시스템 분석이 현재 시스템의 모듈화 수준을 파악하는 작업이라면 재구조화는 시스템의 모듈화 수준을 높이는 작업이다. 시스템 분석과 재구조화가 익숙하지 않은 용어라면 이미 모듈화, 모듈 구조 정의, 모듈 기반의 제품 아키텍처 정의에서 그 활동을 찾아볼 수 있다. 모듈 구조 정의, 모듈화, 모듈 기반의 제품 아키텍처 정의는 시스템 분석, 재구조화 절차로 나눠서 진행한다. 모듈 구조 정의 과정에서 먼저 다양성 현황을 파악하고, 기능 정의, 인터페이스 정의를 진행 후에 모듈 구조를 확정하고, 마지막에 구조를 개선하는 작업을 수행한다. 이 과정을 다른 용어로 표현하면 시스템 분석, 재구조화라고 한다.

재구조화의 수준은 결국 시스템 분석으로 얻어진 모듈화 수준에 따라서 결정된다. 예를 들어 시스템 분석을 통해서 구성 요소 간의 모듈화가 전혀 이루어지지 않았고 구성 요소들이 서로 연결되어 하나의 기능을 담당하는 식으로 얽혀 있다면 재설계가 불가피할 것이다. 그러나 모듈화가 어느 정도 되어 있다면 BOM만 최적화하는 수준에서 정리할 수 있다. 어떤 경우는 구성 요소 자체를 모듈로 정의하여 더 이상 개선할 필요 없을 정도의 수준일 수도 있다. 즉, 시스템 분석을 통해서 재구조화의 수준과 작업 범위를 결정한다.

이후에 재구조화는 모듈 구조 정의의 후반부 작업과 동일하다. 모듈을 정의하고, 모듈 간의 인터페이스를 표준화하고, 마지막으로 미래에 발생할 수 있는 다양성을 찾아내서 개선하는 작업까지 재구조화의 작업 범위이다. 마지막으로 앞선 시스템 분석과 재구조화가 현상을 파악하고 개선하는 범위에서의 모듈화 또는 모듈 구조 정의까지의 범위를 수행한다면, 최적화는 향후 발생할 수 있는 다양성 요인까지 반영하여 미래의 다양성 요인까지 대비할 수 있는 제품 아키텍처를 갖추는 최적 설계까지 포함한다.

정리하면 1) 시스템 분석은 다양성 분석과 인터페이스 분석을 통해서 현재 시스템의 모듈화 수준을 파악하는 작업이다. 다양성 분석은 버라이어티 맵으로, 인터페이스 분석은 DSM을 활용한다. 2) 재구조화는 시스템 분석을 통해서 얻은 현재 모듈화 수준을 높이는 작업을 수행한다. 클러스터링, 모듈 구조 정의, 인터페이스 표준화, 모듈 구조 정의 확정을 포함한다. 3) 최적화는 다양성 개선 아이디어 적용, GVIgenerational variety index/CIcoupling index 측정 및 개선, 최적 설계를 포함한다.

6. 모듈화 시 고려사항

1) 모듈의 성격 규정

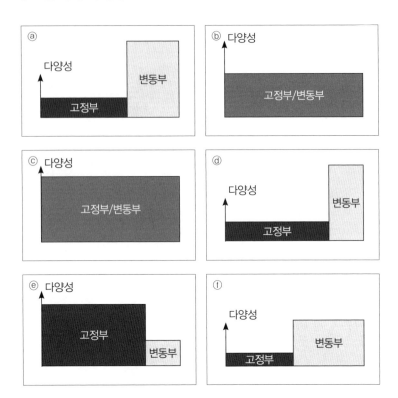

그림 50. 모듈의 성격 규정

그림 50은 6가지 형태의 제품을 표현한 것이다. 세로축으로 증가할수록 다양성이 크다는 것을 의미하고, 가로축은 제품을 차지하는 범위coverage를 의미한다. 그렇다면 이 중에서 가장 이상적인 형태의 제품은 무엇일까? 그리고 가장 안 좋은 형태의 제품은 무엇일까?

먼저 ⓑ와 ⓒ는 이상적인 상태가 아니라는 것을 쉽게 알 수 있다. 모듈을 구분하고 고정·변동으로 나누는 것은 제품군 내에서 변동이 크지 않다. 그래서 표준화할 수 있는 영역을 고정으로 제품마다 달라지는 영역을 변동부로 나눈 것이다. 그런데 고정부가 고정부답지 않고, 변동부가 변동부답지 않을 뿐만 아니라, 다양성에 있어서 차별성도 없다면 모듈 구조 정의를 안 의미가 없는 것이다.

그래서 ⓑ와 ⓒ가 가장 안 좋은 형태의 제품이라고 볼 수 있고, ⓑ와 ⓒ 중에는 ⓒ가 다양성이 더 크므로 가장 안 좋은 형태의 제품이라고 볼 수 있다. ⓕ는 고정부와 변동부의 다양성 차이점이 있으나 고정부가 차지하는 범위가 낮은 편이므로 가장 이상적인 형태라고 볼 수 없다.

같은 이유로 ⓐ와 ⓓ 중에서 고정부의 범위가 높은 ⓓ가 우수하다고 볼 수 있다. ⓐ의 고정부가 더욱 다양성이 낮긴 해도 ⓐ와 ⓓ 중에서 ⓓ의 범위가 더 높기 때문에 고정부의 다양성 조금 높더라도 감안할 수 있다. 마지막 ⓔ는 고정부가 오히려 다양성이 크고 변동부는 작기 때문에 이상적인 상태라고 볼 수 없다.

모듈 구조 정의를 할 때 성격이 유사한 것끼리 모듈을 구상해야 하고, 그 특성이 명확하게 모듈에 드러나야 한다. 이런 성격 때문에 모듈 구조 정의는 고정부의 다양성을 줄이는 방향으로 고정부의 범위를 늘리는 방향으로 진행하고 개선 아이디어를 도출해야 한다.

Box 20. 제품의 규모와 모듈화의 관계

모듈화에 대해서 자주 받는 질문 중 하나가 제품을 몇 개의 모듈로 나눌 것인가와 모듈화에 적합한 제품 규모는 어떻게 되는가(구성 부품의 수)이다. 첫 번째 질문의 경우는 대체로 관리하는 범위에서 5±2를 기준으로 모듈 개수로 삼는 것을 추천하고, 제품의 규모가 클 경우는 제품의 수준을 나눠서 이것을 준수하는 것을 권한다. 그러나 모듈의 개수는 규칙으로 정하거나 수식화하기 어려운 부문이기 때문에 모듈화 전략을 수립한 방향성에 따르는 것이 유일한 원칙이다.

그다음 질문은 답이 명확할 듯 하지만 생각보다 간단하지 않다. 제품의 규모가 모듈화하기에 너무 작거나 단순하다면 모듈화를 하지 않는 것을 권장하지만, 그 기준을 명확하게 세우기 쉽지 않다. 규모가 작지만 기획이나 개발의 필요에 따라서 모듈화를 해야 하는 경우도 있고, 제품을 모듈화하지 않더라도 프로세스를 모듈화하거나, 생산, 구매, 서비스 영역에서의 모듈화 관련 대상을 선정해야 할 수 있다. 반면에 일반인이 보기에는 모듈화를 해야 할 정도로 큰 규모의 제품이지만 통합형으로 설계되어서 모듈화를 할 수 없는 제품도 있다.

또한 제품의 규모가 누가 봐도 모듈화가 필요할 정도로 크더라도 제품의 다양성이 크지 않으면 모듈화가 적합하지 않을 수 있다. 물론 제품의 라이프사이클상 유지보수성, 유연성, 업그레이드 용이성, 개발 용이성 등으로 인해서 모듈화를 해야 할 수 있다. 그것 또한 모듈화 전략 수립 시에 결정해야 할 사항이다. 즉, 모듈화 전략 수립을 제대로 해야만 모듈의 규모, 제품의 다양성, 모듈의 수 등의 문제를 해결할 수 있을 것이다.

2) 모듈의 수

시스템을 모듈화할 때 모듈 수가 너무 적으면 조합으로 얻을 수 있는 다양성의 효과를 얻지 못한다. 모듈 수가 1인 경우는 한 종류의 모듈의 다양성이 제품의 다양성이 된다. 두 개인 경우는 두 가지 종류의 모듈의 다양성의 곱으로 제품의 다양성이 결정될 텐데, 이 중 하나가 고정부 모듈에 해당한다면 역시나 하나의 종류의 모듈의 다양성으로 제품의 다양성이 결정된다.

그래서 최소한 3개의 모듈로 나눠서 대응하는 것이 필요한데, 그렇다면 모듈 수를 점점 늘리면 조합의 수가 기하급수적으로 늘어갈 것이기 때문에 좋지 않냐고 생각할 수 있다. 그러나 그 수가 너무 커져버리면 모듈 간의 인터페이스를 관리할 수가 없어서 오히려 조합을 위한 호환성 문제가 생길 수 있다. 즉, 모듈 수가 늘어나더라도 모듈 간의 호환이 되지 않아서 조합의 효과를 보지 못하는 것이다.

그래서 그렇게 관리가 가능한 조합하기에 용이한 모듈 최대 수를 7로 본 것이다. 아무리 최대로 잡아도 10 미만인 것이 좋다. '조합의 효과 〈 호환성 관리의 복잡성'인 만족하는 시점이 최대 모듈 수가 되는 것이다.

앞서 모듈 수에 대한 설명을 짧게 언급했다. 모듈 수는 플랫폼 전략과 모듈화 전략 간의 차이와 연관되기 때문에 조금 더 기술하도록 하겠다. 플랫폼은 특수한 형태의 모듈이라고 볼 수 있다. 공통화, 표준화할 수 있는 규모가 큰 모듈을 플랫폼이라고 부를 수 있다. 그러나 제품의 다양성이 늘어날수록 규모가 큰 플랫폼으로 이것들에 대응하기는 어렵다.

모듈 수를 가지고 이 부분을 다시 설명해보자. 제품을 구성하는 모듈 수가 적으면 관리하기 용이하고, 특히 모듈 간의 호환성 관리가 용이해진다. 그러나 모듈 수가 적으면 그만큼 제품 다양성에 대한 유연성이 떨어지게 된다. 그리고 제품의 다양성이 높을 경우는 규모가 큰 모듈 자체가 부채가 될 수 있다.

플랫폼과 같이 규모가 큰 모듈의 경우는 한 번 개발할 때 높은 투자비를 요구하기 때문에, 이것을 적용할 수 없는 제품을 개발해야 할 때는 모듈 자체를 개조하거나 파생해야 하는 상황이 발생한다. 즉, 모듈의 조합이 아니라 모듈의 파생으로 제품의 다양성에 대응해야 하기 때문에 제품의 파생과 큰 차이가 없는 접근법이 된다.

반면에 모듈 수가 증가하면 제품의 다양성에 조금 더 유연하게 대응할 수 있다. 모듈 수가 N개 있고, N개의 모듈이 V개의 종류를 가지고 있을 때 대응할 수 있는 이론적인 제품의 종류는 V^N가 된다.

즉, 모듈 수가 증가하면 할수록 조합의 힘으로 대응할 수 있는 제품의 다양성은 극적으로 높아진다는 것이다.

모듈 수가 증가하면 할수록 모듈 간의 호환성 관리, 즉 관리 로드가 급격하게 증가하고 복잡성이 오히려 증가하게 된다. 결국은 제품을 부품 단위로 만드는 것과 다르지 않을 수준으로 떨어질 수도 있다. 그리고 모듈 간의 호환성을 준수하기 위해서 정의해야 하는 표준 인터페이스 수도 지킬 수 없을 정도로 증가하게 된다. 이론적으로 표준 인터페이스 타입이 4가지라고 할 때, 최대로 $\frac{N(N-1)}{2} \times 4$개의 인터페이스를 표준화해야 한다.

보통은 3~7 사이의 모듈 수를 유지할 것을 권장한다. 이때 모듈 조합의 다양성을 유지하면서 모듈의 호환성 유지를 위한 인터페이스 수도 적정하게 유지할 수 있기 때문이다. 3개인 경우는 최대 12개의 인터페이스를, 7개인 경우는 최대 82개의 인터페이스를 표준화하고 관리해야 한다. 모듈 개수가 4개 차이인데도 관리해야 하는 인터페이스 수는 급격히 늘어난다. 만약 내가 모듈화해야 하는 시스템이 복잡할 경우는 3~7개로 모듈을 유지할 수 없을 수 있다. 그때는 최대 10개까지의 모듈을 구성할 것을 권한다. 다시 한번 말하지만 최대 10개까지이다. 10개로 인한 표준화해야 하는 최대 인터페이스 수는 360개가 된다.

만약 그 이상이 되어야 한다면? 계층을 나눌 것을 권장한다. 시스템이 복잡할 경우 계층을 나눠서 계층별로 모듈의 수를 3~7개로 유지하고, 이 모듈을 하위 계층으로 다시 3~7개로 모듈을 구분하는 것이다. 자동차 같이 복잡성이 높은 시스템의 경우는 모듈 수를 늘

리는 것이 아니라 모듈을 구성하는 계층을 늘리는 듯으로 대응해야
한다.

지금까지는 운영에 대한 유연성과 모듈 간의 호환성 유지 측면
에서 모듈 수를 제한해야 한다고 이야기했지만, 관리하는 입장에
서 모듈 수가 10개가 넘어가면 직관적으로 인식하기 어렵다. 즉, 모
듈 수가 너무 많으면 직관성이 떨어진다. 그래서 사람이 인지할 수
있는 범위로 모듈 수를 제한하는 것이 필요하다. 그 크기가 3~7개
이다.

3) 시스템 규모

시스템의 규모가 커지면, 시스템을 모듈화한 후에 도출되는 모듈
의 수가 커진다고 생각할 수 있다. 어느 수 이상의 모듈은 직관적으
로 관리하기가 어려워진다. 그런데 시스템의 규모가 커지면서 일정
한 수의 모듈을 유지하려면 모듈의 규모가 커져서 모듈화의 효과를
못 볼 수도 있다. 그래서 시스템의 규모가 커지면서 일정한 수의 모
듈을 유지하기 위해서는 시스템의 레벨로 나눠서 모듈화를 진행해
야 한다. 즉, **시스템의 규모가 커질수록 모듈의 레벨이 커지는 것으로 대
응해야 한다.**

모듈의 레벨별로 목적을 달리해야 한다. 예를 들어 첫 번째 레벨
에서는 모듈 생산ㆍ모듈 소싱에 대응하기 위해서 모듈화를 하고, 두
번째 레벨에서는 개발의 효율성을 높이기 위해서 모듈화를 하고, 마
지막 레벨에서는 구성 요소들의 공용화를 위해서 모듈화하는 식으
로 레벨을 구분하여 활동을 정의할 수 있다. 위에서 적정한 모듈 개

수에 반드시 맞춰서 모듈화를 할 필요는 없지만, 너무 작거나 크다면 모듈화하는 레벨이 잘못되었을 가능성이 크다.

앞서 언급한 것처럼 모듈의 계층을 결정하기 위해서는 시스템의 규모를 먼저 산출해야 한다. 시스템의 규모가 작다면 단일 계층으로 모듈을 구성할 수 있겠지만, 시스템의 규모가 크다면, 단일 계층으로 모듈을 구성할 수 없다. 그렇다면 시스템의 규모가 크다 작다는 어떻게 결정하는 걸까? 누군가는 물리적인 크기를 가지고 시스템의 규모가 "크다", "작다"를 판단해야 한다고 말하기도 한다. 그러나 시스템의 물리적인 크기가 크더라도, 시스템의 규모는 단일 계층으로 머물 수 있다. 반대에 물리적인 크기가 작더라도, 시스템의 규모가 크다고 판단하여 다수의 계층으로 모듈을 구성해야 하는 경우도 있을 수 있다.

즉, 시스템의 규모와 시스템의 물리적인 크기가 반드시 비례하지 않는다. 물론 시스템의 물리적인 크기가 크다면 시스템의 규모가 클 가능성이 있겠지만 반드시 연결 관계에 있는 건 아니다. 그렇다면 어떻게 시스템의 규모를 결정해야 할까? 그것은 시스템의 가지고 있는 기능의 수, 기능의 계층으로 결정해야 한다. 시스템이 담당하고 있는 기능의 수가 많다면, 그리고 기능의 계층이 다층이라면 시스템의 규모가 크다고 판단해야 한다. 반면에 물리적인 크기가 아무리 크더라도 담당하고 있는 시스템의 기능이 적다면 시스템의 규모는 작은 것으로 봐야 한다.

4) 모듈화의 적정 시점

제품의 라이프사이클 시점에서 모듈 구조 정의를 언제 하는 게 효과적일까? 보통 모듈 구조 정의를 하는 시점은 제품이 성장기 중기에서 성숙기 중기 사이에 위치해 있을 시점, 즉 지배적인 디자인 dominant design이 확립되는 시점이 적합하다. 그런데 위 시점 구분이 이론적으로는 적합하지만 모듈 운영 관점에서는 적용하기 쉽지 않다. 위 시점 외에 있는 제품은 아예 모듈 구조 정의에 대한 필요성도 갖지 않는다. 성장기 중기에서 성숙기 중기 사이에 있는 제품군에 대해서, 여러 플랫폼을 운영하고 있고 이 중에서 모듈 구조 정의를 할 대상 플랫폼을 선정한다고 할 때 어느 위치에 있는 모델을 선정해야 할까?

시점에 따라서 장단점이 있기 때문에, 필요에 따라서 플랫폼을 선정한다. 우선 개발 중에 있거나 갓 개발 완료한 플랫폼인 경우에는 모듈 구조 정의 및 다양성 최적화를 위한 개선 아이디어를 최대한 유연하게 반영할 수 있다는 장점이 있다. 다만 다양성에 대한 실적이 없기 때문에 개선 아이디어를 도출하는 것이 어렵고, 양산에 적용하여 효과를 얻는 것도 당장은 어렵기 때문에 초기 실행 동력을 얻고자 한다면 좋은 선택이 아니다.

반면에 양산 실적이 어느 정도 있는 플랫폼의 경우는 다양성 현황 분석을 통해서 개선 아이디어를 도출하는 것이 용이하고, 양산 실적이 있기 때문에 현재 물량 기준으로 효과를 도출하는 것이 용이하다. 그러나 설계 개선 수준에 한계가 있어 기존 제품 구조 기반의 일부 수정 정도로 한정할 수밖에 없다. 단종이 가까이 있는 플랫폼의 경우는 모듈 구조 정의 및 개선에 필요한 비용 대비하여 효과를 못 얻을 위험도 있다.

그렇다면 어느 수준에 있는 플랫폼을 선정해야 할까? 앞서 언급한 것처럼 얻고자 하는 효과를 기준으로 플랫폼을 선정해야 한다. 초기에 실행 동력을 얻고자 한다면 1~2년 정도의 양산 실적을 가진 플랫폼을 선택하여 다양성 개선 아이디어를 도출하고 향후 물량에 대한 효과를 통해서 실행 동력을 취한다. 기초부터 모듈 기반의 제품 아키텍처를 도입한 플랫폼을 구현하고 싶다면 최대한 빠른 개발 단계의 플랫폼을 선택한다.

만약 기존 플랫폼이 거의 단종 위치에 있고 신규 플랫폼을 도입할 예정이라면 기존 플랫폼에서 다양성 현황을 분석하여 개선 관련 아이디어를 얻는다. 그리고 여기서 나온 데이터를 신규 플랫폼에 모듈 구조 정의 적용에 활용한다. 예상되는 기대효과는 기존 플랫폼의 양산 실적을 기초로 산출하도록 한다.

5) 모듈화의 계층

적정한 모듈의 개수는 5±2라고 이미 언급했고, 최대한 10개가 넘지 않는 것을 추천한다. 모듈화의 대상인 시스템의 규모가 아무리 크더라도 적절한 모듈의 개수는 변함이 없다. 그런데 개수를 정해버리면 모듈 자체의 규모가 너무 커서 모듈화하는 의미가 없어진다. 그렇기 때문에 계층을 나눠야 한다. 한 계층에 같은 모 시스템으로부터 파생된 요소를 다시 모듈화하는 방식으로 전개한다.

물론 계층별로 그렇게 모듈을 구성하는 목적이 있어야 한다. 개발의 독립성, 생산 복잡성 절감, 구매 최적화 등 개별 계층은 그에 맞는 방향성을 가지고 있어야 한다. 그렇다면 어떻게 시스템이 다계층으로 모듈화를 해야 하는지 알 수 있을까? 이는 기능 정의 및 분석을 할 때, 그 시점에 3개 이상의 계층으로 나누어지는 경우, 그리고 각각의 기능 요소들의 상당한 규모의 서브 시스템에 해당할 경우로 나누어 고민해야 한다.

예를 들어 A라는 제품을 기능 분석했더니 레벨이 3을 훌쩍 넘어서 레벨 4, 5를 달했을 때, 그리고 전체 기능 요소의 노드가 40~50개를 넘어설 때, 마지막으로 레벨 3에 해당하는 구조 요소가 앞에서 언급한 것처럼 상당한 규모의 서브 시스템일 때는 계층을 나누는 것을 고민해야 한다.

반대로 기능 분석을 한 후 결과가 마지막 노드인 기능 요소가 10 이하인 경우는 모듈로 묶이지 않았을 때도 10개의 모듈로 구성되었다고 볼 수 있다. 그러므로 개별 기능 요소에 매칭되는 구조 요소가 규모가 작은 어셈블리 또는 부품이라면 모듈화보다는 그 자체를 고정·변동부로 구분하는 것이 필요하다.

정확한 숫자를 언급하기는 어렵지만 기능 분석 후 종단의 기능 요소의 개수가 다음과 같을 경우는 연결되는 항목을 검토해야 한다.

---

① ⟨3: 그 자체가 하나의 모듈(모듈화 불필요) 하위 기능 분석 전개
② ≤10: 그 자체가 하나의 모듈(모듈화 불필요) 기능 요소 하나하나가 모듈. 동시에 하위 기능 분석 전개 필요
③ ⟩100: 상위 계층으로 묶어서 모듈화

---

6) 인터페이스 정의

인터페이스 정의에는 먼저 타입을 정의하고, 타입은 방향성이 있는가 없는가로 구분할 수 있다. 중복되지 않게 인터페이스를 정의한 후에 먼저 순환 관계가 있는 구성 요소에 대한 설계 개선 작업을 먼저 진행해야 한다. 순환 관계가 있다는 것은 다양성 관점에서 상호 간의 파생 영향을 미치는 것이므로 최대한 개선하는 편이 좋다.

먼저 순환 방향성을 갖는 설계 요소를 개선한 후 클러스터링을 진행한다. 그런 측면에서 방향성을 갖지 않는 인터페이스의 경우는 원래 어느 방향이든 하나에만 기입하면 되지만, 이미 동일 구성 요소 간의 방향성이 있는 다른 타입의 인터페이스가 있는 경우에는 방향성이 있는 인터페이스와 방향성을 맞춰야 한다. 그렇지 않을 경우는 인터페이스 강도가 저평가 되어 클러스터링 결과가 왜곡될 수 있다.

7. 모듈화의 종류

칼 울리히Karl Ulrich는 시스템의 속성으로 모듈성을 다음과 같이 정의했다. "제품이 물리적으로 독립적인 요소로 나누어지는 방식에서 발생하는 속성으로 표준화, 상호교환성을 용인하는 수준이 모듈성이다."

그리고 모듈성을 높이기 위한 활동을 모듈화라고 했다. 모듈화에는 몇 가지 타입이 있다.

① **컴포넌트 공유 모듈화**component-sharing modularity
② **컴포넌트 교환 모듈화**component-swapping modularity

위 두 방식은 여러 시스템에 하나의 구성 요소를 공용으로 사용하는가 아니면 하나의 시스템에 여러 종류의 구성 요소를 교체하여 사용하는가에 따라서 구분된다. 전자에 해당하는 방식이 컴포넌트 공유 모듈화이고, 후자에 해당하는 방식이 컴포넌트 교환 모듈화이다.

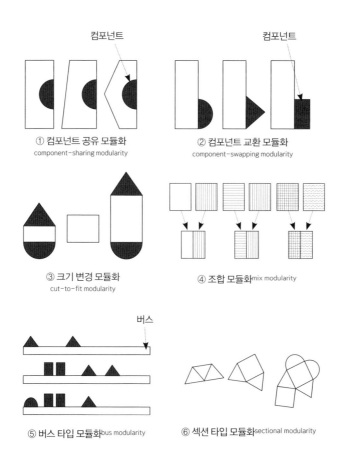

① 컴포넌트 공유 모듈화
component-sharing modularity

② 컴포넌트 교환 모듈화
component-swapping modularity

③ 크기 변경 모듈화
cut-to-fit modularity

④ 조합 모듈화 mix modularity

버스

⑤ 버스 타입 모듈화 bus modularity

⑥ 섹션 타입 모듈화 sectional modularity

그림 51. 모듈화의 종류 (1)[11]

③ 크기 변경 모듈화 cut-to-fit modularity

제품군에 속하는 구성 요소의 종류와 배치는 동일하지만, 특정 구성 요소의 치수 dimension가 다를 경우에 활용하는 모듈화 방식이

---

11 Abernathy WJ, Utterback JM. Patterns of industrial innovation. Technology Review. 1978;80:40-47.

다. 대표적인 예가 항공기라고 할 수 있다. 항공기는 탑승 인원에 따라서 동체의 크기를 조정하여 개발하는데, 동체의 크기가 바뀌더라도 콕핏과 후미는 크게 바뀌지 않는다.

④ 조합 모듈화 mix modularity

몇 개의 구성 요소들을 조합하여 다양한 제품을 만들어 내는 모듈화 방식으로 모듈러 디자인의 원리인 조합을 활용한 기법이다.

⑤ 버스 타입 모듈화 bus modularity
⑥ 섹션 타입 모듈화 sectional modularity

버스 타입 모듈화는 다양한 구성 요소를 장착할 수 있는 허브 역할을 하는 구성 요소가 있고, 그 위에 장착할 구성 요소를 선정 후 배치하는 방식이다. 제품의 다양성을 꾀하는 모듈화 기법이고, 섹션 타입 모듈화는 구성 요소 간의 인터페이스가 공통화, 표준화되어 있어서 구성 요소 간의 조합으로 다양성을 추구하는 방식이다.

버스 타입 모듈화와 섹션 타입 모듈화의 차이는 허브 역할을 하는 버스가 있느냐 여부와 인터페이스가 공통화되어 있는지 여부이다. 버스 타입 모듈화의 대표적인 사례가 퍼스널 컴퓨터의 메인보드로, 여러 가지 카드나 구성 요소가 부착되어 있지만 인터페이스는 각기 다르다. 반면에 섹션 타입 모듈화의 대표적인 사례는 레고라고 볼 수 있다. 다양한 구성 요소가 있고 구성 요소 간의 비중은 비등하다. 반면에 인터페이스는 스쿼드의 치수로 공통화되어 있다.

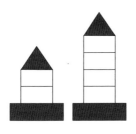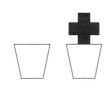

⑦ 스택 타입 모듈화stack modularity　　　　⑧ 온오프 타입 모듈화on-off modularity

그림 52. 모듈화의 종류 (2)[12]

⑦ 스택 타입 모듈화stack modularity

⑧ 온오프 타입 모듈화on-off modularity

스택 타입 모듈화는 크기 변경 모듈화와 유사하지만, 길이가 아니라 특정 구성 요소의 개수 차이가 있다는 점이 다르다. 두 가지 모듈화 방식을 묶어서 파라미터 모듈화parametrical modularity라고 부르기도 한다. 반면에 온·오프 타입 모듈화는 특정 구성 요소의 유무가 달라지는 모듈화 방식으로 대표적인 예가 자동차의 옵션이다.

위에 소개한 모듈화 방식은 하나만 쓰이는 것이 아니라 하나의 제품에도 여러 가지 모듈화 방식을 사용할 수 있다. 숙지하고 있어야 하는 것은 제품의 특성이다. 제품에 특정에 따라서 모듈화 방식을 선정해야 하고, 그것을 염두에 두고 모듈화 과정을 거쳐야 한다.

---

12 Miller TD, Elgård P. Defining modules, modularity and modularization. Proceedings of the 13th IPS Research Seminar, Fuglsoe. 1988.

8. 모듈화의 결과

모듈화는 연관된 기능을 가진 구성 요소들끼리 묶고 모듈 간의 인터페이스를 표준화하는 활동을 의미한다. 시스템 관점에서 모듈화의 결과는 무엇인지 살펴보자. 수직관계, 수평관계 관점으로 나눠서 구분하자면, 수직관계에서는 추상화abstraction가 일어난다.

제품을 계층 구조로 살펴보면, 최상단에 있는 제품에서 하단으로 갈수록 구체화된다. 제품보다 서브 시스템이, 서브 시스템보다 모듈이, 모듈보다 부품이나 어셈블리가 구체화한 결과로 볼 수 있다. 모듈화를 하면 모듈을 구성하는 부품이나 어셈블리를 모듈의 경계로 숨기고 추상화하는 결과를 얻는다.

두 번째 수평관계에서는, 즉 모듈 간에는 정보 은닉information hiding이 일어난다. 모듈 내에 있는 구성 요소를 포함한 정보를 타 모듈에게는 숨기고 정해진 경로, 또는 정해진 경로를 통해서 전달하는 정보만이 공개된다. 정보은닉은 인터페이스라는 개념과 연관된다.

『Design Rules』[13] 에서는 비주얼 인포메이션visible information, 히든 인포메이션hidden information이라는 개념을 설명하고 있다. 전자는 모듈 간에서 공개된 정보로 표준화해야 하는 대상이고 아키텍처를 유지하기 위한 최소한의 장치이다. 후자는 모듈 내의 정보로 앞서 언급한 것처럼 추상화를 통해서 모듈 내부로 숨기게 된다. 결론적으로 모듈화의 결과로 추상화, 정보은닉이 이루어진다.

Box 21. 운영 효율화를 위한 모듈러 디자인 사례를 찾기 어려운 이유

모듈러 디자인 교육을 할 때 고객은 모듈러 디자인을 통해서 운영 효율성을 높인 실제 사례를 보고 싶어 한다. 시장 대응력 향상을 위해서 고객 맞춤형 제품을 만드는데 모듈러 디자인을 활용했다는 사례는 찾아볼 수 있으나, 운영 효율화를 위한 모듈러 디자인 활용 사례는 쉽게 찾기 어렵다. 왜 그럴까?

우선 운영 효율화를 위한 모듈러 디자인 사례를 만들기 위해서 구체적인 설계 내용이 포함되어야 한다. 기밀인 것은 둘째치고 사례를 만들어도 보는 사람이 이해하기 어렵다. 그리고 그런 사례를 만들어도 모듈러 디자인을 활용하는 회사에 도움이 되지 않는다. 모듈러 디자인을 활용하여 원가를 절감한다는 사실이 고객에게 알려지면 원가를 이렇

---

13 Design Rules. Carliss Y. Baldwin, Kim B. Clark. The MIT Press. 2000.

게 절감하는 데 가격은 왜 이렇게 비싼 거냐고 불만을 들을 수밖에 없다.

몇 년 전 모 자동차 회사의 직원이 자신이 낸 원가 절감 아이디어로 꽤 큰 돈을 절감했다는 것을 자랑하는 글을 블로그에 올린 적이 있다. 그때 많은 사람이 그 사람을 칭찬하기보다는 이렇게 돈을 아끼면서 자동차 가격은 왜 매년 오르냐는 불만 섞인 글을 남겼다. 이와 같이 모듈러 디자인에는 좋은 사례가 될지 모르겠지만, 그것을 알리는 것이 고객에게는 원가를 낮추면서도 가격은 유지한다는 원망을 남기게 되는 일이 된다.

또한 경쟁사에 알려져도 좋을 것이 하나 없다. 모듈 기반으로 제품 아키텍처를 정의하는 것은 시장에서 경쟁하는 방식을 바꾸는 활동이다. 그런데 그것을 경쟁사에게 쉽게 알려준다? 자신의 패를 내놓고 경쟁하겠다는 것과 같다. 경쟁사는 그것을 보고 따라 할 수도 있고 힌트를 얻을 수도 있다.

여기서 한가지 궁금증이 생길 수도 있다. 그렇다면 왜 폭스바겐 등 자동차 회사는 모듈러 디자인을 한다고 광고를 하는 걸까? 예측해 보건대 쉽게 따라 하지 못한다는 것을 알고 있을 수도 있고, 결국 투자자에게 어필하기 위함일 수도 있다. 원가를 절감하여 경쟁력을 강화하겠다는 전략은 투자자에게는 굉장히 매력적인 메시지이기 때문이다.

이런 경우도 아닌데 모듈러 디자인을 통해서 운영 효율성을 높이고 있다고 구체적으로 밝히는 회사는 무엇일까? 아마도 홍보하는 부서가 광고할 것이 없거나 생각이 짧은 게 아닐까 의심해본다.

9. 모듈화의 결과물

1) 표준 아키텍처 준수 방식

모듈러 디자인의 주요 원리인 모듈화와 조합은 모듈 간의 호환성을 전제로 해야 가능하다. 그런데 모듈 간의 호환성을 지키는 방식은 크게 두 가지 **① 표준 모듈 관리와 ② 표준 인터페이스 관리**로 나눠 볼 수 있다.

실제로는 표준 모듈 관리와 표준 인터페이스 관리를 병행하는 경우가 많으며 표준 인터페이스를 관리하여 신규 모듈 개발에 적용하고 이를 검증하는 데 표준 모듈 관리 및 적용을 활용하는 방식을 취한다.

모듈 수를 3~7 사이로 정하라고 하는 것은 표준 인터페이스를 정의하고 관리하는 것이 쉽지 않은 이유도 있다. 모듈 수가 늘어날수록 관리해야 하는 표준 인터페이스는 많아지기 때문에 모듈 수를 제한하는 것이 필요하다.

2) 모듈 구조 정의서

모듈 구조 정의서는 모듈러 디자인의 활동 기준서라고 볼 수 있다. 모듈 구조 정의서에는 모듈러 디자인 활동에 필요한 기준, 규칙, 방향성이 포함되어 있기 때문이다. 모듈 구조 정의서에는 다음과 같은 항목들을 포함해야 한다.

표 25. 모듈 구조 정의서 구성

항목	상세 항목
모듈 구조 정의 개요	제품을 구성하고 있는 모듈과 모듈별 방향성을 다루고 있다.
모듈별 정의서	모듈별로 다음과 같은 정보를 포함한다. ⓐ 모듈 개요: 모듈을 식별할 수 있는 이름과 주요 기능, 이미지를 포함시킨다. ⓑ 모듈 분류: 모듈에 대한 활동 방향성을 정의하고 활동 방향성을 정할 수 있는 모듈의 분류를 표기한다. 일반적인 분류인 고정부, 변동부, 준고정부(준변동부), 옵션부와 같은 분류는 재사용·공용화의 범위, 수준, 관련한 활동 방향성을 포함하고 있다. 이는 산업별, 기업별, 제품군별로 정의하고 관리해야만 한다. ⓒ 모듈 변경이력: 모듈 종수, 표준 모듈이나 표준 인터페이스 변경사항에 대해서 작성해야 한다. ⓓ 표준 인터페이스: 모듈을 신규로 개발할 때 최소한으로 지켜야 할 설계 규칙을 포함한 모듈 간의 인터페이스를 관리한다. 주로 파생에 대한 전파를 막고 모듈 간의 호환성을 유지하기 위함이다. 표준 인터페이스는 그 분량이 적지 않기 때문에 별도로 분리해서 관리한다.

(계속)

(이어서)

모듈별 정의서	ⓔ 표준 모듈: 공용화 · 재사용하기 위한 모듈을 표준 모듈로 관리한다. 표준 모듈을 정해진 사양에 따라서 결정이 되도록 한다. ⓕ 모듈 버라이어티 맵module variety map: 현재 운영 중인, 혹은 개발 중인 모듈들의 다양성 현황을 가시화한 결과이다. ⓖ 업무 프로세스 및 업무 기준: 신제품 또는 공용화 · 재사용 관련 프로세스, 모듈 종수 기준, 모듈 종수 변경 기준 등을 포함하고 있다. 보통 규모가 작은 경우에는 위 내용을 제품별 모듈 구조 정의서를 문서로 관리할 수 있겠지만, 그렇지 않을 경우에는 모듈 구조 정의서의 내용은 시스템으로 관리하여 설계 툴까지 연계되도록 해야 한다.

모듈 구조 정의의 범위를 확대해서 전체 제품군에 대한 모듈 구조 정의가 완료된 시점부터는 모듈 구조 정의 관리를 어떻게 수행해야 하는지에 대한 고려가 필요하다. 예를 들어 냉장고도 다양한 타입이 존재한다. 양문형, 원도어, 김치, 와인, 멀티도어 등 다양한 타입의 냉장고별로 모듈 구조 정의를 관리할 것인지, 냉장고 단일로 두고 베리언트를 둘 것인지 고민해야 한다. 각각 방안이 장단점이 있어서 어느 수준에서 모듈 구조 정의 관리를 하라는 건 정답이 없기 때문에, 상황에 따라서 판단해야 한다.

첫 번째 통합 관리하는 경우 여러 종류의 제품을 하나의 모듈 구조 정의로 관리하고 베리언트를 두는 경우는 표준화, 공용화 기회를 높일 수 있다는 장점이 있다. 즉, 모듈 구조 정의 기준이 동일하기 때문에 제품별로 베리언트 간의 차이를 분석해서 표준화, 공용화할 수 있는 기회를 얻을 수 있다는 점에서 장점이 있다.

그리고 모듈 구조 정의가 단일 또는 소수로 존재하면 관리에 대한 로드도 상대적으로 적다. 대신 아무래도 제품들 간 차이가 있는 베리언트가 많기 때문에 차이를 분석하기도 어렵고, 제품 타입별 베리언트 간의 표준화, 공용화에 신경 쓰느라 조금 더 손쉽게 표준화, 공용화할 수 있는 같은 타입의 베리언트에는 신경쓰지 못하게 될 수도 있다. 즉, 베리언트 관리가 복잡해진다.

또한 베리언트가 증가할 때는 아무래도 큰 규모의 베리언트에서는 파악이나 원인을 분석하기도 어렵게 된다. 개별 종류별로 그에 맞는 모듈 구조 정의를 가져갈 수 없다는 단점도 갖는다. 특정 제품에 다른 종류에는 없는 기능이나 구조가 있을 수 있는데, 공통화된 구조 정의를 가지고는 표현하거나 관리하기가 어려울 수 있다.

두 번째 개별 관리를 하는 경우 제품 종류별로 별도의 모듈 구조 정의를 관리하면 그만큼 베리언트가 줄어들기 때문에 관리가 손쉬워진다. 베리언트가 증가할 때도 적은 수의 베리언트 상황에서 상대적으로 손쉽게 파악하고 대응하기도 수월하다. 물론 종류별로 모듈 구조 정의를 두다 보면 개별 제품에 맞게 모듈 구조 정의를 변형해서 쓸 수 있는 자유도도 갖게 된다.

반면에 제품 종류마다 모듈 구조 정의가 다르기 때문에 당연히 표준화, 공용화 기회는 모듈 단위에서는 어렵게 된다. 그리고 모듈 구조 정의에 대한 관리 로드도 모듈 구조 정의의 숫자만큼 증가하게 된다.

권장하는 바는 모듈 구조 정의는 제품군 별로 하나로 관리하되 특수 제품은 별도로 가져가고, 베리언트 관리는 제품 종류별로 하는 것이다. 냉장고로 예를 들면, 양문형, 멀티도어, 탑 프리즈, 바텀 프리즈 관계없이 하나의 모듈 구조 정의를 두되 베리언트 관리는 개별로 하는 것이다. 그리고 특수한 형태의 윈도어, 와인, 김치냉장고는 각각 별도의 모듈 구조 정의로 관리한다. 이것이 정답은 아니며 앞서 언급한 바와 같이 상황에 맞게 판단하여 결정해야 한다.

3) 표준 인터페이스 정의서

모듈 기반으로 제품 아키텍처를 정의한 후에는 제품 아키덱처가 흔들리지 않도록 모듈 간의 인터페이스를 삭제 또는 표준화해야 한다. 그렇지만 모듈 간의 인터페이스를 한꺼번에 정의하고 표준화하는 것은 어렵다. 표준 모듈, 표준 인터페이스를 동시에 정의하는 것도 인터페이스를 표준화하고 그 결과를 설계 규칙에 반영하는 게 쉽지 않기 때문이다.

인터페이스를 표준화 작업하는 것에도 순서가 있을까? 모듈을 정의한 후에 고객 또는 시장 요구에 따라서 고정부 모듈과 변동부 모듈로 분류했을 때 인터페이스를 표준화하는 것은 인터페이스의 방향성에 따라서 다음과 같은 네 가지 경우가 발생할 것이다.

① 고정부 → 고정부
② 고정부 → 변동부
③ 변동부 → 변동부
④ 변동부 → 고정부

이 중에서 시급하게 인터페이스를 처리해야 하는 경우는 ④번이다. 변동부에서 고정부로 전달되는 인터페이스는 변동부의 제품마다 발생하는 변동을 고정부로 파급되는 통로가 될 것이기 때문에 시급하게 삭제 또는 표준화를 해야만 한다. 다음은 고정부 → 고정부로 전달되는 ①번 인터페이스인데, 모듈 기반의 제품 아키텍처 최적화할 대상이기도 하고 상대적으로 재사용 또는 공용화 비율이 높은 모듈 간의 독립성을 지키기 위해서 인터페이스 삭제 또는 표준화를 해야 한다.

반면에 고정부 → 변동부로 전달되는 ②번 인터페이스는 우선순위를 가장 뒤로 미뤄도 괜찮다. 고정부에서 파생되는 변화가 적을 뿐만 아니라, 변동부는 변화를 상대적으로 용인하는 모듈이기 때문이다.

큰 차이는 없으나, 변동부에서 변동부로 이어지는 ③번 인터페이스는 앞선 경우보다는 먼저 처리한다. 파생의 범위를 최소화한다는 측면에서 먼저 처리할 것을 권장한다. 결론적으로 위 네 가지 경우에 대해서 인터페이스 표준화하는 순서는,

---

1순위: ④ 변동부 → 고정부
2순위: ① 고정부 → 고정부
3순위: ③ 변동부 → 변동부
4순위: ② 고정부 → 변동부

고정부와 변동부로 모듈을 구분하지 않더라도, 고정성과 변동성의 상대적인 차이가 있는 모듈이라면 위 순서대로 인터페이스 표준화를 차등적으로 적용할 수 있다.

제10장

다양성 개선 및 모듈 기반의 제품 아키텍처 최적화

"모듈화는 일회성 활동이 아니다.
지속적으로 최적화해야만 한다."

모듈화, 모듈 구조 정의는 한 번만 하면 된다고 생각하기 쉽다. 물론 제품이 변하지 않고 외부 환경의 변화가 없다면 한 번 정해 높은 모듈러 아키텍처에 따라서 변화 없이 활동해도 무방하겠지만, 그렇지 않은 경우 제품의 경쟁력을 높이고자 정의했던 모듈러 아키텍처가 현실에 맞지 않고 오히려 제품의 경쟁력을 떨어뜨리는 요인이 될 수 있다.

그래서 모듈 구조 정의는 한 번만 하더라도 최적화는 매년 1~2회 이상 수행하라고 권장한다. 제품에 변화가 없는지 살피고, 그것을 반영하고, 모듈러 아키텍처 자체가 다세대가 되어도 경쟁력을 잃지 않도록 고민하고 보완한다.

1. 다양성 개선 아이디어 도출 및 실행

　모듈 구조 정의를 완료하면 모듈별 운영 방향성에 따라서 현재 다양성을 개선할 필요가 있다. 예를 들어 모듈 A가 고정부 모듈이면 최소의 다양성으로 운영해야 하는데, 현재 다양성 수준이 높다면 먼저 다양성 수준을 낮춰 놓을 필요가 있다. 그뿐만 아니라 현재 모듈 구조 정의 결과보다 고정부화化를 할 수 있는 범위를 넓힐 방법은 없는지 검토해야 한다.

　기능 분석 단계 전에 현재 제품의 구조 구성 요소별 다양성을 조사한다. 그 과정에서 동시에 해당 구조 구성 요소가 다수의 제품 기준으로 고정 성격을 갖는지 변동 성격을 갖는지와, 해당 구조 구성 요소가 어떤 변동 요인으로 인해서 파생이 되는지 같이 조사한다.

　이렇게 하는 이유는 크게 두 가지가 있다. 첫 번째는 고정·변동 성격과 변동 요인이 배치된 성격에 따라서 모듈화 과정에서 재배치하는 용도이다. 모듈이 현재 다양성을 최적화하는 방향으로 정의되기 위해서 모듈 안에 있는 구조 구성 요소의 성격이 고정은 고정끼리, 변동은 변동끼리 묶여야 하고, 변동 요인의 종류도 모듈 내에서는 최대한 동일한 것이 좋다. 이렇게 모듈화하지 않으면 여러 개의 고정 성격을 갖는 구조 구성 요소 사이에 하나의 변동 성격의 구조 구성 요소가 있을 시 해당 모듈은 변동 성격을 갖게 된다. 변동 요인도 동일하지 않으면 해당 모듈은 다양한 요인에 의해서 파생이 일어나는 상황이 발생한다.

두 번째는 해당 구조 구성 요소의 다양성, 고정·변동 성격, 변동 요인 리스트 간의 괴리를 찾아내어 현 다양성을 개선하는 아이디어를 찾기 위함이다. 예를 들어 설계자가 고정의 성격을 갖는다고 했던 구조 구성 요소가 다양성을 2개 이상을 갖고 있다면 고정의 성격인데, 변동 요인이 1개 이상 있다면 검토해 볼 만하다. 또한 변동의 성격을 갖는다고 했는데 다양성이 1개이거나 변동 요인이 없다면 역시나 검토해야 한다. 결론적으로 직접 조사를 하는 다양성과 설계자에게 파악하는 고정·변동 성격, 변동 요인 리스트를 비교하여 개선 아이디어를 찾는 데 활용할 수 있다.

현재 제품이 가지고 있는 다양성을 최적화하기 위한 개선 아이디어를 도출하는 활동은 모듈 구조 정의를 확정하고 모듈별 다양성이 파악된 시점부터 진행한다. 개선 아이디어 도출하는 활동은 다음과 같은 절차로 진행한다.

(1) 모듈별 고정/변동 성격 명확화

이미 모듈 구조 정의를 확정하면서 모듈별로 고정/변동의 성격을 결정했겠지만, 모듈별 고정·변동 성격 규정은 다음 두 가지 ① 설계·운영 방향성, ② 현재 모듈의 다양성 특성을 고려하여 결정한다. 예를 들어 해당 모듈은 향후는 제품 상관없이 동일하게 사용하겠다는 방향성을 결정했다면 고정으로, 제품별로 달라진다면 변동으로 결정한다. 여기에 현재 모듈의 다양성 특성이 모듈 내부의 구조 구성 요소들이 모두 고정이라면 고정부, 하나라도 변동이 있으면 변동 또는 준변동으로 성격을 규정한다. 여기서 두 가지가 상충한다면 전자를 우선한다. 즉 현재 모듈의 특성이 변동이라고 하더라도 향후는 고정으로 설계 및 운영하겠다고 결정한다.

(2) 모듈별 다양성 현황 파악

현 어셈블리 단위로 조사한 다양성 현황을 가지고 모듈별 다양성을 파악하고, 사용하지 않은 구성 요소를 제거하는 클렌징 작업을 수행한다. 이후에는 다양성 현황을 일으키는 원인을 찾아내고, 목표 다양성to-be variety와 이상적 다양성ideal variety을 산정한다.

(3) 개선 아이디어 방향성 도출

앞서 언급한 대로 모듈별로 고정·변동 성격을 규정한 것과 현 다양성 특성 간의 차이를 파악하고 모듈별 다양성 원인을 찾아낸다. 고정이라고 규정했지만, 현재 변동의 특성을 가지고 있고 다양성도 2개 이상이라면 원인을 찾아야 한다. 앞서 조사한 변동 요인이 원인일 수도 있고, 데이터 클렌징이 필요할 수도 있다. 앞서 조사한 변동 요인 외에 원인이 있다면 파악을 하고, 더 이상 사용하지 않는 구조 구성 요소는 데이터 클렌징 작업을 병행한다.

(4) 개선 방향성 결정

앞단계까지 진행했다면 모듈별 현재 다양성에 대한 원인까지 파악했을 것이다. 모듈별 고정 · 변동 성격에 맞게 현재 다양성을 최적화하기 위해서 다음과 같은 개선 방향성을 고려한다.

① 현 다양성 절감: 불필요하게 파생한 다양성을 직접 절감한다. 주로 사양이나 기술 요인이 아니라 설계자별로 임의로 파생했거나, 인터페이스 요인으로 다른 구성 요소가 바뀌면서 따라서 바뀐 부분이 여기에 해당한다.

② 변동 요인 제거: 직접적으로 변동을 일으키게 하는 변동 요인을 제거하는 것도 고려한다. 특정한 사양에 의해서 변동이 일어난다면 불필요한 사양을 제거함으로써 변동이 일어나는 것을 원천적으로 막는 것도 고려한다.

③ 변동 요인 수용: 변동 요인이 시장이나 고객에 의한 것이라면 직접 제거하는 것이 어려울 수 있다면, 그럴 때는 여러 가지 사양에 하나 또는 소수의 다양성으로 대응할 수 있는 검토해본다. 즉, 수용력을 높이는 것을 고려한다. 변동 요인이 있더라도 모듈 자체는 변화하지 않도록 설계하는 것이다.

④ 고정과 변동 분리: 모듈 전체가 모두 변동 요인에 의해서 영향을 받는 것이 아니라면, 영향을 받는 변동 영역과 영향을 받지 않는 고정 영역을 분리하여 두 개의 모듈로 만드는 것을 검토한다.

⑤ 모듈 타입 운영: 앞서 언급한 개선 방향을 실행하기 어렵다면 소수의 다양성을 가지고 각각의 모듈의 타입으로 규정하고, 향후에 더 이상 다양성이 늘어나지 않도록 관리한다.

(5) 개선 아이디어 실행

앞서 결정한 개선 방향성에 따른 개선 아이디어의 종류를 뒤이어 설명하겠지만, 개선 아이디어는 고정부 영역의 다양성은 최소화하고, 고정부 영역의 범위는 최대화하는 방향으로 실행한다.

지금까지 정리한 다양성 개선 아이디어 도출 및 실행 과정을 종합하면 정리하면 다음과 같다.

표 26. 다양성 개선 아이디어 도출 및 실행 과정

---

1. 모듈별 고정 · 변동 성격 명확화

① 모듈 내 서브 어셈블리 별로 고정 · 변동 정의 수행 또는 확인
② 설계 및 운영 방향성에 맞게 모듈별 고정 · 변동 성격 재확정
③ 변동 성격을 갖는 서브 어셈블리에 대한 변동 요인 파악

2. 모듈별 다양성 현황 파악

① 모듈별 다양성 파악
② 데이터 클렌징(사용하지 않는, 중복된 모듈 제거)
③ 모듈별 다양성 발생 원인 파악
④ 목표 다양성to-be variety, 이상적 다양성ideal variety 정의

3. 개선 아이디어 방향성 도출

① 모듈별 다양성 ↔ 모듈 성격(고정/변동) 간 차이 분석
② 모듈별 변동 요인 ↔ 다양성 발생원인 파악
③ 고정부 모듈의 다양성 수준 절감
④ 고정부 모듈의 범위coverage 확대

4. 개선 방향성 결정

5. 개선 아이디어 실행

---

2. 최적화의 정의

현시점에 변화 없이 머무는 제품은 없다. 그렇기 때문에 당연하게 모듈 기반의 제품 아키텍처(모듈 구조) 또한 변화해야 한다. 아니 적극적으로 변화해야 한다. 외부 환경, 내부 환경에 따라서 제품 아키텍처는 능동적으로 변화해야 한다. 그것을 수행하는 활동이 모듈 기반의 제품 아키텍처 최적화, 또는 모듈 구조 최적화 활동이다. 모듈 구조 정의 활동이 모듈러 디자인 활동을 위한 기준을 수립하는 일회성 활동이라면, 최적화 활동은 기준을 현행화하기 위한 정규화해야 할 반복적인 활동이다.

최적화 활동은 기본적으로 기존 모듈에 대한 개선, 모듈 분류 변경, 모듈 분리/결합, 모듈 구조 재정의의 작업을 수행하기 위한 설계, 생산, 구매, 품질 등의 영역에서의 정합성 검증, 현 다양성 개선 활동, 현 다양성뿐만 아니라 미래 다양성 요인을 발굴하는 활동을 포함한다.

최적화 활동 중 미래 다양성 요인을 발굴하는 과정에서, 만약 현재 제품에 대한 개선 수준이 크다면 단순히 모듈 기반의 제품 아키텍처를 재정의하는 것으로 끝나지 않는다. 개선 수준이 신규로 제품을 만드는 이상의 비용을 요구한다면 제품 자체를 새롭게 만들어야 한다.

3. 최적화의 수준

모듈 구조 정의 및 최적화에 따라서 설계를 변경해야 한다. 이미 다양성을 최적화할 수 있는 수준으로 제품이 구성되어 있다면 굳이 최적 설계를 진행할 필요가 없겠지만 그렇지 않다면 최적 설계를 진행해야 한다. 최적 설계의 수준은 다양성 최적화하는 효과와 설계 변경의 로드를 고려하여 결정한다. 아무리 다양성 최적화하는 효과가 크더라도 설계 변경하는 로드나 리스크가 크다면 최적 설계 범위를 줄여야 한다.

최적화 수준은 대략적으로 다음과 같이 정의할 수 있다. 개선 아이디어 도출하여 실행하는 것도 최적화 활동의 일환이므로, 여기에 포함이 된다.

① 고정/변동 성격 정비: 실물과 설계상의 변경 없이 현재 BOM 기준으로 고정, 변동 등의 모듈 성격만 규정하는 활동이다. 가장 낮은 수준의 활동이다.

② 현 다양성 기준으로 표준화: 모듈을 정의한 후에 모듈별로 다

양성을 조사했다면, 그중에서 향후 사용할 모듈의 종류를 선정하는 활동이다. 사용하지 않을 모듈은 단종하든지, 단종 예정을 표기하여 향후 쓰지 않도록 권고한다.

③ 다양성 개선: 이전 활동에서는 다양성을 실제로 개선하지 않고 향후 쓸 모듈만 규정해 놓는 활동이라면, 다양성 개선은 현재 모듈의 다양성을 개선하고 필요하다면 설계를 변경하는 활동을 수행한다. 여기까지는 모듈 구조 정의를 바꾸는 활동은 필요로 하지 않는다.

④ 모듈 구조 재정의: 이전 활동에서 현재 모듈 구조 정의상에서 다양성을 개선했다면, 모듈 구조를 재정의하여 다양성을 최적화하는 활동이 여기에 해당한다.

⑤ 인터페이스 개선: 모듈 간의 인터페이스를 단순화하여 모듈 간의 독립성을 유지하기 위한 활동으로, 인터페이스를 삭제, 강도 절감하는 활동을 포함하여 크게 설계 변경을 해야 할 수 있다.

대체로 ①에서 ⑤로 갈수록 설계를 변경해야 하는 범위나 수준이 높아지기 때문에 최적화하는 난이도가 올라간다고 볼 수 있다. 무조건 최적화 수준이 높아야 올바른 방향이 아니고, 현재 상황에 맞춰서 적절한 최적화 수준을 결정해야 한다.

4. 최적화의 목적

모듈 구조 최적화의 목적은 ① 모듈 구조 정의의 운영 방향성에 맞춰서 현재 보유하고 있는 다양성을 최적화하는 것, ② 모듈 구조 정의를 현재 운영 관점에서 검증하고 개선하여 유효성을 평가하는 것, ③ 미래 시점의 기술 변화, 시장 변화, 운영 변화에 능동적으로 대응하여 효과성을 확보하는 것, 세 가지로 나눌 수 있다.

첫 번째 목적은 과거에 대한 것이다. 향후 모듈 구조 정의대로 제품을 개발, 운영하는 데 문제가 발생하지 않도록 기발생된 다양성을 개선하는 것이 최적화의 목적이다. 본 장 첫 부분에서 다뤘던 다양성 개선 아이디어 도출 및 실행과 연결할 수 있다.

두 번째 목적은 현재에 대한 것이다. 1차적으로 모듈 구조 정의가 설계 관점에서 작성이 되기 때문에 운영상 적절치 않은 부분이 발생할 수 있다. 또는 설계에서의 개선이 전사적으로는 개악이 될 수 있다. 그래서 현재 모듈 구조 정의에 대한 개선점, 우려사항 등을 유관부서로부터 의견을 받아서 반영하는 것도 최적화의 목적이다.

마지막 목적은 미래에 대한 것이다. 현시점에서는 모듈 구조 정의에 문제가 없고 적절할지 모르지만, 향후 몇 세대에 걸쳐서는 경쟁력을 잃을 수 있다. 이를 최대한 방지하고 사전에 경쟁력을 확보하기 위해서 시장, 기술, 운영 관점의 세대 간 변화를 모듈 구조 정의에 반영하는 과정을 거친다.

살아있는 표준과 죽은 표준이라는 표현을 쓴다. 표준은 한 번 정해진 후에 능동적으로 바뀌지 않은 채 잘 지켜지면 오히려 경쟁력을 잃게 만드는 원흉으로, 잘 안 지켜지면 유명무실한 기준으로 전락하게 된다. 살아있는 표준이 되기 위해서는 스스로 변해야 하고, 모듈 구조 정의도 죽은 표준이 되지 않기 위해서 정기적으로 최적화 과정을 거쳐야 한다.

5. 최적화의 활동

최적화 활동은 현 다양성 최적화, 운영 검증, 모듈 개선, 미래 변동 요인variety factor의 영향도와 모듈 간 의존관계 측정 및 개선으로 나눌 수 있다.

첫 번째 현 다양성 최적화는 모듈 구조 정의 내 모듈의 종류 별 운영 방향성에 맞게 모듈의 다양성을 최적화하는 활동을 의미한다. 예를 들어서 고정부 모듈은 최대한 다양성을 줄여야 하고, 범위는 최대화해야 한다. 그것에 맞춰서 모듈 구조 정의를 변경하고, 직접 다양성을 조정하는 작업을 의미한다.

두 번째 운영 검증은 현 모듈 구조 정의에 대한 유관부서에서 문제가 없는지 확인하고 보완하는 작업을 의미한다. 생산 또는 제조 관점에서는 조립, 작업상 문제가 없는지 검증하고, 구매 관점에서는 수급이나 공급망 구성에 있어서 문제가 없는지 검증하고, 서비스 관점에서는 서비스 용이성 측면에서 살펴본다. 최대한 많은 부서에서 현재 모듈 구조 정의 기준으로 운영하는 데 있어서 개선 의견을 듣고 반영하는 것을 뜻한다.

세 번째 모듈 개선은 단일 모듈을 대상으로 경쟁력 측면에서, 품질, 제작, 개발, 운영, 판매 등의 운영 측면에서 모듈 자체를 개선할 것은 없는 지 확인하는 활동이다.

마지막 미래 변동 요인의 영향도와 모듈 간 의존관계 측정 및 개선은 GVI/CI(generational variety index/coupling index) 개선 활동이라고 칭하기도 한다. 현재 모듈 구조 정의가 다세대에 경쟁력을 잃지 않고 지속될 수 있도록 다세대의 변동 요인을 도출하고 대응하기 위해서 반영해야 하는 정도를 수치화한 것이 GVI이고, 세대 간의 변화에 있어서 모듈 간의 의존관계가 얼마나 있는지 수치화한 것이 CI이다. 변화를 수치화하고, 목표를 설정하고, 개선하는 활동이 본 활동의 핵심 개념이다.

6. 최적화의 절차

현 다양성 패턴을 기준으로 모듈 구조 정의를 한 후에는 모듈 구조 정의 시의 운영 방향성을 수행하기 위해서 현 다양성을 최적화해야 한다. 다양성을 최적화하는 방식은 ① 고정부 다양성 최소화, ② 고정부 범위 최대화 방향성을 가지고 수행한다.

우선 ①을 ②보다 우선순위에 두고 수행해야 한다. 먼저 현재 정의된 고정부 모듈의 다양성을 절감하는 방식을 수행해야 한다. 그 이유는 ②를 동시에 수행하는 경우는 현재 모듈 구조 정의가 최적화되지 않은 상태에서 주먹구구식으로 개선 활동을 수행할 가능성이 크기 때문이다. ①의 활동이 어느 정도 안정화된 상태, 고정부 모듈의 다양성을 최소화했다고 생각하는 시점에서 ②의 활동을 수행하는 것이 바람직하다. 그리고 ①, ②의 활동을 동시에 수행할 경우에는 상호 활동이 혼란을 줄 수 있다. 이후에 그 이유를 설명하도록 하겠다.

①의 방향성에 맞춘 활동은 ⓐ 레이아웃/모듈/부품의 표준화, ⓑ 구성 요소 다양성의 절감, ⓒ 준변동성 구성 요소의 고정부화로 구

분할 수 있다. ⓑ의 방향성에 맞춘 활동은 변동부의 고정부화이다. 개별 활동을 하나씩 설명해 보겠다.

'ⓐ 레이아웃/모듈/부품의 표준화'는 말 그대로 향후 발생할 수 있는 다양성을 제한하기 위해서 표준 레이아웃, 표준 모듈, 표준 부품을 정의하는 것이다. 이 경우는 또한 유용화, 대체화, 공통화로 분류할 수 있는데, 기존 구조를 활용하여 기존 제품과 새로운 제품을 맞추는 것을 유용화, 다른 형태의 제품을 표준으로 선정한 신규 레이아웃, 모듈, 부품에 맞추는 것을 대체화, 이전 것이 표준에 맞추지는 못하지만 향후 개발할 제품을 표준에 맞추는 활동을 공통화라고 한다.

'ⓑ 구성 요소 다양성의 절감'은 유사한 사양을 가진, 또는 미사용이나 저 사용하는 모듈, 어셈블리, 부품을 단종하는 활동을 의미한다.

마지막 'ⓒ 준변동성 구성 요소의 고정부화'는 앞의 두 가지 활동을 적용할 수는 없고 다양성을 최소화를 해야 할 때, 현재 모듈 또는 어셈블리를 고정부와 변동부로 나눠서 분리하는 활동을 의미한다. 이 활동은 변동부의 고정부화와 유사한데, 그 이유 때문에 ⓐ, ⓑ 활동을 동시에 진행해서는 안된다. ⓐ의 준변동성 구성 요소의 고정부화 활동으로 인해서 기존 모듈 구조 정의가 변경이 되는 상황에서 변동부의 고정부화를 수행하면 활동 자체가 혼란스러워진다. 그래서 최대한 고정부의 다양성을 최소화한 상태에서 ⓑ의 활동을 수행하도록 하자.

이때 변동부의 고정부화는 고정부의 범위를 늘리지만, 준변동성 구성 요소의 고정부화는 고정부의 다양성을 최소화하면서 고정부의 범위가 줄어드는 활동으로 상반되는 것이 아닌지 물을 수 있다. 그렇다. 전자는 고정부의 다양성을 줄이기 위해서 변동 영역을 변동부로 보내는 것이기 때문에 고정부의 범위를 줄이는 활동이다. 그래서 최대한 고정부의 다양성을 줄인 후에 그 과정에서 줄어든 고정부의 범위를 늘리는 활동을 변동부의 고정부화를 통해서 수행해야 하는 것이다.

향후 설명하겠지만 고정부, 변동부의 다양성을 줄이는 총 다양성을 줄이는 활동이 최종의 모습이지만, 먼저 고정부의 다양성을 줄여놓고 총 다양성을 줄이는 과정에 접근해야 한다.

제11장

모듈 기반의 운영

"모듈러 디자인이 성과를 내기 위해서는
실행을 해야 한다."

　모듈 기반의 제품 아키텍처 정의, 또는 모듈 구조 정의를 모듈러 디자인의 핵심 활동이라고 한다. 실제로도 모듈러 디자인이라고 하면 모듈 기반의 제품 아키텍처 정의만 제대로 하면 되는 거라고 생각하는 사람도 많다. 그런데 모듈 기반의 제품 아키텍처 정의는 준비 과정이고 기준을 만드는 과정이다. 즉, 실행하여 성과를 낼 수 있는 활동은 아니다.

　성과를 내는 활동은 본 장의 주제인 모듈 기반의 운영이다. 모듈러 디자인 활동을 하는 과정에서 모듈 기반의 운영을 무시하기 쉬운데, 실제로 결과를 내고 변화를 만들어내는 건 실행이다. 모듈 기반의 운영을 제대로 하는가에 따라서 모듈러 디자인의 성과가 결정된다.

1. 핵심 개념

모듈러 디자인의 수행을 위해서 필요한 개념 중에서 고정부 모듈, 플랫폼 모듈, 플랫폼의 차이는 핵심이다. 많은 경우 세 가지 용어를 특별한 구분 없이 혼용하거나 각각의 용어를 별개로 사용하고 있으나, 모듈러 디자인 관점에서는 명확히 구분할 필요가 있다.

1) 플랫폼 모듈과 고정부 모듈

고정부 모듈은 제품 내에서 고객 사양에 크게 영향을 받지 않아서, 동일 세대 내에서 큰 변화를 받지 않는 구성 요소를 의미한다. 그래서 다양성 관리를 하고 모듈 단위로 선행 개발하는 등의 차별화된 활동이 가능하다.

그런데 고객 사양에 영향을 크게 받지 않기 때문에 결과적으로 고정부 모듈로 된 것뿐만 아니라 세대 간에서 적극적으로 다양성 기획하고 관리하는 모듈도 있다. 이런 모듈들은 제품의 핵심 기능을 담당한다. 고정부 모듈은 고객 사양에 크게 영향을 받지 않는 부분이라고 정의했으나, 제품의 핵심 사양을 결정 지어서 기획이 필요한 구성 요소도 고정부 모듈이라고 한다.

　군이 영어로 표현하면 전자의 고정부 모듈은 커먼 모듈, 후자의 고정부 모듈은 플랫폼 모듈이라고 한다. 이 책의 모듈러 디자인에서 말하는 고정부 모듈은 후자에 가깝다.

　정리하면 커먼 모듈인 고정부 모듈은 다양성 관리가 필요한 구성 요소를 의미하고, 플랫폼 모듈인 고정부 모듈은 다양성 관리뿐만 아니라 다양성 기획이 필요한 구성 요소를 의미한다. 두 가지가 일치하는 제품도 있으나, 대부분이 일치하지 않는다.

　그럼 어떻게 해야 할까? 둘을 일치시켜 고정부 모듈을 정의하고 모듈별로 활동을 차별화한다. 다양성 관리가 필요한 모듈과 다양성 기획과 관리가 필요한 모듈로, 후자의 모듈이 플랫폼 모듈이 된다.

2) 플랫폼과 모듈

"우린 플랫폼 개발 전략을 차용하고 있어요.

그래서 모듈러 디자인과 무슨 차이가 있는지 모르겠어요."

"모듈은 도대체 서브 어셈블리랑

뭐가 다른 거예요? 같은 거 아니예요?"

"모듈은 컴포넌트 아니예요?

그냥 기존 개발 방식과 다를 바가 없지 않나요?"

　모듈러 디자인 강의 중 모듈러 디자인에 대한 의구심을 가진 사람들이 가장 많이 하는 질문이다. 자주 언급하지만 모듈러 디자인과 플랫폼 전략은 서로 연결되어 있다. 플랫폼 전략의 기본 원리 중 하나가 모듈성을 강화하는 것이고, 플랫폼을 포함한 다수의 모듈로 그 적용 효과를 극대화한다는 점에서 모듈러 디자인에서 파생된 케이스로 볼 수 있다.

비즈니스 사례에서는 플랫폼 전략에서 모듈러 디자인으로 발전된 것으로 설명하지만, 관계상으로는 모듈러 디자인이 플랫폼 전략의 일반화된 버전으로 볼 수 있다. 즉, 플랫폼도 하나의 모듈이다. 세대 내, 세대 간의 공용화와 재사용을 전제로 한 규모가 큰 모듈로 볼 수 있다. 그렇다면 플랫폼 전략과 모듈러 디자인의 차이는 무엇일까? 우선 둘 간의 공통점을 먼저 살펴볼 필요가 있다.

둘 다 제품군 아키텍처, 제품군을 대상으로 개발 및 운영 효율성을 향상하는 것을 목적으로 한다. 동 세대 간에 어떻게 하면 제품, 공정, 공급망 내의 공통점을 강화하여 비용을 절감하여 이익을 높일 수 있을까 고민한 결과물이 플랫폼 전략과 모듈러 디자인이다.

일반 개발 방식은 제품을 대상으로 제품 아키텍처에 집중한다는 점에서 차이가 있는 셈이다. 그런데 플랫폼 전략과 모듈러 디자인의 차이에는 '모듈의 크기'가 있다. 얼핏 보면 모듈의 크기가 뭐가 중요할까 생각할 수 있으나, 모듈의 크기에 따라서 회사의 운영 방식이 적지 않게 영향을 받게 된다.

모듈이 크면 모듈을 다수의 제품에 공용화 또는 재사용하는 데 얻을 수 있는 효과는 커진다. 대신 공용화나 재사용할 수 있는 적용 범위가 작아진다. 반대로 모듈이 작으면 모듈을 다수의 제품에 공용화 또는 재사용하는 데 얻을 수 있는 효과는 작아지지만, 대신 공용화나 재사용할 수 있는 적용 범위가 커진다.

플랫폼 전략은 전자의 경우를 주목한 것이다. 공용화 또는 재사용함으로써 얻을 수 있는 효과를 극대화하기 위해서 최대한 공용화할 수 있는 영역을 집적해 놓은 '플랫폼'이라는 상당한 규모의 모듈을 활용한 개발 전략이다.

반면에 모듈러 디자인은 일반적인 제품 단위의 개발 방식과 플랫폼 전략 사이에서 최대한 공용화 또는 재사용의 적용 범위를 확대하기 위해서 모듈을 구조와 기능의 최소 단위인 서브 시스템으로 한정한 것이다.

여기서 서브 시스템을 공용화할 때 그 가치가 충분하다면 컴포넌트일 수도, 구조상으로만 따지면 서브 어셈블리일 수도 있다. 결론적으로 회사마다 모듈로 정해지는 형태가 컴포넌트일지, 서브 어셈블리일지, 그 사이의 무엇일지는 알 수 없다. 최적의 크기를 갖는 모듈을 찾는 것이 모듈화 과정에서의 중요한 활동 중 하나이다.

결과적으로 플랫폼은 고정부 모듈의 집합 또는 고정부 모듈의 부분 집합일수도 있고, 특수한 규모를 갖는 고정부 모듈일 수도 있다. 마지막 경우가 플랫폼 모듈을 플랫폼이라고 통칭하는 경우이다.

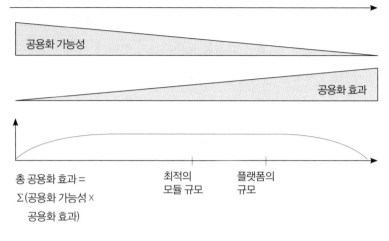

공용화 가능성

공용화 효과

총 공용화 효과 =
Σ(공용화 가능성 ×
　공용화 효과)

최적의
모듈 규모

플랫폼의
규모

그림 53. 공용화의 가능성과 효과

3) 모듈과 어셈블리

　많이 하는 질문 중 하나가 모듈과 어셈블리의 차이가 무엇인가
와 모듈 구조 정의와 BOM 최적화가 무슨 차이가 있냐는 것이다. 모
듈러 디자인에 대해서 처음부터 공부했다면 기본도 모르는 질문이
라고 생각하겠으나, 모듈러 디자인에 대해서 잘 모르는 사람이라면
충분히 물어볼 수 있는 질문이다.

　첫 번째 질문부터 살펴보면, 모듈은 기능의 구성 요소이자 구조
의 구성 요소이기 때문에 모듈은 기본적으로 어셈블리 형태를 갖출
수 있다. 즉, 모듈은 어셈블리라는 말은 틀린 말이 아니다. 어셈블리
는 설계와 조립의 단위로 설계의 결과물이다. 반면에 모듈은 비기능
적인 설계자의 의도가 반영된 설계의 결과물이다.

　스트럭처와 아키텍처 간의 차이와 유사하다. 쉽게 풀어서 설명하면 공용화와 재사용의 단위이자, 모듈 간의 호환성을 유지하면서 조합이 가능한 단위이자, 서비스 용이성, 확장 가능성, 업그레이드 용이성, 유연성 등 사전에 의도된 동인을 달성하기 위해서 만들어진 결과물이다. 그 형태는 결국은 어셈블리가 된다.

그래서 어셈블리가 모듈인 게 아니냐는 것은 모듈러 디자인을 잘 이해하지 못하는 사람만 할 수 있는 질문이라고 생각한다. 설계자의 의도를 반영하여 모듈을 구성하고, 모듈들로 제품을 구성하기 위해서 모듈화 동인을 정하고, 구성 요소 간의 인터페이스를 평가하여 모듈 간의 독립성을 유지하고, 모듈 내의 응집성을 높이는 과정을 모듈러 아키텍처링 활동이기 때문에 이 과정을 이해를 못 했다고 볼 수 있다.

이와 유사하게 BOM 최적화와 모듈 구조 정의와의 차이를 설명할 수 있다. BOM 최적화는 말 그대로 어셈블리를 재구성하는 것이고, 모듈 구조 정의는 제품을 모듈로 구성하는 과정이다. 그 결과물 중 하나가 BOM 최적화라고 볼 수 있다. 하지만 BOM 최적화가 모듈 구조 정의로 볼 수는 없다.

현재 제품 구조가 이미 모듈화가 잘 되어있는 상태라면 모듈 구조 정의 활동이 일부 BOM 최적화에도 머물 수 있겠으나, 전혀 모듈화가 되어 있지 않다면 설계해야 하는 범위가 넓어지고 BOM 최적화만으로는 충분치 않을 수 있다. 그래서 굳이 둘을 비교한다면 모듈 구조 정의의 과정에서 수행되는 활동 중 하나가 BOM 최적화라고 볼 수 있다.

2. 모듈 기반의 운영 활동

모듈 기반의 운영 활동은 기본적으로 기업 내에서 하지 않는 활동을 새롭게 만드는 게 아니라 기존 운영 활동을 모듈 기반으로 변화시키는 것이므로, 이 책의 분량만으로는 모두 다루기가 불가능하다. 이 책에서는 차이점이 큰 부분만 토픽별로 나누어 소개하도록 하겠다.

1) 제품과 모듈의 라이프사이클의 이해

모듈러 디자인 활동은 기본적으로 제품과 모듈 간의 라이프사이클을 분리decoupling하는 과정을 포함한다. 그래서 제품과 모듈의 라이프사이클에 관한 이해가 중요하다고 강조하는 건 아무리 해도 지나치지 않다. 제품 라이프사이클과 모듈 라이프사이클에 대해서 살펴보자.

제품을 사용하다 보면 제품 전체가 한꺼번에 고장이 나거나 망가지는 경우는 극히 드물다. 일부가 마모가 일어나거나, 성능 저하가 발생하거나, 파손이 일어나는 경우가 대부분이다. 그것은 사용자의 사용 패턴이 제품 전체에 미치는 영향이 다르기 때문이기도 하지만 제품의 개별 요소들이 각각 맡은 역할이 다르기 때문이다.

예를 들어 자동차에서 가장 마모가 자주 일어나는 부분은 어디일까? 많은 사람이 타이어, 배터리를 손꼽을 것이다. 타이어와 배터리 모두 소모성 부품이기도 하고, 타이어 같은 경우 외부 환경에 직접 노출이 되어있기 때문에 다른 구성 요소와 달리 쉽게 마모가 일어나기 때문이다. 배터리는 그 자체가 충전과 방전이 반복되어 소비가 일어나기 때문에 배터리 내부적으로 마모가 일어난다. 그렇기 때문에 타이어와 배터리는 일반적으로 자동차보다 그 라이프사이클이 짧다. 그래서 교체하기 쉽게 만들어 놨다.

또는 제품은 그 수명을 다했으나 부품이나 모듈의 수명이 다하지 않아서 재활용하는 경우도 있다. 예를 들어 퍼스널 컴퓨터를 오래 쓰다 보면 CPU, 메모리, 그래픽 카드, 사운드 카드, 보드, 파워 등은 사양이 뒤떨어져서 사용하기 힘들 수도 있지만, 새로운 케이스에 일부는 재활용할 수도 있다. 또는 하드디스크는 외장 하드 케이스를 구매하여 외장 하드로 활용할 수도 있다. 마우스나 키보드가 고가인 경우는 퍼스널 컴퓨터를 폐기해도 다른 퍼스널 컴퓨터에 활용할 수도 있다.

이처럼 주변에 쉽게 찾아볼 수 있는 사례에서 보듯, 제품과 제품의 구성하는 모듈의 라이프사이클을 이해하는 것은 제품이나 모듈의 경쟁력을 확보하는 데, 또는 순환 경제를 달성하는 데 도움이 된다. 페어폰이 좋은 사례이지만 만약 다른 모듈러 스마트폰이 제품과 모듈의 라이프사이클을 먼저 고민했다면 다른 결과물이 나오지 않왔을까 생각해본다.

제품/모듈 라이프사이클에 대한 이해 → 제품/모듈 전략 수립

2) 모듈 기반의 플랫폼 전략

플랫폼은 특수한 형태, 즉 규모가 큰 모듈이거나 고정부 모듈의 집합이라고 언급한 적이 있다. 플랫폼 전략 역시 모듈화 전략의 특수한 형태 또는 모듈화 전략이 플랫폼 전략의 단점을 보완하기 위해서 도입된 거라는 설명도 있다. 그렇다면 모듈화 전략 또는 모듈러 디자인 활동을 도입하면 플랫폼 활동은 불필요한 걸까? 결론부터 말하면 그렇지 않다. 플랫폼 활동이 모두 모듈러 디자인에도 동일하게 속할 뿐만 아니라 순수한 형태의 모듈러 디자인은 흔치 않기 때문이다.

첫 번째, 제품을 모듈화를 하면 모듈 간의 규모나 역할 차이로 인해서 비중이나 중요도 차이를 갖게 된다. 즉, 특정 모듈은 플랫폼과 같은 역할을 담당하게 된다. 또 상대적으로 중요하지 않은 모듈이 있을 수 있다. 시스템 규모가 크지 않다면 모듈 중 하나는 기존의 플랫폼 역할을 담당하게 되고, 해당 모듈을 대상으로 플랫폼 활동을 수행하게 된다. 이런 경우에 고정부 모듈을 플랫폼 모듈이라고 칭하고, 변동부 모듈을 피처 모듈이라고 칭한다.

두 번째, 제품의 규모가 클 경우 시스템을 구성하는 모듈 하나하나를 기준으로 중장기를 위한 다세대 계획을 수립하기가 쉽지 않다. 물론 해당 모듈을 담당하는 부서에게는 적절한 규모이겠으나, 플랫폼이 사업 전략 수행을 위한 피봇pivot 역할을 담당한다고 볼 때 단일 모듈 하나하나는 적절치 않을 수 있다. 그래서 모듈 또는 서브 모듈로 구성되는 모듈러 제품 시스템modular product system을 만들고, 제품 기획을 포함한 개발, 운영 활동에 활용한다. 사업 전략 연계 시에는 고정부 모듈들의 집합을 플랫폼으로 규정하거나 플랫폼 자체를 여러 개의 고정부 모듈들로 나눠서 운영한다. 여기서 고정부 모듈은 커먼 모듈이라고 칭하고, 변동부 모듈은 유니크 모듈이라고 칭한다.

플랫폼 활동은 크게 정의, 운영, 파생, 관리, 효과로 나눠볼 수 있다. 플랫폼 정의는 제품의 어느 부분을 플랫폼으로 선정할 것인가를 결정하는 활동으로 모듈 구조 정의 활동과 유사하다. 플랫폼 정의는 제품마다 한 번 수행하지만 매년 플랫폼 효과 활동에 따라서 최적화 활동을 수행할 것을 권장한다.

플랫폼 운영은 플랫폼의 기획, 개발, 단종, 통합, 대체 등 플랫폼 라이프사이클에 관련된 활동을 의미한다. 플랫폼 운영을 조금 더 상세화하면 플랫폼 로드맵 수립, 신규 플랫폼 개발, 플랫폼 변경, 플랫폼 단종 · 대체 · 통합으로 나눌 수 있다.

플랫폼 로드맵 수립은 제품 로드맵 또는 중장기 계획에 따라서 결정되는 플랫폼의 중장기 계획을 수립하는 활동이다. 플랫폼 로드맵에는 플랫폼에 대한 라이프사이클뿐만 아니라 플랫폼별 신규 모델 적용 계획 또는 공용화 · 재사용 계획, 단종 · 대체 · 통합 일정을 포함한다. 신규 플랫폼 개발과 플랫폼 변경은 플랫폼 로드맵에 따라서 플랫폼을 새롭게 만들거나 기존 플랫폼을 변경 또는 파생하는 활동을 의미한다. 마지막으로 플랫폼 단종·대체·통합은 기존 플랫폼 중에서 더 이상 사용하지 않는 플랫폼을 제거하거나(단종), 다른 플랫폼으로 변경하거나(대체), 두 개 이상의 서로 다른 플랫폼을 신규로 만들어질 플랫폼으로 대체하는(통합) 활동을 의미한다.

플랫폼 파생은 기존 플랫폼을 신규 제품에 적용하는 활동을 의미한다. 플랫폼 정의와 운영 활동과의 차이는, 플랫폼 정의와 운영 활동은 플랫폼 담당 부서나 담당자가 맡고 플랫폼 파생은 제품 개발 부서나 담당자가 맡는다는 것이다. 그리고 플랫폼 파생은 기본적으로 개발 프로세스상의 적용 점검이 주를 이룬다. 그 과정에서 신규 플랫폼 개발, 플랫폼 변경 등의 활동이 일어날 수 있다.

플랫폼 관리는 플랫폼 복잡성 관리로 현재 운영 중인 플랫폼의 종수, 플랫폼의 재사용률 등의 지표로 복잡성을 측정하고 수치화하고 개선 방안을 수립하는 활동이다. 플랫폼 관리에서 찾아낸 개선점을 토대로 플랫폼 운영에서 플랫폼을 단종·대체·통합하게 된다. 그래서 담당 부서도 플랫폼 정의와 운영은 플랫폼 담당 부서, 플랫폼 파생은 제품 개발 부서인 반면에 플랫폼 관리는 복잡성을 측정하고 관리하는 부서가 맡게 된다.

마지막으로 플랫폼 효과는 플랫폼 효율, 플랫폼 효과를 측정하는 활동이다. 플랫폼 효율은 플랫폼을 적용하여 신규 개발 제품의 개발비가 얼마나 줄어드는지 나타내는 수치이고, 플랫폼 효과는 플랫폼을 적용한 제품들의 매출이 얼마나 되는지 나타내는 수치이다. 두 가지 수치는 서로 상충되는 형태를 갖는데, 플랫폼의 규모가 커지면 플랫폼 효율이 증가하는 반면에 적용할 수 있는 제품이 줄어들기 때문에 플랫폼 효과가 떨어질 수 있다. 반면에 플랫폼의 규모가 작아지면 적용할 수 있는 제품이 늘어나기 때문에 플랫폼 효과는 증가하겠지만, 플랫폼 규모가 줄어든 만큼 신규 제품 개발 로드가 증가하기 때문에 플랫폼 효율이 떨어지게 된다.

다섯 가지 활동 중에서 주요 활동으로 세분화를 하면 플랫폼 정의 및 최적화, 플랫폼 로드맵 수립, 신규 제품 플랫폼 적용 점검, 플랫폼 복잡성 관리 및 성과 측정 등 총 네 개의 활동으로 정리할 수 있다. 플랫폼 정의 및 최적화는 플랫폼 로드맵 수립을 위한 플랫폼 기준을 제공하고, 플랫폼 로드맵 수립은 신규 제품 플랫폼 적용 점검을 위한 계획을 제공한다. 신규 제품 플랫폼 적용 점검 결과에 따라서 플랫폼 복잡성과 성과를 측정하여 개선점을 제시하고, 결과에 따라서 플랫폼을 최적화하는 가이드라인을 제시한다.

일반적으로 플랫폼 활동을 수행하면 가장 먼저 플랫폼 정의 및 최적화를 수행한다. 먼저 플랫폼이 무엇인지 선정하게 되고, 현재 회사가 보유하고 있는 플랫폼 복잡성 관리 및 성과 측정을 수행한다. 그러나 플랫폼 복잡성 관리 및 성과 측정은 사후 활동으로 개선 효과에 한계가 있다. 신규로 발생하는 복잡성을 막지 않고 기존 복잡성을 절감하는 것은 한계가 있기 때문에 신규 제품을 대상으로 플랫폼 적용 점검을 수행한다.

플랫폼 적용 점검이 효율적으로 이루어지고 제품 경쟁력을 떨어뜨리지 않으면 좋겠지만, 사전에 계획을 수립하지 않고 플랫폼을 억지로 쓰게 하면 제품 경쟁력이 떨어진다. 그렇다고 쓰지 않으면 플랫폼을 정의한 효과가 없기 때문에 플랫폼 로드맵을 수립하여 제품 로드맵과 연계하게 한다.

활동 수준을 보면 플랫폼 복잡성 관리 및 성과 측정, 신규 제품 플랫폼 로드맵 점검, 플랫폼 로드맵 수립순으로 높다고 할 수 있다. 물론 지금까지 말한 네 개의 활동 모두 중요하고 빠뜨려서는 안 되는 활동이다. 다만 운영 과정보다 개발 과정에서, 개발 과정보다 기획 과정에서 복잡성을 관리하는 것이 효과적이라는 것을 말해두고 싶다.

Box 22. 플랫폼 기반의 모듈러 디자인 vs. 모듈 기반의 플랫폼 전략

앞뒤를 바꾼 것 외에는 차이가 없는 두 가지 용어, 플랫폼 기반의 모듈러 디자인platform-based modular design과 모듈 기반의 플랫폼 전략module-based platform strategy의 차이를 명확히 안다면 모듈러 디자인에 대한 이해도가 꽤 높은 것이라고 생각해도 좋다.

플랫폼 전략은 모듈러 디자인 또는 모듈화 전략의 특수한 형태이고, 이 플랫폼은 특수하게 규모나 비중이 큰 모듈이거나 고정부 모듈의 집합으로 생각할 수 있다. 여기서 플랫폼 기반의 모듈러 디자인과 모듈 기반의 플랫폼 전략 두 용어 간의 차이점에 대한 힌트가 숨어 있다.

플랫폼 전략에서의 플랫폼은 다세대 재사용이 가능한 특수하게 규모가 큰 모듈이다. 플랫폼에 변동부 모듈이나 옵션부 모듈과 같이 제품마다 달라지는 신규 모듈을 결합하면 하나의 완제품이 된다. 그런데 플랫폼이 지나치게 규모가 크면 다양한 성격의 구성 요소가 하나의 모듈에 묶여 있게 된다. 사용자나 시장의 요구가 성숙하지 않을 때는 플랫폼 하나로 충분히 대응이 가능했을지 모르겠지만, 요구가 다양해지면 플랫폼은 과거의 자산에서 유연하지 못한 부채가 될 가능성이 크다. 앞서 언급한 바와 같이 다양한 성격의 구성 요소가 하나의 플랫폼 모듈에 묶여 있으면 오히려 운영 효율성이 떨어지게 된다.

예를 들어 10년 동안 변치 않는 구성 요소가 있는 반면에 2년마다 변경이 필요하지만 다수의 제품군에 적용할 수 있는 구성 요소도 있다. 5년 정도의 수명을 가지고 있으나 경우에 따라서 몇 종을 운영해야 하는 구성 요소도 있을 수 있다. 이렇게 이질적인 성격을 가진 구성 요소가 모여 있는 플랫폼은 몇 개의 고정부 모듈로 쪼개서 개발 운영하는 것이 운영 효율성과 시장 대응력을 높이는 방법이다. 그것이 플랫폼 전략에서 모듈화 전략으로 전환하는 과정이다.

여기서 플랫폼 전략을 아예 포기하는 것이 아니다. 플랫폼을 몇 개의 고정부 모듈로 쪼개서 관리하는 것이다. 그래서 몇 개의 모듈로 이루어진 플랫폼을 활용하는 제품 전략이라고 해서 '모듈 기반의 플랫폼 전략'이라고 부른다. 여기서 플랫폼의 개념은 하나의 특수한 형태의 모듈에서 모듈화 후 고정부 모듈의 집합으로 변환된다.

플랫폼 기반의 모듈러 디자인은 모듈러 디자인의 한 가지 종류이다. 플랫폼 기반의 모듈러 디자인에서는 제품을 구성하는 하나의 모듈이 플랫폼 역할을 담당하게 된다. 즉, 모듈 간의 비중이나 중요도에 차이가 있어서 하나가 플랫폼 역할을 함을 의미한다. 모든 모듈이 동일한 비중을 갖는 순수한 형태의 모듈러 디자인은 일부 소비재나 예술 작품 외에는 없다고 봐도 무방하다. 플랫폼 기반의 모듈러 디자인에서의 플랫폼은 플랫폼 모듈을 의미하고, 그 외에 변동부 모듈들은 피처 모듈이라고 칭한다. 제품마다 고유의 특성을 담당하는 모듈이라는 의미이다. 플랫폼 기반의 모듈러 디자인에서의 플랫폼은 제품의 주요 기능을 담당하는 플랫폼 모듈을 의미한다.

3) 모듈 기획

모듈 기획을 대상, 시점, 활동으로 나눠서 정의해보자.

대상은 고정부 모듈 전체 또는 고정부 모듈 중 사전에 세대별, 모듈별 계획과 다양성에 대한 선행 관리가 필요한 모듈이다. 엄밀히 말하면 고정부 모듈 중에서 플랫폼 모듈이 대상이 된다. 플랫폼 모듈은 핵심 기술을 포함하고, 공용화 기획 및 효과가 크고, 다세대 기획이 필요한 모듈이다.

시점은 모듈 개발 이전 N+1~N+3까지의 기간으로 한다. 적어도 제품 기획 단계 이전에 수행해야 한다.

활동은 ① 모듈 다세대 계획 수립(모듈 로드맵 작성), ② 모듈 운영 기획(모듈 운영계획서 작성), ③ 모듈 다양성 관리(모듈 버라이어티 맵 작성 및 관리)로 나누어 볼 수 있다.

모듈 기획의 핵심은 모듈 로드맵module roadmap이다. 모듈 로드맵은 모듈의 라이프사이클을 관리하는 다세대 개발 및 공용화 계획이다. 모듈 로드맵을 작성하는 이유는 고정부 모듈의 공용화 확대 등 최적 다양성 운영을 위함이다.

모듈 로드맵은 모듈 라이프사이클(신규개발, 공용화, 단종, 대체, 통합 등), 적용 제품 또는 적용 예상 제품(제품 로드맵과 연계), 모듈별 적용 기술 (기술 로드맵 연계), 모듈 다양성 절감 계획, 모듈 다양성 현황으로 구성되고, 일반적으로 N+3까지 포함할 것을 권장한다.

모듈 로드맵은 다음 단계를 거쳐서 작성된다.

① 제품 로드맵 검토 및 업데이트
② 기술 로드맵 검토 및 업데이트
③ 모듈 다양성 파악 및 모듈 버라이어티 맵 업데이트
④ 모듈 다양성 절감계획 작성
⑤ 모듈 신규, 단종, 공용화, 통합, 대체, 변경 계획 기입
⑥ 제품 로드맵, 기술 로드맵 정렬align

모듈 로드맵을 작성할 때는 다음 사항을 지켜야 한다.

① 원칙적으로 범위는 N+3세대까지 한다.

② 작성 및 수정 주기는 반년 또는 1년으로 하되, 적확도가 떨어지면 주기를 짧게 한다.

③ 최소한 N+1~N+3세대까지의 모듈에 대한 다세대 계획을 수립한다.

④ 적확도가 떨어지는 것은 관리 주기를 짧게 하여 보완하고, 점차 적확도가 올라가서 일정 수준에 올랐을 때 관리 주기는 길게 가져간다.

⑤ 계획을 수립하는 과정이 결과인 로드맵보다 중요하다. 계획을 수립할 때는 최대한 다양한 부서의 의견을 수렴하도록 한다.

⑥ 로드맵은 차년도 개발 계획을 상세화하고 실적 점검하여 보완하는 순환 결과물이다.

⑦ 공용화는 계획 기반하에 기회와 효과를 예측하고 그것을 실행하는 과정이다.

⑧ 단종은 종수 절감을 목적으로 하지 않는다. 기존 경쟁력을 잃은 모듈을 신규 모듈로 대체하는 과정이다.

모듈 운영기획은 모듈 로드맵 중에서 차년도 계획을 상세화하는 과정이며, 투입 리소스를 포함하고, 시점이 구체화된다. 모듈 다양성 관리는 현재까지의 다양성 현황을 파악하고, 공용화, 단종 계획을 하기 위한 기본 자료이다. 모듈 다양성 관리의 툴은 모듈 버라이어티 맵인데, 여기에 미래 계획이 추가되며 모듈 로드맵 형태가 된다.

4) 모듈 선행 개발 및 선행 제작

대체로 고정부 모듈에 대해서는 모듈을 선행 개발 또는 선행 제작을 권장한다. 모듈 선행 개발 및 선행 제작은 대상의 분리, 주체의 분리, 시점의 분리, 총 세 가지의 의미를 갖는다.

첫 번째, 대상의 분리는 제품을 구성하는 요소 중에서 고정부 모듈에 대해서 선행 개발 및 제작하는 것을 의미한다. 두 번째, 주체의 분리는 대상을 개발하는 주체를 분리하고 독립성을 부여하는 것을 의미한다. 세 번째 시점의 분리는 단일 제품에 앞서서 또는 분리된 시기에 분리된 프로세스에 따라서 개발과 제작을 진행함을 의미한다.

모듈 선행 개발 및 선행 제작이 위와 같이 대상, 주체, 시점의 분리를 추구하는 것은 제품 내부의 모듈의 종류에 따라서 운영 방향성을 차별화하고 표준을 준수함으로써 종국에는 전체 제품군의 최적화를 달성하기 위해서이다.

고정부 모듈은 전체 제품군 상에서 공통으로 사용하고 세대 간에도 동일하게 사용할 수 있는 구성 요소를 의미한다. 그런데 단일 제품과 함께 개발하고 제작한다면 해당 제품에 과적합화 되어, 공용화는 어려워지고 표준 아키텍처를 준수할 수 없게 된다.

모듈의 종류를 나누는 것은 모듈의 종류에 따라서 개발 또는 운영하는 방향을 차별화하겠다는 것이다. 예를 들어 고정부 모듈은 제품군 전체에 공용화할 수 있는 영역이므로 최대한 규모의 경제를 달성할 수 있도록 표준화된 공정, 공급망에서 최대한 비용 효율적인 방향으로 제작하는 것을 추구할 수 있다. 반면에 변동부 모듈은 제품마다, 고객마다 달라져야 하는 영역이므로 최대한 유연하고 민첩하게 대응하여 제작하는 것을 추구한다. 고정부 모듈과 달리 유연하게 구성된 공정, 공급망에서 최대한 다양한 모듈을 효과적으로 대응하는 것을 추구할 수 있다. 운영 방향을 나누는 핵심 요인이 개발, 제작을 분리하는 것이다.

5) 모듈 조합 제품 개발

모듈러 디자인의 기본 원리 중 하나인 조합을 강조했을 뿐, 모듈 조합 제품 개발은 곧 신제품 개발을 의미한다. 즉, 모듈러 디자인을 적용했다고 하여 신제품 개발이 극적으로 바뀌지 않음을 의미한다. 그런데 굳이 모듈 조합 제품 개발이라고 표현하는 이유는 무엇일까?

모듈 조합 제품 개발은 큰 틀에서는 모듈 개발, 모듈 활용, 모듈 조합으로 나눌 수 있다. 모듈 개발은 제품에 포함할 모듈을 새로 개발하는 것을 의미한다. 모듈 개발에서 중요한 점은 이미 확립된 제품 아키텍처 기반하에 이루어져야 한다는 것이다. 다르게 표현하면 모듈 간의 호환성, 표준 인터페이스를 준수하면서 모듈이 만들어져야 함을 의미한다.

모듈 활용은 기개발된 모듈을 신제품에 활용하는 것을 의미한다. 모듈 활용의 대상은 주로 공용화나 재사용 대상인 고정부 모듈이 된다. 모듈 활용에서 중요한 점은 활용하는 모듈을 신규 개발하는 제품에 과도하게 맞춰서 수정하는 것은 적합하지 않다는 것이다. 고정부 모듈은 버전업, 기능 보완 등을 할 수 있다. 그러나 그 과정은 반드시 정해진 절차에 따라서 이루어져야 한다. 제품을 신규로 만들 때마다 활용하는 대상을 변경하는 것은 제품 아키텍처를 위반하는 행위가 될 수 있다.

모듈 조합은 기존 모듈과 신규 모듈을 조합하여 신제품을 만드는 과정으로, 중요한 것은 완결성이다. 기존 모듈과 신규 모듈을 조합하여 제품으로서 제대로 동작을 할 수 있도록 기능적 완결성을 확인해야 한다. 모듈 조합 제품 개발의 핵심을 두 가지만 말하라고 한다면 모듈 간의 호환성과 기능적 완결성을 꼽을 수 있다.

모듈 조합 제품 개발은 표준 제품 아키텍처를 준수하고 완결하는 과정이다. 표준 제품 아키텍처는 전역 규칙, 표준 인터페이스, 표준 모듈로 나눌 수 있다. 전역 규칙은 해당 제품이 시스템 자체로 갖춰야 할 기능적 완결성, 즉 모듈 조합과 연관이 있고, 표준 인터페이스는 신규로 만들어야 하는 모듈 개발과 관련이 있다. 마지막으로 표준 모듈은 정해진 조건에 따라서 사용해야 하는 모듈 활용과 연관이 있다.

모듈 조합 제품 개발은 앞서 설명한 모듈 개발, 모듈 활용, 모듈 조합 관점을 고려하여 기존 신제품 개발 프로세스를 어떻게 모듈러 디자인의 목적에 맞게 최적화하는 것이 가장 중요하다.

6) 모듈 기반의 제품 개발 및 운영

엄밀히 따지자면 모듈 조합 제품 개발은 모듈 기반의 제품 개발 및 운영의 한 활동이다. 신제품 개발에서는 기획부터 설계, 제조, 검증 단계를 모두 포괄한다. 하지만 신제품 개발 프로세스 측면에서 모듈 조합 제품 개발을 분리시키고 실제로 운영하는 과정은 모듈 기반의 제품 개발 및 운영으로 분류했다.

모듈 기반의 제품 개발 및 운영은 크게 운영 아키텍처 정의 및 최적화, 모듈 기반의 운영, 복잡성 관리의 세 가지 활동으로 구분할 수 있다.

첫 번째 운영 아키텍처 정의 및 최적화는 생산, 구매 등 유관 부서별로 모듈 기반의 운영을 위한 기준을 만들고, 아키텍처 간의 조율로 최적화하는 과정을 의미한다. 운영 아키텍처에는 생산 아키텍처, 구매 아키텍처 등을 포함하는데, 생산 아키텍처는 생산 시스템의 기반이 되는 샵-라인-공정-작업 등의 구성 요소가 모듈 기준으로 재편된 결과물을 의미하고, 구매 아키텍처는 공급망 구조가 모듈 기준으로 재설계된 결과물을 의미한다.

이렇게 부문별 아키텍처를 정의하는 이유는 모듈러 디자인이 전체 최적화를 추구하는 체질 개선 활동이기 때문이다. 설계 관점만 반영한 제품 아키텍처가 아니라 생산, 구매 등의 관점도 반영한 제품 아키텍처를 도출하기 위해서 부문별 표준이라고 할 수 있는 아키텍처를 도입한다.

두 번째 모듈 기반의 운영은 모듈 단위 조립, 모듈 단위 입고, 모듈 단위 품질 검증, 모듈 조합 제품 판매, 모듈 단위 서비스 등 운영을 최적화하기 위한 모듈 단위 활동을 의미한다. 결국 모듈 기반의 운영은 위에 언급한 운영 아키텍처 기반으로 이루어지고, 운영의 결과는 운영 아키텍처 최적화와 연결된다.

마지막 복잡성 관리는 개별 부문이 가지고 있는 복잡성을 개선하는 활동을 의미한다. 생산 복잡성 개선, 구매 복잡성 개선, 판매 복잡성 개선 등으로 나눌 수 있다. 복잡성 관리 또한 모듈 기반의 운영과 마찬가지로 운영 아키텍처를 기준으로 이루어지고, 복잡성 개선 결과는 최적화와 연결된다.

7) 모듈러 디자인을 위한 조직

제품의 모듈화는 프로세스의 모듈화, 조직의 모듈화와 연결되어야 한다. 제품의 모듈화는 모듈러 디자인을 도입하는 운영 방향성과 연결되고, 그 연결은 일하는 방식 및 일하는 주체와 연결되는 것이 합당하다.

예를 들어 고정부 모듈을 제품과 독립적으로 설계, 개발, 공용화를 하고 싶으면 조직도 독립시키는 것이 올바른 방향이다. 모듈 조직이 제품 개발 조직과 연결되어 있으면 해당 모듈은 제품에 과적합될 수밖에 없다.

최소한 표준 제품 아키텍처(전역 규칙, 표준 모듈, 표준 인터페이스)를 기획, 운영, 관리하는 조직은 분리시켜야 한다. 그리고 모듈러 디자인 적용 초기에는 그 과정을 기획, 관리하는 인큐베이션 조직이 필요하다.

8) 지표 관리와 시스템

처음엔 모듈러 디자인을 위한 지원 시스템에 대한 내용을 포함하고 있었다. 하지만 프로세스마저 산업과 기업 간의 차이가 작지 않은 상황에서, 시스템에 관한 내용을 일반화하여 설명하는 내용이 바람직한 것인가 고민하는 과정 중 삭제하게 되었다. 그 대신 본 절에 포함하는 내용은 시스템을 통해서 관리하는 항목 중 하나인 지표 관리에 대한 내용을 포함했다.

모듈러 디자인 활동에서 중요한 것 중 하나가 적절한 지표를 선정하는 것이다. 지표는 활동의 목적과 방향성을 명확히 하고 그것을 실행하는 사람들을 올바른 방향으로 안내하는 것이 주 목적이고, 활동의 결과를 평가하고 활동을 조정하는 역할을 담당한다.

모듈러 디자인의 지표는 다양성 관리 관점에서의 실행 지표와 성과를 나타내는 성과 지표로 나누어져 정할 수 있다. 성과 지표는 회사나 조직마다 다른 방식으로 결과가 발현되므로 일반화하기 어렵고, 이 책에서는 실행 지표 위주로 설명을 하겠다.

실행 지표는 다양성 관리 관점에서 단순화, 표준화, 공용화 및 재사용으로 나누어서 정의한다. 우선 가장 핵심적인 지표는 모듈 종수이다. 관리 중인 고정부 모듈에 대한 종수가 가장 기본적인 지표가 되고, 종수 자체의 증감을 월마다 모니터링하는 데 활용한다.

그런데 성장하는 산업이나 제품 출고량의 증감이 편차가 큰 경우에는 종수만으로 좋고 나쁨을 판단하기 어렵다. 그래서 모듈 효율이라는 지표를 참고치로 같이 산출하는데, 특정 기간 동안 생산된 모델의 수를 모듈 종수로 나눈 값이다. 특정 기간은 산업마다 다르지만 보통은 3~5년 기간을 산출하는 시점에 따라서 윈도잉하여 산출한다.

예를 들어서 3년을 산출한다고 가정하고 현재 2020년 9월이라면, 2017년 9월부터 2020년 8월까지의 생산량으로 산출한다. 모듈 종수는 현재까지 단종되지 않은 모든 고정부 모듈의 종수를 산정하고, 단종, 단종 예정, 서비스 용은 제외한다. 모듈 종수는 기본적으로는 고정부/준변동부를 대상으로 하고, 조금 더 타이트한 관리를 하고 싶다면 변동부까지 포함을 시킨다.

모듈 종수와 같이 산출하는 것이 부품 종수인데, 부품은 어셈블리 수까지 포함한다. 부품 종수는 기업의 복잡성을 간접적으로 나타내는 주요 지표로 현재까지 운영되는 부품 또는 어셈블리를 포함한다. 부품 종수는 그 자체만으로는 활동을 가이드하거나 정의하기 어려우므로, 모듈러 디자인 활동의 성숙도가 올라가면 핵심 부품 종수로 그 범위를 축소한다. 핵심 부품은 제품별로 재료비 비중의 상위 일정 비율을 차지하는 부품으로 선정하며, 여기서 어셈블리는 제외된다.

이렇게 복잡성을 나타내는 지표를 선정하고 나면 단순화, 표준화, 공용화 및 재사용 관점에서 지표를 선정하게 된다. 단순화 지표는 절감률 지표로 고정부 모듈 절감률, 부품 절감률, 핵심부품 절감률이 여기에 해당한다. 단순화 활동 자체는 다양성 관리 활동 중에서 가장 초기에 이루어져야 하는 활동임에도 불구하고 그에 관련된 지표는 어느 정도 모듈러 디자인의 성숙도가 올라간 후에 지정할 것을 권장한다.

표준화 지표는 표준화율이며, 부품 표준화율, 모듈 표준화율로 나눠볼 수 있다. 부품 또는 모듈에 대한 표준을 정의했는지, 정의한 지표로 기준을 수립했는지 여부를 결정하는 지표이다. 표준품 또는 표준 모듈로 선정하는 대상 외에는 엄밀히 말하면 모두 절감 대상이 된다. 그리고 표준품과 표준 모듈은 정기적으로 재검토하여 유효한 부품이나 모듈이 표준으로 선정되었는지 확인해야 한다.

공용화 및 재사용 지표는 부품 또는 모듈에 대해서 공용화 또는 재사용을 얼마나 충실하게 수행 했는지 모니터링하는 지표로써, 공용화에 대한 지표는 표준품 적용률, 표준 모듈 적용률이 있다. 특정 제품에 표준품, 표준 모듈을 사용한 비율을 산정하는 지표로써 표준품과 표준 모듈의 종수에 제한이 있어야만 의미가 있는 지표이다. 만약에 종수에 제한이 없어 매번 신규로 생성되는 부품과 모듈을 표준으로 등록한다면 표준품 또는 표준 모듈 적용률은 항상 100%가 될 것이다.

재사용 지표는 시계열에 위치한 제품 수에 대비하여 부품이나 모듈을 재사용한 횟수를 비율로 표현한 것으로, 역으로 100%에서 제품 수 대비한 부품과 모듈의 신규 채번 횟수 비율을 뺀 것으로도 나타낼 수 있다. 재사용 지표는 모듈러 디자인 활동이 안정화되면 점차 비중을 줄여야 하는 지표이다. 재사용은 공용화와 달리 표준이 없는 상황에서 과거 제품의 구성 요소인 모듈 또는 부품을 재사용하여 효율성을 높이는 활동이다. 하지만 기획하지 않은 활동에 제한이 있다.

마지막 지표는 고정부 모듈 재료비율로, 전체 재료비에서 고정부 모듈의 재료비 비중을 의미한다. 고정부 모듈을 최소 관리 범위에 두고 있으므로 모듈러 디자인을 수행하다 보면 점차 고정부 모듈을 축소하고자 하는 것이 자연스러운 움직임이다. 그래서 최소한의 비중을 설정해 놓고 점차 고정부 모듈 재료비율을 확대하는 식으로 활동을 유도해야 한다. 지금까지 언급한 지표는 한두 개를 선택해서 활동을 수행해서는 안 되고, 상호 보완적인 역할을 담당하기 때문에 모두 특정 가중치를 두고 관리해야만 한다.

모듈러 디자인 활동은 복잡성 관리를 통한 체질 개선 활동으로 긴 호흡을 요구한다. 장기적으로 수익을 높이는 방향으로 시스템을 개선하는 것이 모듈러 디자인이 추구하는 바이다. 그러나 장기적인 목적만 따지기에는 추진하는 인원, 조직, 역할은 영속성이 떨어진다. 즉, 내가 아무리 활동 자체의 취지를 이해하고 공감해도 5년 후, 10년 후의 효과를 기다릴 수 있는 사람은 회사 내에 드물다. 그래서 모듈러 디자인 추진을 위해선 장기적인 목적을 달성하는 체질 개선 활동과 병행할 수 있는 단기적인 개선 과제를 같이 추진하는 것을 권장한다.

장기적으로 체질을 개선하는 방향으로 활동을 이끌어 가면서도 당장 효과를 볼 수 있는 단기적인 활동으로 활동을 이끌어 갈 수 있는 동력을 마련하는 것이다. 기업이 아무리 착한 기업, 사회에 기여할 수 있는 기업이 되고 싶더라도 우선은 생존하기 위해 수익을 올려야 한다. 모듈러 디자인도 기업 입장에서 이상적인 이미지를 제공할 수 있더라도 당장 도움이 되지 않으면 모듈러 디자인의 지속적인 추진은 요원한 구호일 뿐이다.

어려운 점은 장기적인 목적과 단기적인 효과 사이의 균형을 유지하는 것이다. 장기적인 목적에 치우치다 보면 단기적인 효과를 얻지 못해서 활동 추진에 동력을 잃게 된다. 반면에 지나치게 단기적인 효과에 집중하다 보면 장기적인 목적을 잊고 모듈러 디자인 활동이 원가 절감 활동이나 단기 매출 확대 활동으로 전락해버리는 상황이 발생한다.

Box 23. 거시적으로 봐야 할 지표, 미시적으로 봐야 할 지표

모듈러 디자인이 정착하기 위해서는 관련된 지표를 개발하여 관리해야 한다. 그중 한 종류가 복잡성 지표, 다양성 지표이다. 다양성 지표 중에서 **'거시적'**으로 다뤄야 할 지표와 **'미시적'**으로 다뤄야 할 지표를 나눠야 한다. 무슨 말인지 어려운 것 같지만 의외로 간단한다.

만약 사업부에서 운영하는 플랫폼 종수를 관리하고 있다면, 이것은 거시적으로 접근한 지표이다. 반면에 팀별로 관리하고 있는 부품 수, 표준품 적용률, 공용화율은 미시적으로 접근한 지표이다. 즉, 관리하는 조직의 규모, 관련된 활동의 범위에 따라서 거시적, 미시적으로 나누자는 의미이다.

그렇다면 거시적으로 관리되어야 할 지표가 거꾸로 미시적으로 관리되면 어떤 일이 발생할까? 예를 들어 플랫폼 종수를 사업부가 아니라 관련 팀별로 관리하고 있다면 어떻게 될까? 제품 개발 주기가 매우 짧지 않다면 플랫폼 종수는 그 변화 폭이 크지 않다. 즉, 활동에 대한 방향성이나 시사점을 주기엔 시계열이 너무 긴 상징적인 숫자가 될 가능성이 크다.

반대로 미시적으로 관리되어야 할 지표가 거시적으로 관리되고 있다면 어떻게 될까? 전 사업부의 부품 수는 사업부가 갖고 있는 복잡성을 나타내는 하나의 지표이지만, 그

것만으로 시사점을 얻기엔 너무나 많은 변수를 가지고 있는 지표이다. 신제품 개발이 많아서 부품 수가 늘었는지, 신제품 개발은 이루어지지 않고 기존 제품의 자연 단종으로 이루어져서 그런 건지 한마디로 감흥이 없는 지표가 된다.

공용화율도 마찬가지이다. 단일 부품이나 모듈에는 의미가 있는 지표이지만, 이것을 전체 부품, 모듈로 확장을 하면 무의미한 숫자가 나온다. 지표는 목표 설정부터 실행 및 관리까지 모듈러 디자인 활동의 원활한 실행을 위해서 필요한 촉진제 역할을 해야 한다. 그런데 간혹 활동의 본 취지는 잃은 채 숫자 놀음에 빠져서 정작 중요한 것을 잊는 경우가 있다.

예를 들어 부품 수가 10% 줄어든 것이 제품 아키텍처가 개선되어서 그런 것인지 자연 단종으로 그렇게 된 건지 신경 쓰지 않고, 목표를 달성했으니 우린 할 일을 다 했다는 태도는 모듈러 디자인 적용을 퇴보시키는 일이다.

Box 24. 모듈 구조 정의를 하는데 왜 BOM 구조 및 품명을 표준화해야 하나요?

모듈러 아키텍처를 정의하기 위한 기본 조건 중 하나는 제품 아키텍처의 안정화이다. 제품이 지배적인 디자인을 가지고 있는 상태에서 설계 결과물(BOM, CAD 등)이 적어도 구조적으로 큰 폭으로 바뀌지 않도록 제품 아키텍처를 안정화한 후에 모듈러 아키텍처를 도입하는 것을 권장하고 있다.

그러나 사람 일이 그렇게 쉽게 흘러가진 않는다. 제품 아키텍처가 불완전한 상태에서도 모듈 구조 정의를 해야 할 때도 있고, BOM 구조는 물론 모듈을 구성하고 있는 품명도 표준화하지 않은 상태에서 모듈화를 해야 하는 상황도 있다. 그리고 이 부분을 설득하는 것이 가장 어렵고 힘든 일이다.

앞서 모듈러 아키텍처를 정의하기 위한 기본 조건 중 하나가 제품 아키텍처의 안정화라고 했다. 그것은 모듈러 아키텍처가 제품군 단위의 효율성을 극대화하는 데 집중하는 반면에 제품 단위의 효과성에 집중하는 것은 제품 아키텍처의 역할이기 때문이다. 그래서 먼저 제품 아키텍처가 명확하게 정의를 해야만 모듈러 아키텍처가 온전히 그 역할을 할 수 있다.

다시 BOM 구조와 품명으로 돌아와서, 제품 아키텍처가 안정적이라는 것은 지배적인 디자인을 가지고 있다는 의미도 되지만, 제품 아키텍처와 관련된 기준 정보가 높은 수준의 표준화를 이루고 있음을 뜻한다. BOM 구조와 품명은 관리해야 할 기준 정보이다. 모듈 구조 정의를 통해서 관리해야 하는 기준 정보가 있다. 모듈 구성, 즉 제품을 이루고 있는 모듈의 정보(명칭, 타입 등), 그리고 모듈을 구성하는 구성 요소(어셈블리나 부품의 명칭)가 모듈 구조 정의 결과로 관리하는 기준 정보이다.

그런데 품명을 표준화하지 않고 임의로 관리할 수 있다는 것은 모듈 구조 정의 결과를 임의로 바꿀 수 있음을 의미한다. 모듈 구조 정의를 어렵게 수행해놓고, 정작 결과로 얻은 관리 정보는 설계자의 선의에 의지한다는 것은 모듈 구조 정의를 방치하겠다는 것과 별반 차이가 없다.

예를 들어 A라는 모듈을 정의하고, A 안에 a, b, c, d라는 어셈블리로 구성했다고 가정해보자. 그런데 a의 종수가 지나치게 많아서, a를 기존 정의와 무관하게 A 모듈에서 배제했다고 해도 누구도 알 수 없다. 왜냐하면 a라는 품명을 가진 가짜 어셈블리를 구성했기 때문이다. 원래 a 역할을 하던 것을 a'라고 이름을 바꾸어 관리하지 않는 B 모듈에 포함했다. 이런 일이 일어나지 않을까? 지표 관리를 하게 되면 우리가 예상치 못한 일들이 벌어진다. 실행하는 것을 탓할 것이 아니라, 이런 꼼수가 통하는 상황을 탓해야 한다.

길게 이야기했지만, 모듈 구조 정의를 하기 위해서는 제품 아키텍처의 안정화가 최우선이다. 제품 아키텍처의 안정화에는 BOM 구조 및 품명의 표준화를 포함한다. 즉, 모듈 구조 정의를 통해서는 모듈의 구성, 모듈 내부의 구성 요소의 정보를 표준화해야 한다.

간혹 품명의 표준화가 설계자의 자유도를 해친다고 우려하는 경우가 있는데, 설계는 기본적으로 요구사항과 제약을 통해서 이루어진다. 표준화에 대한 제약이 없을 때 설계를 더욱 자유롭게 할 수 있을지는 몰라도, 제약이 없는 설계로 만들어진 결과물은 제품이라고 볼 수 없다. 기간, 비용, 리소스 등 모든 것이 제약이다. 제약을 극복하여 요구사항을 만족시키는 게 공학적 마인드이다.

Box 25. 모듈러 디자인 원리 안의 다양성 관리 기법

모듈러 디자인의 두 가지 핵심 원리인 모듈화와 조합은 다양성 관리의 기법인 고정·변동, 편성과 연결되어 있다. 모듈화는 제품의 구성 요소 중에서 성격이 유사하고 상호관계가 밀접한 것들끼리 묶는 것이 가장 효과적인데, 그 성격 중 하나가 고정·변동이다.

제품마다 달라지는 구성 요소들을 묶어서 변동부로, 그렇지 않은 것들을 묶어서 고정부로 묶음으로써 적절한 활동의 정의를 차별성을 가지고 진행할 수 있다. 그래서 전체적으로 고정인 성격과 변동인 성격을 갖는 것보다 특정 모듈은 고정인 성격을, 또 다른 모듈은 변동인 성격을 몰아서 가지고 있는 것이 조금 더 효율적이다.

이 때문에 모듈화를 할 때 기능 단위로 분석하는 것이 필수적인 이유이다. 고정이냐 변동이냐는 것은 결국 시장과 고객에 대한 이해가 기본이 되고, 이를 위해서는 기능 분석을 통해서 고객과 시장이 원하는 사양과 연결고리부터 찾아야 하기 때문이다.

그런데 제품 아키텍처가 성숙되어 있어서 기능 분석을 통하지 않더라도 고정·변동에 대한 기준을 찾을 수 있는 제품군이라면 지금까지의 제품 다양성 분석만으로도 충분히 힌트를 찾을 수 있다. 편성은 제품 구성 요소들을 종류를 달리해가면서 제품의 다양성을 확보하는 기법인데, 조합과 의미상 동일하다.

그런데 편성을 효과적이고 지속적으로 수행하기 위해서는 구성 요소 간의 인터페이스 표준화가 핵심적이다. 그래서 모듈을 정의한 후에 모듈 간의 인터페이스를 표준화하는 작업을 병행하는 것이다.

간혹 인터페이스 표준화하는 것은 어려우니까 모듈을 표준화해서 그것에 맞게 개발하면 되지 않는지 반문하는 사람도 있다. 관리를 정말 잘하면 그렇게 해도 무방하다. 그러나 모듈을 제품에 맞게 커스터마이징하는 것을 막지 못한다면, 제품에 한 번 쓰인 모듈은 다른 제품 또는 이후에는 공용화 및 재사용이 불가능하다. 이미 커스터마이징하자마자 모듈 간의 인터페이스는 깨져진다. 그래서 설계 규칙으로 명문화해놓지 않고 표준 모듈만으로 조합을 하겠다는 것은 정말 철저하게 관리하지 않고는 힘든 일이다.

3. 토탈 버라이어티 매니지먼트

1) 토탈 버라이어티 매니지먼트

모듈러 디자인 활동의 목적이 다양성의 효율적 대응이라면, 모듈러 디자인 활동에서 가장 중요한 활동 중 하나는 '토탈 버라이어티 매니지먼트'이다. 토탈 버라이어티 매니지먼트란 플랫폼~모델~모듈~부품 등 전체 구성 요소들의 다양성, 기획~개발~양산~서비스 전 라이프사이클상의 다양성을 최적 운영하는 활동을 의미한다.

토탈 버라이어티 매니지먼트를 이해하기 위해서는 먼저 모듈 수와 모듈 종수에 대한 개념을 명확히 할 필요가 있는데, 모듈 수는 모듈화의 대상, 즉 시스템을 구성하는 모듈의 개수를 뜻한다. 곤충은 머리, 가슴, 배로 구성된다. 곤충이 시스템이고 머리, 가슴, 배가 모듈이라면, 모듈 수는 3이 된다.

모듈 종수는 모듈 수가 정해진 후에 각각의 모듈이 몇 개의 종류가 있는지를 뜻한다. 예를 들어 사각형 머리도 있고, 삼각형 머리도 있고, 다이아몬드 머리도 있다면 모듈 종수는 3이 된다.

모듈 수와 모듈 종수의 관계는 다음과 같다. 만약 10개의 제품이 있는데 5개의 모듈로 구성이 된다고 가정해보자. 이때 모듈 수는 5가 된다. 이 경우 가장 효율적인 제품 구성은 모듈 수와 모듈 종수가 동일한 상황이다. 즉, 모듈별로 한 가지 종류만 있는 경우를 의미한다. 가장 복잡한 제품 구성은 제품마다 모듈 종류가 다 다른 경우인데, 이 상황에서의 모듈 종수는 10×5가 된다.

모듈 종수는 다른 말로 모듈 다양성으로 표현한다. 먼저 모듈 수와 모듈 종수에 대해서 언급한 이유는 모듈 수와 모듈 종수를 통해서 복잡성이 표현되기 때문이다. 모듈 종수가 클수록, 모듈 다양성이 클수록 시스템이 갖는 복잡성은 커진다. 그래서 시스템이 갖는 모듈 종수를 제어하는 이유는 시스템의 복잡성을 제어하기 위함이다.

그런데 복잡성은 다양성 측면에서 모듈 종수에만 영향을 받지 않는다. 모듈의 다양성 패턴에도 영향을 받는다. 모듈 종수가 크더라도 고정부 모듈에 해당하는 종수가 작다면, 총 다양성이 동일하지만 고정부 모듈 종수가 큰 시스템보다 복잡성이 낮을 수도 있다. 반면에 모듈 종수가 작더라도 고정부 종수가 크다면 복잡성이 상대적으로 커질 수도 있다. 즉, 복잡성은 다양성 패턴에도 영향을 받는다. 복잡성을 절감하기 위해서는 단순히 총 다양성만 제어해서는 안 되고 고정부에 대한 다양성도 같이 제어해야 한다.

그림 54를 보고 토탈 버라이어티 매니지먼트와 모듈러 디자인과의 관계를 살펴보자. 실제로 모듈러 디자인 활동을 하면서 발생할 수 있는 제품 구성 요소들의 다양성 관계가 이 그림과 같다.

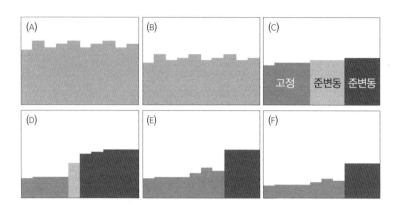

그림 54. 토탈 버라이어티 개선 단계

그림의 세로축은 다양성을 의미한다. 그리고 가로축은 시스템의 구성 요소(어셈블리)의 종류를 의미한다.

(A)의 경우 모듈화 이전이기 때문에 모듈 구분 없이 어셈블리별로 다양성을 가지고 있다. 가장 먼저 할 일은 다양성을 가시화하는 것이다. 그 다음은 (B)와 같이 다양성을 절감해야 한다. 불필요한 파생을 정리하고 기능을 분석하여 모듈화를 준비한다. 그렇게 모듈화한 결과로 (C)가 만들어진다. 고객 사양과 독립적인 고정부 모듈, 고객 사양에 영향을 크게 받는 변동부 모듈, 두 가지 성격을 모두 가진 준변동 모듈로 구분한다. 여기서 가장 먼저 할 일은 고정부 다양성을 줄이는 것이다. 주로 레이아웃, 모듈, 부품의 표준화, 준변동성 구성 요소의 고정부화, 다양성 절감 등을 통해서 고정부 다양성을 줄인다.

그 결과 (D)와 같이 고정부의 다양성이 줄어든다. 이 과정에서 고정부의 일부는 변동부로 이동하여 고정부, 준변동의 영역이 줄어들 수 있다. 그렇게 되어도 먼저 고정부 다양성을 최소화하는 방향으로 개선 아이디어를 도출하고 적용한다. 그다음에 해야 할 일은 (E)와 변동부에서 고정부화할 수 있는 부분을 찾아서 고정부의 범위를 늘리는 것이다. 그리고 마지막에는 (F)와 같이 총 다양성을 줄이기 위해서 변동부의 다양성을 절감해야 한다. 이 과정이 모듈러 디자인을 통해서 다양성을 최적화하는 과정이며, 토탈 버라이어티 매니지먼트의 과정이다.

2) 다양성 시점 관리

모듈화의 목적 중 하나는 다양성에 대한 효율적인 대응이다. 이를 위해서 다양성을 시점에 따라서 나눌 필요가 있다. 먼저 현재 발생한 다양성은 모듈 기반의 제품 아키텍처 정의, 즉 모듈 구조 정의를 하는 데 활용해야 한다. 현재의 제품 아키텍처는 현 다양성을 효율적으로 대응하기 위한 형태로 정의되어야 한다. 이미 기파생된 다양성에 효율적으로 대응할 수 있도록 모듈을 구성하고, 고정부와 변동부를 구분해야 한다.

고정부는 기파생된 다양성이 적은 부분을 선정해야 하고, 제품의 다양성은 최대한 변동부로 대응할 수 있어야 한다. 먼저 현재 다양성 패턴에 맞춰서 모듈 구조 정의를 해야 하고, 여기서 그치지 않고 모듈 구조 정의를 하면서 선정한 향후 운영 방향성에 맞춰서 활용될 수 있도록 현 다양성을 개선하는 활동이 필요하다.

그다음 미래에 발생할 수 있는 다양성을 고려해야 한다. 이와 관련된 활동이 바로 모듈 기반의 제품 아키텍처 최적화, 즉 모듈 구조 최적화이다. 현재 다양성뿐만 아니라 미래에 발생할 수 있는 다양성 요인에 의해서 미래 다양성에 대응할 수 있도록 모듈 구조를 최적화해야 한다.

이 전에 반드시 해야 하는 활동이 바로 표준 인터페이스 정의이다. 표준 인터페이스 정의는 모듈 간에 파생이 전이되는 것이 막을 수 있는 최소한의 설계 규칙이다. 모듈 구조 정의 과정에서 반드시 수행해야 하는 표준 인터페이스 정의 활동은 바로 미래의 다양성에 대응하기 위한 최소한의 장치인 것이다. 이후에 미래의 다양성에 대응하는 모듈 구조 정의를 최적화하는 것이다.

보통 모듈 구조 정의와 최적화를 구별하지 못하는 경우가 많다. 둘을 구분 짓는 것이 바로 다양성의 시점이다. 모듈 구조 정의가 과거와 현재 다양성을 최적화하는 효율적인 대응 방식에 대한 해답이라면, 모듈 구조 최적화는 미래 다양성에 대응하기 위한 구조적인 변화를 의미한다.

모듈화를 하고 지속하는 데 실패하는 이유는 한 번 정의된 모듈 기반의 제품 아키텍처 정의를 변화 없이 유지할 수 있다고 생각하여 모듈화 후에 관리하지 않거나, 인터페이스 표준화를 하지 않아서 다양성 파생에 취약해지거나, 미래에 발생할 수 있는 다양성에 대응하지 못했기 때문이다. 모듈화, 모듈 구조 정의는 일회성 활동이 아니라, 다양성의 변화를 예측할 수 없을 경우 더욱더 지속적인 활동이 되어야 한다.

3) 다양성 패턴과 운영 방향성

현재 다양성 특징을 파악하는 것과 달성하고자 하는 운영 방향성을 고려해야 한다. 다양성 특징, 패턴은 표준화 방향성을 결정하기 위해서 가장 기본적인 자료가 되고, 이를 토대로 만들어진 모듈 구조 정의를 가지고 운영 방향성을 결정해야 한다.

다양성에 효율적으로 대응하기 위한 하나의 방법으로 모듈화를 택한 경우에는 모듈 구조 정의를 하기 전에 현재 제품들을 구성하고 있는 어셈블리 등의 구성 요소가 제품별로 어떤 형태의 다양성을 가지고 있는지 먼저 파악해야 한다. 이것을 다양성 패턴을 파악한다고 표현한다.

현재 제품들을 만들어오는 과정 또는 다양한 제품을 만드는 과정에서 어떤 구성 요소는 제품의 사양과 관계없이 사용하고, 어떤 구성 요소는 제품의 사양에 바뀔 때마다 새롭게 만들어진다. 설계자 자신은 고정적으로 사용한다고 생각했지만, 변동이 잦은 구성 요소도 있을 것이다. 이것을 모듈 구조 정의하기 전에 파악해서 모듈들의 고정 및 변동 성격을 규정하는 데 활용한다.

물론 그 전에 구성 요소별로 고정인지 변동인지는 엔지니어 리뷰를 통해서 사전에 정의해 놓으면 다양성 패턴을 조사하기 전과 후의 차이를 분석하여 유사한 성격을 가진 구성 요소들이 하나의 모듈로 묶이도록 정리하는 등의 활동에 활용할 수 있다. 어쨌든 모듈 구조 정의는 현재 다양성 패턴을 파악하여 최적화하는 것을 기준으로 수행하기 때문에, 먼저 다양성 패턴을 파악하는 것이 최우선이다.

그다음에 모듈 수, 모듈의 구성, 모듈의 성격을 규정 짓고 개별 모듈별 운영 방향성을 결정해야 한다. 예를 들어 고정부와 변동부로 모듈을 구별했을 때 다음과 같이 운영 방향성을 결정했다고 가정해 보자. 고정부는 가능한 한 최소의 다양성을 유지하고, 선행 설계 및 제작, 다양한 제품에 공용화하는 것을 최우선으로 한다는 등의 운영 방향성을 결정한다. 반면에 변동부는 제품을 제작할 때마다 신규로 개발하는 다양성을 최대한 용인하되 고정부에는 영향을 미치지 않도록 설계한다는 것을 운영 방향성으로 결정한다.

그런데 현재 다양성 패턴이 우리가 결정한 운영 방향성을 수행하는 데 문제가 없다면 모듈 구조 정의 활동은 끝이 나겠지만, 만약 우리가 수행하고자 하는 운영 방향성에 맞지 않는다면 현 다양성을 최적화하는 개선 활동을 추가적으로 수행해야 한다. 다양성을 최적화하는 개선 활동은 다음에 살펴보도록 하자.

다양성 패턴은 모듈 구조 정의 전후에 파악한다. 먼저 파악하는 다양성 패턴은 모듈 구조 정의를 하는데, 유사한 성격을 갖는 구성 요소들로 모듈을 구성할 수 있도록 구성 요소의 성격을 규정하는 데 활용된다. 또한 모듈 구조 정의 후에는 운영 방향성에 따라서 다양성 패턴을 어떻게 바꾸어야 하는지 지침을 제공하는 기초 자료로써 역할한다.

결론적으로 현재 다양성을 기준으로 현재 다양성을 최적화하는 모듈 구조 정의를 수행한다. 현재 다양성이 모듈 구조 정의를 실행하는 운영 방향성에 맞지 않을 때는 현 다양성 개선 활동을 수행하여 우리가 원하는 다양성 패턴을 찾도록 조정한다. 이를 위해서 먼저 현 다양성 패턴을 파악하는 활동이 필요하다.

Box 26. 모듈러 디자인 수행 전 복잡성 절감 활동을 해야 하는 이유

본격적으로 모듈러 디자인 활동을 수행하기 위해서 가장 먼저 해야 할 일은 무엇일까? 모듈 구조 정의? 모듈러 디자인 진단? 지표 설정?

가장 먼저 해야 할 일은 활동의 명확한 방향성을 잡고, 그 다음 현재 제품, 부품, 모듈에 대한 현황을 파악하는 것이다. 이 부분은 본격적으로 활동 시작 전에 계획 단계에서 수행하는 것이고, **모듈러 디자인 실행 과정에서 가장 먼저 해야 할 일은 '복잡성을 절감하는 것'이다.**

왜 그래야 할까? 모듈러 디자인의 많은 활동을 정착하기에도 시간이 부족한데, 왜 복잡성을 먼저 절감해야만 할까? 예를 들어 집안을 정리 정돈을 하고자 할 때 가구나 물건 배치도 바꾸고 공간 활용도를 높이려면 가장 먼저 해야 할 일이 무엇일까? 가구, 물건 배치를 고려해야 할까? 청소를 먼저 해야 할까? 물론 상황에 따라서 다르겠지만, 가장 먼저 할 일은 지금 가지고 있는 물건 중에 불필요한 것들을 버리는 것이다. 그렇지 않으면 불필요한 물건이나 가구가 공간을 차지하게 되고, 다른 필요한 물건들을 제자리에 놓기 어려워지는 상황이 발생할 수 있다. 그리고 무엇부터 정리 정돈해야 할지 한눈에 파악하기 어려워서 작업이 더뎌질 수도 있다.

모듈러 디자인을 실행할 때도 마찬가지이다. 제품구조를

개선하고, 프로세스를 정립하고, 그것을 유지하기 위한 조직을 설정하려면 방향성에 따라서 기준과 규칙을 설정하고, 그것에 따라서 실행해야 한다. 그런데 파악하기 어려울 정도로 많은 제품과 부품들이 널려 있다면 그것을 다 발라내고 파악하는 데 적지 않은 시간을 소모한다. 그래서 가장 먼저 확실히 제거해도 될 제품이나 부품들을 선별해서 제거하는 것이 필요하다.

처음에는 누가 뭐라고 해도 죽여야 할 제품과 부품을 찾아내고(생각보다 많지 않을 것이다), 그다음에는 대부분이 그렇게 생각하는 제품과 부품을 찾아내서 의사 결정을 하고, 범위를 넓혀가면서 모듈러 디자인을 본격적으로 수행하기 전 정리할 것들은 확실히 정리해두는 것이 좋다.

이 과정에서 모듈러 디자인을 수행하는 데 필요한 데이터를 수집하고, 수집한 데이터를 분석하여 활동 방향성을 정교화하고 보완하는 것 또한 복잡성 개선의 부수적인 목적이다.

그렇다면 복잡성 개선은 모듈러 디자인 수행 전에 한 번만 해도 될까? 정리 정돈을 한 번만 하는 것이 아니듯, 정기적으로 불필요한 제품과 부품을 찾아내서 절감하는 활동이 필요하다. **즉, 일회성 활동이 아니라 지속해서 진행해야 하는 활동이 되어야 한다.**

현장 개선의 핵심 개념인 도요타의 5S가 복잡성 개선에 대한 주요 개념을 내포하고 있다. 작업자가 자신의 업무 효율을 높이기 위해서 도구나 자재를 정리 정돈하고, 정리

정돈을 해야 환경이 한눈에 들어오고, 그 과정에서 개선해야 할 점을 쉽게 찾기 위해서 불필요한 것들을 버리고, 청소하고 청결을 유지하고 이를 습관화하는 과정이 복잡성 개선의 핵심과 일맥상통한다.

보통 어차피 더러워질 건데 왜 치우는가 할 수 있으나, 더러운 환경에서는 업무를 개선하기 동인을 쉽게 찾기도 어렵고 현장에서는 더러우면 사고나 불량의 원인이 숨겨져서 품질이나 인명사고가 날 확률도 높다. 무엇보다도 작업자의 마음가짐이 환경에 따라서 달라질 수 있음이 5S의 필요성을 설명해준다.

4. 운영 이미지

1) 거버넌스의 중요성

『플랫폼 생태계』[14]에서 구조적 복잡성을 조정하는 수단으로 아키텍처를, 행동적 복잡성을 조정하는 수단으로 거버넌스를 언급하고 있다. 모듈화 전략 구축에서도 동일하게 제품에 대한 복잡성을 조정하는 수단으로 아키텍처가, 운영에 대한 복잡성을 조정하는 수단으로 거버넌스가 중요하다. 제품과 그것을 실현하는 운영이 서로 떨어질 수 없는 것처럼 아키텍처와 거버넌스는 동전의 양면처럼 연계가 명확해야 한다.

그런데 일반적으로 모듈러 디자인에 대한 컨설팅을 수행하는 기업은 그 결과물이 상대적으로 뚜렷해 보이는 아키텍처에는 집중하지만 실제로 그 아키텍처를 기반으로 운영하는 과정은 소홀히 하는 경우가 많다. 즉, 모듈 기반의 제품 아키텍처를 정의해 놓고 그것을 가지고 어떻게 개발-생산-구매-판매를 해야 하는지 명확하게 정의

---

14 플랫폼 생태계. 암릿 티와나. Pi-TOUCH(파이터치연구원). 2018.

하지 않는 경우가 있다. 그렇다 보니 모듈화만 하면 무엇인지 성과가 날 것이라는 막연한 기대감을 갖게 된다.

실제로 모듈화를 통해서 아키텍처를 정의한 것은 요리하기 위해서 재료와 장비를 세팅한 것에 지나지 않다. 그것을 가지고 어떤 요리를 할 것인지, 어떻게 요리를 할 것인지는 요리하는 사람의 그 후 행동에 달려있다. 그 행동을 관리하는 것이 거버넌스의 역할이다.

『Design Rules』13에서의 비주얼 인포메이션visible information을 모듈 간의 인터페이스, 설계 룰이라고 간주한다면 그것을 지킬 수 있게 제어하는 것, 그것을 지키더라도 제품의 경쟁력이 떨어지지 않게 아키텍처의 진화를 지속하는 것이 거버넌스가 할 일이다. 그래서 프로세스가 정의되어야 하는 것이고, 목표 및 실적 관리가 되어야 하는 것이고, 이 모든 활동을 조율할 조직이 필요한 것이다. 무작정 모듈화만 하면 이후 활동은 알아서 될 것이라고 말하는 사람에게는 현혹되어서는 안 될 것이다.

2) 모듈 기반의 운영체계

모듈러 디자인을 수행한다고 하면 모듈화 또는 모듈 구조 정의를 하면 되는 것으로 머무는 경우가 많다. 그래서 모듈화에 상당한 리소스와 시간을 쏟고 나서 바뀐 게 없다고 생각하며 활동 자체를 포기한다. 물론 모듈러 디자인에 있어서 모듈화는 상당한 비중을 차지하는 건 사실이다.

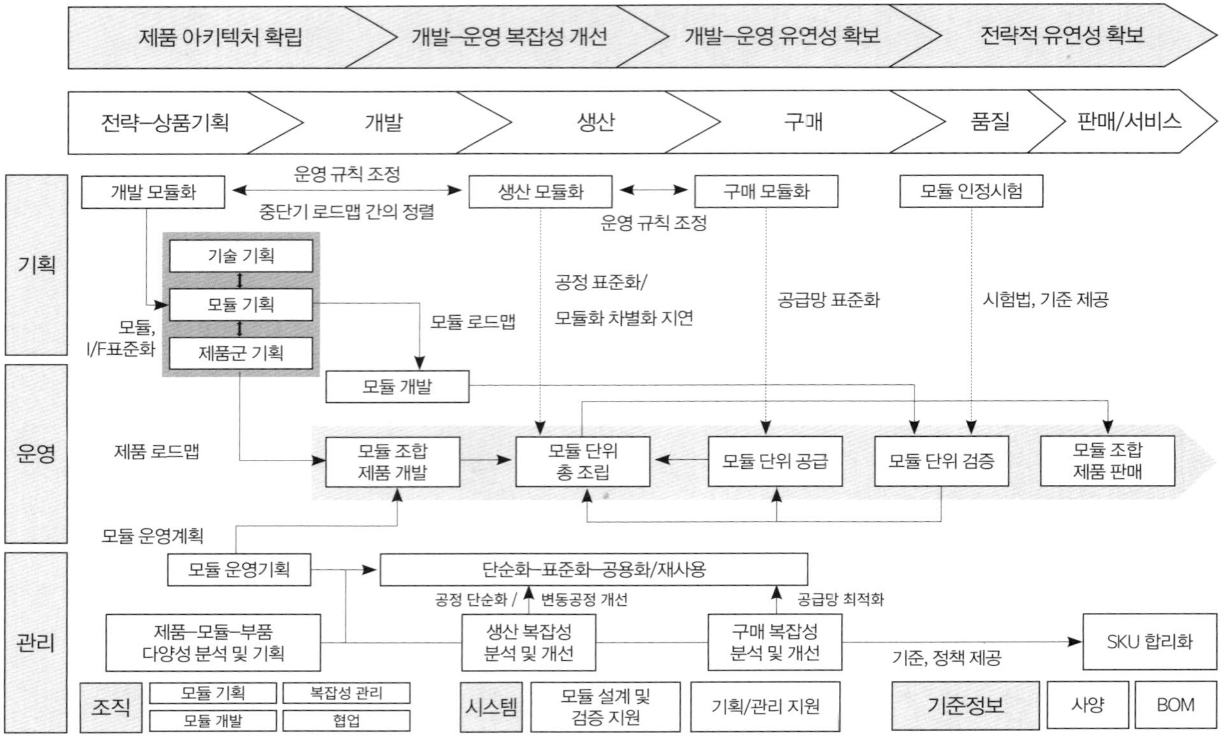

전략적 유연성 확보 · 개발·운영 유연성 확보 · 개발·운영 복잡성 개선 · 제품 아키텍처 확립

상단 행(단계): 전략·상품기획 | 개발 | 생산 | 구매 | 품질 | 판매/서비스

기획

- 개발 모듈화
- 기술 기획 / 모듈 기획 / 제품군 기획
- 생산 모듈화 — 공정 표준화 / 모듈화 차별화 지연
- 구매 모듈화
- 모듈 인증시험 — 시험법, 기준 제공
- 모듈 개발
- 모듈 조합 제품 개발

운영 규칙 조정
운영 규칙 조정
중단기 로드맵 간의 정렬
모듈, I/F표준화
모듈 로드맵

공급망 표준화

운영

- 제품 로드맵
- 모듈 운영계획
- 모듈 운영기획
- 모듈 단위 총조립
- 모듈 단위 공급
- 모듈 단위 검증
- 모듈 조합 제품 판매

단순화·표준화·공용화/재사용
단순화 / 변동공정 개선

관리

조직: 제품-모듈-부품 다양성 분석 및 기획 | 모듈 기획 | 모듈 개발 | 복잡성 관리 | 협업

시스템: 공정 단순화 / 변동공정 개선 | 생산 복잡성 분석 및 개선 | 구매 복잡성 분석 및 개선 | 공급망 최적화 | 모듈 설계 및 검증 지원 | 기획/관리 지원

기준정보: 기준, 정책 제공 | SKU 합리화 | 사양 | BOM

그림 55. 모듈 기반의 운영체계 예시

모듈러 디자인을 수행하는 의도, 목적이 모듈화에 담기기 때문에 모듈화가 중요하다는 건 부정할 수 없다. 그런데 모듈화가 끝이 아니라는 점을 간과하기 때문에 문제가 된다. 모듈러 디자인의 최종 이미지는 모듈 기반의 운영체계를 구축한 뒤에 원하는 바를 달성하는 것이고, 모듈화는 최종 이미지에 도달하는 하나의 과정일 뿐이다. 그래서 필자는 모듈화에 너무 시간을 쏟지 말고, 그것에 쏟을 시간을 나눠서 최대한 운영 관리에 집중하라고 이야기한다.

그렇다면 모듈 기반의 운영체계는 무엇일까? 말 그대로 모듈을 기반으로 기업을 운영하여 가치를 만들어내는 시스템을 의미한다. 모든 기업은 운영체계를 가지고 있다. 모듈러 디자인 활동의 완성은 현재 운영체계를 모듈 기반으로 재편하여 체질을 개선하는 것을 의미한다.

모듈 기반의 운영체계의 구성 요소
① 모듈러 제품 시스템modular product system
② 오퍼레이팅 모델operating model
③ 인프라스트럭처infrastructure

모듈 기반의 운영체계는 크게 세 부분으로 나눌 수 있다.

첫 번째는 모듈러 제품 시스템modular product system이다. 모듈 구조 정의 과정을 거쳐서 모듈러 제품 아키텍처를 정의했다면 현재 자사가 가지고 있는 제품 계층 구조를 모듈러 제품 아키텍처에 맞게 정비해야 한다. 단순한 제품이라면 제품, 모듈, 하위 구성 요소로 나누어질 것이다. 하지만 여러 계층을 나눠야 할 수 있고, 제품이 가지고 있는 베리언트별로 모듈과 하위 구성 요소의 베리언트를 구별해야 한다. 모듈 간의 인터페이스를 정의해야 하고 많은 모듈 종류 중에서 표준 모듈과 비표준 모듈을 구분해야 한다. 즉, 모듈러 제품 시스템이란 모듈러 제품 아키텍처를 기초로 구현된 제품-모듈-하위 구성 요소의 베리언트들의 집합이다.

두 번째는 오퍼레이팅 모델operating model이다. 모듈러 제품 시스템을 가지고 제품을 기획, 개발, 구매, 생산, 판매, 서비스하는 제품 라이프사이클 전반에서 이루어지는 프로세스, 프로세스 내 절차를 수행하는 조직 구성 요소를 의미한다. 즉, 제품의 처음부터 폐기까지의 전 과정의 활동과 활동 주체를 의미한다. 모듈러 디자인 활동은 단순히 제품에만 영향을 미치는 활동이 아니다. 그 제품을 만드는 과정과 만드는 주체에 영향을 주는 활동이다.

세 번째는 인프라스트럭처infrastructure이다. 모듈 기반의 운영체계가 효율적으로 수행될 수 있도록 지원하는 IT 시스템을 의미한다. 모듈러 디자인 활동이 단순히 제품에 한정된 활동이 아니기 때문에, 인프라스트럭처의 구축 범위도 광범위할 수밖에 없다.

모듈 기반의 운영체계 구현은 어떤 순서로 진행해야 할까?

모듈 기반의 운영체계 구현

① 모듈러 제품 시스템modular product system 구축

② 오퍼레이팅 모델operating model 구축

③ 인프라스트럭처infrastructure 구축

④ 성숙도 모델에 따라서 ①, ②, ③을 번갈아 가며 진행함

먼저 모듈화 전략 목적과 방향성을 정의해야 한다. 왜 모듈러 디자인 활동을 하려고 하는지, 추진 방향을 무엇으로 할지 먼저 결정한다. 어떻게 생각하면 가장 간단한 일이라고 생각할지도 모르겠으나, 목적과 방향성이 없는 모듈러 디자인 활동은 취지가 아무리 좋더라도 쓸모 없는 활동으로 귀결될 수 밖에 없다.

두 번째, 모듈러 제품 아키텍처부터 구현해야 한다. 즉, 모듈 구조 정의부터 진행해야 한다. 현재 제품을 모듈화하거나, 신규 제품을 모듈화한 결과로 만들어야 한다. 모듈러 제품 아키텍처는 이후 모듈러 디자인 활동의 기준이 되므로 앞선 단계에서 정의한 전략적 목적과 방향성을 담아야 한다.

세 번째, 모듈러 제품 시스템을 구현해야 한다. 모듈러 제품 아키텍처를 기준으로 모델, 모듈, 하위 구성 요소의 베리언트를 찾아내고, 모듈 구조 정의 단계에서 도출한 모듈 간 인터페이스를 표준화해야 하고, 표준 모듈을 선정해야 한다. 일반적으로는 두 번째와 세 번째 단계를 묶어서 모듈 구조 정의 단계라고 묶어서 다루지만, 여기서는 나누는 이유는 모듈러 제품 시스템부터 오퍼레이팅 모델과 인프라스트럭처 영역이 다루어지기 때문이다.

네 번째와 다섯 번째는 오퍼레이팅 모델과 인프라스트럭처를 구현하는 것인데, 오퍼레이팅 모델을 완성하고 인프라스트럭처를 완성하는 순으로 진행하는 것이 아니라, 모듈러 디자인 활동 성숙도에 따라서 번갈아서 진행하도록 한다.

예를 들어 모듈러 제품 시스템을 구현했다면 먼저 제품 기획과 개발 프로세스를 변경해야 한다. 그리고 인프라스트럭처도 제품 기획과 개발에 관련된 시스템에 한정될 것이다. 이후부터는 모듈러 디자인 활동에 원활하게 추진함에 있어서 열위에 있는 부문의 프로세스, 인프라스트럭처를 보완해 가야 한다.

경우에 따라서 세 번째 모듈러 제품 시스템 또한 한 번에 완성할 수 없을 수 있다. 제품군이 다양하거나 한 번에 정의하기에는 규모가 큰 경우에는 모듈러 제품 시스템, 오퍼레이팅 모델, 인프라스트럭처가 순차적으로 진행될 수도 있다. 그런 경우라도 순서는 모듈러 제품 시스템, 오퍼레이팅 모델, 인프라스트럭처순이 된다. 모듈 기반의 운영체계 구현은 빅뱅 식으로 한 번에 완성할 수 없다.

모듈러 디자인은 조직의 역량을 높이는 활동이라고 한다. 조직의 역량을 껍질을 탈피하듯이 한 번에 올릴 수는 없다. 그래서 모듈러 디자인 활동에 대한 성숙도 모델을 정의하고, 순차적으로 전체 최적화를 추구하고, 모듈러 디자인 활동을 진행하면서 모듈 기반의 운영체계를 완성해야 한다.

3) 모듈러 디자인 구현 접근법 1

한 기업의 장기적인 성과는 그 기업이 가지고 있는 역량과 연결이 된다. 기업이 가지는 역량은 기업에 속하는 가장 약한 부문의 역량과 일치한다. 쉽게 생각할 때는 기업이 가지는 역량은 개별 부문의 평균으로 계산하는 게 맞겠다고 생각하기 쉽지만, 기업의 부문들은 서로 연결이 되어있기 때문에 가장 결핍되는 역량의 값으로 귀속이 되기 마련이다.

즉 기획, 개발, 생산, 구매, 판매 등의 역량이 각각 100점 만점에

70점으로 표현될 수 있다고 가정한다면 그 기업의 역량은 70점에 가까울 것이다. 또 거의 모든 부문의 점수가 100점 만점에 100점이라고 해도 판매가 20점이라면 그 기업의 역량은 20점이 된다. 아무리 잘 기획하고 만들어도 판매하는 역량이 부족하면 다른 부문의 노력은 불필요하게 된다. 인간의 몸에 비타민이 부족할 때 병들이 생기고 해당 비타민이 지배적인 역할을 하는 것처럼, 기업의 역량도 상대적으로 부족한 부문이 지배적인 역할을 하게 된다.

모듈러 디자인이 조직의 역량을 확보하고 체질을 개선하는 활동이다. 그런데 한 부문에서만 역량을 갖추게 되면 오히려 역량을 확보하기 전보다 상황이 악화될 수 있다. 모듈러 디자인은 복잡성을 관리하는 활동이다. 한 부문에서 역량을 확보하여 복잡성을 줄이거나 복잡성을 이겨 낼 수 있는 역량을 확보하게 되면 부문적으로 최적화될 수 있겠으나, 줄어든 복잡성 또는 관리되는 복잡성이 다른 부문으로 전가될 수 있다. 그래서 모듈러 디자인을 추진할 때 유념해야 할 사항 중 하나가 기업 전체 최적화 여부이다. 또한 모듈러 디자인 활동에서 중요한 활동 중 하나가 기업 전체 최적화가 되었는가를 점검하고 평가하는 것이다. 즉 한 부문, 한 제품군, 한 사업군에서만 최적화가 되더라도 전사적으로는 최적의 결과가 아닐 수 있음을 염두에 두어야 한다.

모듈러 디자인은 하나의 부문, 하나의 제품에 국한된 활동으로 규정할 수 없다. 모듈러 디자인의 본질은 '모듈 기반의 운영체계'를 설계하고 구축하는 것이다. 모듈 기반의 운영체계를 설계한다는 것은 전체 최적화를 염두에 두고 시스템 관점으로 모듈러 디자인을 추진한다는 것을 의미한다.

그렇다면 모듈 기반의 운영체계를 설계하기 위해서는 무엇을 해야 할까? 앞서 구현하는 방식에 대해서 언급했지만, 일반적인 실행 방식에 대해서 살펴보자. 모듈 기반의 운영체계를 설계하기 위해서는 다음 절차를 따라야 한다. ① 모듈러 디자인으로 얻기 위한 목적을 명확히 한다. ② 모듈러 디자인을 달성하는 기업의 목표 이미지 to-be image를 설정한다. ③ 목표 이미지를 달성하기 위한 단계를 설정한다. ④ 단계를 달성하기 위한 부문별 성숙도 지표를 개발해야 한다. ⑤ 성숙도 지표에 따른 장기/중기/단기로 부문별 추진 과제를 정의해야 한다. ⑥ 정기적으로 성숙도 지표를 활용하여 조직의 역량을 점검한다.

4) 모듈러 디자인 구현 접근법 2

모듈러 디자인을 적용하기 전에 제품에 대한 특성을 포함한 내·외부 환경 요인을 충분히 고려했다는 가정하에 실제로 모듈러 디자인을 실무에 적용하기 위해서 고려되어야 하는 가장 중요한 문제가 "어디부터 시작할 것인가?"이다.

일반적으로 '모듈화', '모듈 기반의 제품 아키텍처 정의'부터 접근하는 것이 일반적이지만, 실제로 모듈 기반의 제품 아키텍처가 정의되었다고 해도 그다음 단계에 무엇을 해야 하는지 막막한 것은 당연한 일이다. 앞서 모듈화 이전에 합리화 작업을 먼저 해야 한다고 했는데, 이것은 제품 아키텍처를 재정의하기 전에 '정리'한다는 의미도 있지만, 자사의 제품에 대한 특성과 제품 운영 방식을 이해하는 데 합리화 작업만큼 좋은 방법이 없기 때문이다. 물론 빠른 접근 방법을 원할 수도 있겠지만, 세상에 쉬운 일은 없다. 기존에 운영하는 제품들에 대한 분석도 끝나지 않았는데 모듈화 하나로 무엇인가 성과를 낸다는 것은 과욕이다.

자, 합리화를 하고 모듈화를 통해서 모듈 기반의 제품 아키텍처를 정의했다면 그다음은 모듈 기반의 운영체계를 설계하고 적용하는 일이 남았다. 모듈 기획, 모듈 개발, 제품 개발 등 관련된 프로세스를 정의해야 하고, 기존 제품 개발과 관련된 프로세스를 정류화해야 한다. 그리고 관련된 조직도 재정비해야 한다. 개발 부문부터 활동을 진행했다면 생산, 구매에서도 개선되어야 할 부분이 없는지 현황을 파악하고 추후 이행계획을 세워야 한다. 여기까지 글로만 적으면 일사천리로 흘러가는 것 같다.

몇 가지 결정해야 하는 사항을 정리해보자.

"모듈러 디자인을 적용하는 대상을 무엇으로 할 것인가?"

신규로 기획하고 개발할 모델을 개발 모델이라고 일반적으로 지칭한다. 개발이 완료돼서 생산, 판매되고 있는 모델을 운영 모델이라고 지칭한다. 여기서 모듈러 디자인을 적용할 대상을 무엇으로 할지 결정하는 것이 남았다.

(1) 기존 운영 모델은 그대로 두고 개발 모델을 대상으로 적용하는 방법

신규로 설계되는 프로세스, 조직을 앞으로 개발되는 모델에 맞춰서 재정비하는 방식이다. 만약에 제품 라이프사이클이 짧아서 운영 모델의 비중이 작다면 고려해 볼 만한 방법이다. 상대적으로 짧은 기간 안에 운영 모델들이 단종될 테니까 개발 모델로 점진적으로 대체하는 식으로 모듈 기반의 운영체계를 구현할 수 있다.

그런데 만약 제품 라이프사이클이 길다면 어떻게 될까? 이 경우는 아마도 개발 모델이 전체 모델에서 차지하는 비중이 크지 않을 가능성이 크다. 그 과정에서는 개발 쪽보다 생산, 구매, 서비스에서 불필요한 복잡성이 발생할 가능성이 있다. 개발 영역은 모듈 기반으로 제품 아키텍처를 수립해 놨는데 생산, 구매는 기존 방식대로 가공, 조립하고, 조달, 공급을 할까? 기존 방식대로 한다면 개발 쪽에서 절감된 비용이 오히려 부품, 모듈 종류 수가 증가하여 생산, 구매 쪽에서는 비용으로 전가될 수 있다. 생산, 구매 쪽을 이원화되어 관리한다면? 그것 또한 비용이 발생하는 문제가 된다. 또한 시스템도 문제가 생긴다.

당장 BOM 구조를 어떻게 할 것이며, 기존 운영 모델에 맞춰진 시스템들을 어떻게 운영할 것인지도 불명확하다. 그래서 첫 번째 접근 방법은 제품 라이프사이클이 짧은 제품, 즉 운영 모델의 비중이 개발 모델 대비해서 작은 경우에 적용하기 적합할 것이다.

또 한 가지 더, 이 과정에서는 운영 모델에 대한 개선 활동이 모듈러 디자인 효과의 대부분을 차지할 가능성이 크다. 기존 부품이나 모듈을 절감하여 대체하거나 공용화하거나 재사용하여 비용을 절감하는 것이 가능할 수 있는데, 개발 모델만 대상으로 한다는 것은 그 효과를 빼놓겠다는 생각으로 오히려 효과보다 비용이 클 가능성이 있다.

(2) 운영 모델부터 점진적으로 실행하는 방법

처음부터 모듈 기반의 운영체계를 적용하는 것이 아니라 먼저 운영 모델에서 할 수 있는 활동, 즉 합리화, 단순화, 표준화, 공용화, 재사용과 같은 복잡성 개선하는 활동, 그리고 기존 제품 아키텍처를 단순화하는 활동부터 시작하는 방법이다.

점진적으로 모델 종수, 모듈 종수, 부품 종수를 최적화하면서 제품 아키텍처도 모듈화하기 적합한 형태로 단순화하는 방식으로 실행하는 것이다. 이 접근 방법은 이상적이긴 하지만 만약 시간이 길게 소요된다면 활동의 동력을 잃을 수 있다는 단점이 있다.

그런 상황을 막기 위해서는 **제품 아키텍처 확립 단계 → 복잡성 개선 단계 → 운영에 대한 유연성 확보 단계 → 전략적 유연성 확보** 단계와 같이 단계를 정의하고, 단계별·영역별 수준 진단을 통해서 명확한 이행계획을 세워 두는 것이 필요하다.

(3) 개발 모델, 운영 모델을 동일하게 적용하는 방법

가장 실행하기 어려운 방식이다. 그렇기 때문에 상당한 스킬과 리소스가 필요하다. 개발 모델을 기준으로 하여 프로세스, 기준 정보를 재정비 및 설계하되 운영 모델을 모듈 기반의 제품 아키텍처로 재정의하는 것이다. 조금 어렵지만, 운영 모델의 구조를 모듈 기반으로 아키텍처로 실물 자체를 바꾸는 것이 아니라 뷰를 제공하는 것이다.

운영 모델은 '표준화 되기 전'의 제품 아키텍처를 갖게 되는 것이다. BOM 구조도 모듈 기반의 제품 아키텍처로 정의된 뷰를 제공해주는데, 그 원본 자료는 기존 BOM 형태에서 가져오는 것이다. 물론 최소한의 품명 표준화 작업은 해줘야 한다.

그것은 사양과 BOM을 표준화하는 시간, 시스템을 그것에 맞게 재정비하는 시간, 생산 및 구매 영역과 조율하는 시간이 짧지 않기 때문에 초기에는 모듈러 디자인을 적용하기 위한 관리 체계를 기존 시스템과 기준 정보에 조정하는 계층을 두는 것이다. 물론 추가적인 작업 또는 시스템 로드가 소요되겠지만, 개발-생산-구매 영역의 모듈 기반의 운영체계가 안착하는 데까지 시간을 벌어줄 수 있을 것이다. 개인적으로는 두 번째 방법을 선호하는 편이다. 자신의 회사가 개발하고 생산하는 제품의 특성을 파악하는 것이 가장 중요하다. 그에 맞는 적합한 접근법을 선택하는 것이 필요하다.

모듈러 디자인은 그 자체가 갖는 용어의 의미 때문에 개발 영역에 국한된 활동이라고 생각하기 쉽다. 하지만 모듈러 디자인은 제품 아키텍처를 변화시키는 것으로 시작되기 때문에 개발뿐만 아니라 생산, 구매, 판매, 기획 등 신제품 개발과 관련된 전 영역의 변화를 요구하는 활동이다.

"모듈러 디자인은 기업의 어느 영역부터 시작해야 할까?"

모듈러 디자인이 전 영역에 걸친 활동이기 때문에 어디서부터 시작할지도 중요한 의사결정 항목이다. 먼저 모듈러 디자인 추진은 전 영역에서 동시에 시작되어야 한다. 단지 그 수준을 추진 성숙도에 따라서 달리 가져야 한다. 그 이유는 두 가지로 나눠볼 수 있다.

첫째, 기업의 성과는 전 영역에서 가장 부족한 영역에서 결정된다. 기업의 성과는 신제품을 기획하는 역량, 개발하는 역량, 운영하는 역량, 판매하는 역량 등의 집합으로 결정된다. 그런데 결국 그 최종 성과는 그 역량 중에서 가장 부족한 역량에 의해서 결정된다.

아무리 제품을 잘 기획하고 개발해도 시장에 적기에 적절한 물량을 공급하지 못하면 결국 그 공급량 이상으로 성과를 내기 어렵다. 또한 공급을 적기에 맞추더라도 판매망이 갖춰져 있거나 마케팅을 제대로 하지 않는다면 고객에게 선택받지 못할 것이다.

반대로 이 모든 역량을 갖추고도 신제품 개발 역량이 부족하면 정작 팔 것이 없어서 성과를 내지 못할 것이다. 모듈러 디자인을 적용한다는 것은 모듈 기반으로 운영체계를 구현한다는 것이고, 그에 맞춰서 개별 영역에서의 변화가 필요하다.

둘째, 한 영역에서의 복잡성 절감은 다른 한 영역에서의 복잡성 증대로 이어진다. 풍선 효과balloon effect라는 말이 있다. **'어떤 현상이나 문제를 억제하면 다른 현상이나 문제가 새로이 불거져 나오는 상황'**을 가리키는 경제 관련 용어이다.

모듈러 디자인이 복잡성을 관리하기 위한 방법론이라는 점에서 이와 비슷한 현상이 발생할 수 있다. 즉, 모듈러 디자인이 한 영역에 집중하여 복잡성을 절감한다면 변화하지 않는 다른 영역에서 복잡성이 증가할 수 있다.

예를 들어 개발 영역에서만 변화가 있고 상품 기획이나 생산, 구매에서는 변화하지 않을 시에는 시장이 원하지 않은 제품을 유지하거나 경쟁력을 잃은 제품 아키텍처를 지속할 가능성이 있다. 또한 어렵게 개발 체계를 변경해 놓았는데, 생산이나 구매 쪽에서 비용이 증가할 가능성도 있다.

위 두 가지 이유로 모듈러 디자인을 적용할 때는 전 영역에서 동시에 추진되어야 한다. 그런데 적용 일정이나 리소스 문제로 어떻게 동시에 추진될 수 있느냐고 의구심을 가질 수 있다. 맞는 지적이다. 그래서 단계적으로 집중하는 영역을 선택하되 전 영역에서의 핵심 구성원을 참여시키도록 한다.

예를 들어 제품 아키텍처를 재정의할 때 개발 쪽만의 활동처럼 보이지만, 그 과정에서 운영 영역의 의견과 상품기획의 의견을 받고 반영하도록 되어 있다. 즉 참여 수준이 달라질 뿐이지 전 영역에서 참여한다는 점은 차이가 없다.

5) 모듈러 디자인 추진 프레임워크

앞선 의사결정 사항을 종합한 것을 **모듈러 디자인 추진 프레임워크**라고 부른다. 기업마다 모듈러 디자인 추진을 전체 최적화 관점에서 끊김이나 빠짐없이 수행하는 틀을 만들어야 하는데, 이를 모듈러 디자인 추진 프레임워크라고 부른다. 이것은 모듈러 디자인을 수행하는 기업, 그러니까 모듈러 디자인을 컨설팅하는 기업의 노하우가 담긴 결과물이기 때문에 이 책에서는 간단하게 어떠한 구성을 가지고 있는지만 살펴보도록 하겠다.

반복해서 이야기하지만 모듈러 디자인을 추진하기 위해서는 먼저 적용 산업, 제품군에 대해 이해하는 것이 최우선이다. 이를 통해서 모듈러 디자인을 통해서 얻고자 하는 방향성을 명확히 해야 한다. 이후에는 다음 다섯 가지 틀로 추진 계획을 세운다.

(1) 추진 단계phase

무엇인가를 개선하기 위해서는 자신의 위치를 명확히 하는 것이 가장 중요하다. 제품 복잡성 개선에 집중해야 하는지, 제품 아키텍처를 단순화해야 하는지, 운영 유연성을 추구해야 하는지 등을 결정해야 한다. 여기서는 4단계로 나누어 설명했다.

복잡성 개선 → 제품 아키텍처 확립 → 운영적 유연성 확보 → 전략적 유연성 확보

이것은 제품라이프사이클 상의 위치와 관계가 있다. 예를 들어 도입기에 있는 제품의 경우, 모듈러 디자인이 적합하지 않을 수 있고 어느 회사에서는 먼저 벌어져 있는 제품들을 합리화부터 해야 할 수 있다. 자신의 위치를 명확히 하고 목표 단계를 설정하여 그에 맞는 활동을 정의해야 한다.

(2) 추진 영역domain

앞서 모듈러 디자인이 커버하는 영역이 넓다고 했다. 설계·개발 활동만으로 그치지 않을 수 있다는 것이다. 앞서 추진 단계에서 설

정한 목표에 따라서 전략-기획-개발-생산-구매-품질-판매 · 서비스 등이 참여해야 하는 수준이 달라지게 된다. 초기 단계에서는 기획-개발 주도와 함께 생산, 구매 부서의 협업으로 충분하다면 단계가 심화될 수록 전 부서로의 확장이 이루어질 것이다.

(3) 추진 부문dimension

모듈러 디자인 활동은 기획-운영-관리로 나눌 수 있다. 기획은 복잡성을 만들어 내기 전에 계획을 세우는 활동, 운영은 현재 복잡성을 가지고 모듈 또는 모델을 개발하고 가치를 만들어내는 활동, 관리는 복잡성을 측정, 개선하는 활동을 의미한다. 기획, 운영, 관리를 추진 부문이라고 칭한다.

(4) 추진 항목item

추진 부문인 기획, 운영, 관리, 조직, 시스템, 기준 정보 내의 개별 세부 활동을 의미하며, 현 수준에 맞춰서 순차적이 아니라 동시 진행하여 전체적으로 완성도를 높이도록 한다.

예를 들어 초기부터 기존 BOM을 모듈 기반의 제품 아키텍처 정의대로 모듈화할 수 없다. 그래서 초기에는 모듈화를 통해서 제품 아키텍처를 재정의하고, 기준 정보는 미관리 중인 사양이나 품명을 재정비하는 수준부터 시작한다. 시스템도 기존 제품 아키텍처를 모듈화한 결과물로 전환하여 보여주는 뷰어 정도로 제공한다.

이처럼 상세 활동들이 연계되어 있기 때문에 개별 활동들의 수준에 맞춰서 병행하여 추진할 수 있도록 이행 계획을 세우고 실행한다. 보통은 추진 항목에 대해서 수준 평가를 하여 현 수준과 목표 수준을 결정하게 된다.

(5) 대상target

제품 기준으로 추진할 범위를 개발 모델, 운영 모델로 정하고, 제품군 전체를 할 것인지 특정 제품만 수행할지 결정해야 한다.

추진 단계, 추진 영역, 추진 부문, 추진 항목, 대상을 정리한 결과물을 **모듈러 디자인 추진 프레임워크**라고 부른다.

5. 모듈 운영의 역할

표 27. 모듈 운영의 역할

역할	의미
모듈 어그리게이터 module aggregator	제품의 모듈을 공급받아서, 또는 직접 개발한 모듈을 조합, 조립하여 제품을 만들어내는 역할을 담당
모듈 공급자 module provider	표준 인터페이스를 기준으로 모듈을 개발하고 공급해야 하고, 모듈 어그리게이터는 공급받은 모듈과 직접 개발한 모듈을 표준 인터페이스를 기준으로 조립하고, 모듈 간의 표준 인터페이스의 연결 관계를 검증하고 제품 자체가 기능의 완결성을 갖는지 확인하는 역할을 담당
오케스트레이터 orchestrator	제품을 기획하고, 고객에게 가치사슬을 조율하고, 제품을 고객에게 전달
아키텍트	모듈러 아키텍처를 기획, 관리하는 역할

모듈러 아키텍처가 구성된 환경에서는 모듈 어그리게이터module aggregator, 모듈 공급자module provider의 역할이 있다. 모듈 어그리게 이터는 제품의 모듈을 공급받아서, 또는 직접 개발한 모듈을 조합,

조립하여 제품을 만들어내는 역할을 담당한다. 모듈 공급자는 정해진 모듈 간의 인터페이스를 준수하여 모듈을 직접 개발하여 공급하는 역할을 담당한다.

모듈 어그리게이터와 모듈 공급자는 다른 회사, 최소한 다른 부서에서 나눠서 담당한다. 서로 다른 조직에서 담당하고 있는 모듈 어그리게이터와 모듈 공급자가 문제없이 업무를 수행하기 위해서는 아키텍처 하에서 표준화된 인터페이스를 준수해야 한다.

즉, 모듈 공급자는 표준 인터페이스를 기준으로 모듈을 개발하고 공급해야 하고, 모듈 어그리게이터는 공급받은 모듈과 직접 개발한 모듈을 표준 인터페이스를 기준으로 조립하고, 모듈 간의 표준 인터페이스의 연결 관계를 검증하고 제품 자체가 기능의 완결성을 갖는지 확인하는 역할을 담당한다.

여기에 한 가지 역할을 더해야 한다. 오케스트레이터orchestrator는 제품을 기획하고 고객에게 가치사슬을 조율하고 제품을 고객에게 전달하는 역할이다. 보통은 오케스트레이터와 모듈 어그리게이터와 동일할 수도 있지만, 오케스트레이터는 모듈 어그리게이터, 모듈 공급자를 조율하는 역할로 모듈 어그리게이터와 분리할 수도 있다.

그리고 오케스트레이터는 아키텍트의 역할도 담당한다. 아키텍트는 모듈러 아키텍처를 기획, 관리하는 역할이다. 만약 모듈러 아키텍처가 산업 표준이라면 아키텍트의 역할은 오케스트레이터가 담당하지 않을 수 있다.

6. 모듈 운영 방식

표 28. 모듈 운영 방식

운영 방식 타입	특성
모듈 사전 제작 및 보유	• 고객 사양에 영향을 적게 받아서 다양성이 낮음 (반복 생산 가능) • 제작 또는 수급 시 리소스와 시간이 많이 소요됨 • 변경점이 낮아서 재고 손실 위험이 낮음
모듈 사전 설계 및 선행 제작	• 고객 사양에 영향을 적게 받지만, 소수의 다양성을 유지해야 함 • 설계에 필요한 리소스와 시간이 많이 소요됨 • 제작이나 수급에는 상대적은 적은 리소스와 시간이 소요됨 • 재고 보유 위험이 큼
모듈 일부 설계 및 후행 제작	• 고객 사양에 영향을 크게 받아서 다양성 수준이 높음 • 설계에 필요한 리소스와 시간이 크지 않음 • 변경점이 높아서 재고 보유 위험이 큼

　　모듈화를 하는 목적 중 하나는 모듈별로 특성에 맞게 모듈의 운영 방식을 차별화하기 위함이다. 모듈의 특성이 고객 사양에 영향을 받지 않고, 제작하는 데 있어서 리소스, 시간이 많이 든다면 해당 모

듈은 사전에 제작해서 재고로 보유하고 있을 수 있다. 반면에 모듈의 특성이 고객 사양에 영향을 많이 받아서 다양성 수준이 높다면 사전 제작보다는 후행 제작하는 운영 방식을 따르는 게 유리하다. 그래서 모듈 운영 방식은 모듈의 특성 및 특성에 따른 분류에 따라서 차별화하는 게 적합하다.

모듈을 운영하는 방식은 다음과 같이 나눠서 볼 수 있다. 첫 번째는 모듈 사전 제작 및 보유하는 것이다. 해당 운영 방식은 해당 모듈이 다음과 같은 특성을 가지고 있을 때 적합하다.

- 고객 사양에 영향을 적게 받아서 다양성이 낮음(반복 생산 가능)
- 제작 또는 수급 시 리소스와 시간이 많이 소요됨
- 변경점이 낮아서 재고 손실 위험이 낮음

해당 운영 방식의 장점은 리드타임 단축이지만, 상당한 재고를 보유해야 해서 만일에 있을 수 있는 재고 손실 위험을 감수해야 한다는 것이 단점이다.

두 번째는 모듈 사전 설계 및 선행 제작하는 것이다. 해당 운영 방식은 해당 모듈이 다음과 같은 특성을 가지고 있을 때 적합하다.

- 고객 사양에 영향을 적게 받지만, 소수의 다양성을 유지해야 함
- 설계에 필요한 리소스와 시간이 많이 소요됨
- 제작이나 수급에는 상대적으로 적은 리소스와 시간이 소요됨
- 재고 보유 위험이 큼

해당 운영 방식은 모듈 사전 제작 및 보유보다는 낮은 수준이지만 역시 리드타임 단축이 가능하고, 재고 보유 또는 손실에 대한 위험이 상대적으로 낮다.

마지막은 모듈 일부 설계 및 후행 제작하는 것이다. 해당 모듈은 일부 표준화 가능한 영역만 미리 설계해 두고 나머지는 제품 개발과 동시에 진행하는 형태이다. 리드타임 단축 효과는 없지만, 고객이나 시장에 유연하게 대응할 수 있고 재고에 대한 위험이 없다. 해당 운영 방식은 모듈이 다음과 같은 특성을 가지고 있을 때 적합하다.

- 고객 사양에 영향을 크게 받아서 다양성 수준이 높음
- 설계에 필요한 리소스와 시간이 크지 않음
- 변경점이 높아서 재고 보유 위험이 큼

제12장

모듈러 아키텍처의 진화

"모듈러 아키텍처는 변화한다."

모듈러 아키텍처는 스스로 또는 외부 환경에 의해서 변화한다. 변화를 이해하는 건 아키텍처의 변화를 활용할 수 있다는 것을 의미한다. 모듈러 아키텍처를 제품 관점에서 생각하면 모듈러 아키텍처의 변화에 대한 관점도 제품에만 한정되게 된다. 제품의 변화는 조직, 프로세스, 더 나아가서 밸류 체인의 변화를 요구하게 된다. 당연히 모듈러 아키텍처의 범위가 거기까지 확대해야 한다.

1. 모듈러 아키텍처의 변화

모듈러 아키텍처의 변화는 미시적 변화와 거시적 변화로 나눌 수 있다. 미시적 변화는 아키텍처의 형태가 일정 수준 완성된 이후에 내·외부의 변화에 따라서 아키텍처의 구조는 유지하고 아키텍처의 구성 요소가 변화하거나, 일부 아키텍처의 구조가 변화하는 형태를 의미한다.

미시적 변화는 분할splitting, 대체substituting, 강화augmenting, 배제excluding, 반전inverting, 이식porting의 모듈러 오퍼레이터modular operator로 구성된다.

거시적 변화는 시간의 흐름, 산업의 변화에 따라서 아키텍처의 구조가 상당한 규모로 바뀌는 형태를 의미한다. 거시적 변화는 아키텍처의 진화라고 표현한다.

2. 미시적 변화: 모듈러 오퍼레이터

『Design Rules』13에서는 모듈러 아키텍처가 변화 시 일어나는 액티비티를 모듈러 오퍼레이터라는 개념으로 설명한다. 모듈러 오퍼레이터에는 '분할, 대체, 강화, 배제, 반전, 이식'을 포함하고 있다. 모듈 구조의 제품 아키텍처, 즉 모듈러 아키텍처의 변화는 정의와 운영, 두 가지로 나눠서 생각해야 한다.

첫 번째, 정의에 대한 변화는 모듈러 아키텍처를 구성하는 모듈의 구성, 모듈에 대한 정의, 모듈 간의 인터페이스를 포함한 관계에 대한 변경을 의미한다. 모듈러 오퍼레이터에서는 분할, 반전, 넓은 의미에서의 강화, 배제가 정의에 관한 변화에 속한다.

두 번째, 운영에 대한 변화는 모듈러 아키텍처는 변화하지 않고 모듈러 아키텍처를 구성하고 있는 모듈 자체의 변화를 의미한다. 모듈러 오퍼레이터에서는 협의의 의미에서 강화, 배제, 이식이 여기에 속한다.

모듈러 오퍼레이터를 하나씩 살펴보자. 첫 번째 분할은 시스템, 서브 시스템, 모듈이 하나 이상의 모듈로 분할하는 것을 의미한다.

첫 번째 모듈화, 모듈 기반의 제품 아키텍처 정의 시에 분할이 일어난다. 그리고 시스템의 규모가 바뀌는 등 재정의 시에 분할이 일어날 수 있다.

두 번째 대체는 기존 모듈러 아키텍처는 변화하지 않는 선에서 기존 모듈을 또 다른 종류의 모듈이 대신하는 것을 의미한다.

세 번째 강화는 대체와 마찬가지로 기존 모듈러 아키텍처는 변화하지 않고 새로운 모듈이 만들어지고, 기존 모듈을 대신하는 것을 의미한다.

네 번째 배제는 기존 모듈이 더 이상 쓰이지 않는 것을 의미하기도 하고, 모듈 자체가 모듈러 아키텍처의 정의에서 제거하는 것을 의미한다. 이 책에서는 전자를 협의의 배제, 후자를 광의의 배제라고 표현했다.

다섯 번째 반전은 모듈 내부에서 포함된 구성 요소가 모듈로 독립하는 것을 의미한다. 보통은 시스템의 규모가 커지면서 모듈 자체가 담당하는 기능이 많아지는 경우에 반전이 일어난다.

여섯 번째 이식은 모듈러 아키텍처의 대상인 시스템의 변화는 일어나지 않고, 여기에 속한 모듈이 또다른 시스템에 활용되는 것을 의미한다.

모듈러 아키텍처를 고려한 제품 개발의 모든 활동은 위에 소개한 모듈러 오퍼레이터를 활용하여 표현할 수 있다. 모듈러 오퍼레이터+대상 형태로 표현하기로 하자.

① 모듈화: **분할+시스템**

② 설계 변경

- 배제 + 기존 모듈

- 강화 + 신규 모듈

- 대체 + 신규 모듈

③ 사양 추가

- 강화 + 신규 모듈

- 대체 + 신규 모듈

④ 사양 변경: 대체 + 다른 사양의 모듈

모듈러 오퍼레이터는 모듈러 아키텍처의 진화를 위한 단위 요소이다.

3. 거시적 변화: 아키텍처의 진화

아키텍처가 산업 경쟁력을 잃지 않고 영속하기 위해서는 아키텍처의 구성 요소, 구조를 지속적으로 변화시켜야 한다. 그것을 아키텍처의 진화라고 한다. 아키텍처의 진화는 앞서 설명한 모듈러 오퍼레이터를 통한 미시적 변화가 모여서 이루어진다. 즉, 모듈러 오퍼레이터를 통한 미시적 변화가 반복해서 이루어지는 과정에서 변화의 결과가 축적되어서 거시적 변화로 연결이 된다.

아키텍처의 진화는 크게 네 가지 형태로 표현할 수 있다.

첫 번째는 제품 아키텍처 단위에서 변화로 주로 제품의 혁신으로 유발된다. 구조와 구성 요소의 변화 유무에 따라서 점진적 혁신 incremental innovation, 모듈러 혁신modular innovation, 아키텍처 혁신architectural innovation, 급진적인 혁신radical innovation으로 나누어 볼 수 있다. 구조와 구성 요소 모두 크지 않을 경우는 점진적인 혁신, 구조는 크게 바뀌지 않는 반면에 구성 요소가 바뀌는 형태는 모듈러 혁신, 구성 요소는 변화하지 않지만 구조가 크게 바뀌는 형태는 아키텍처 혁신, 모두 크게 바뀌는 형태는 급진적인 혁신으로 분류한다.

두 번째는 산업 진화 단계에서 제품 아키텍처와 제품 포트폴리오 아키텍처 간의 비중의 변화로 주로 제품의 성숙도에 의해서 유발된다. 초기에는 제품 아키텍처의 비중이 상대적으로 높다가, 지배적인 디자인이 나오고 산업 성숙도가 높아진 상황에서는 제품 아키텍처보다 제품군 아키텍처의 중요도가 올라간다. 제품이 갖는 효과성보다 효율성이 중요해지면서, 제품 아키텍처가 변화하는 것을 의미한다.

세 번째, 제품 아키텍처, 조직 아키텍처, 밸류 체인 아키텍처value chain architecture로의 변화가 확산하는 것을 의미한다. 초기에는 제품 아키텍처의 변화에서 시작하지만, 제품의 변화가 조직과 프로세스에 영향을 주고 조직 아키텍처의 변화가 일어난다. 이후에는 밸류 체인까지 변화가 확산된다. 여기서는 아키텍처의 변화가 한방향인 것으로 설명했으나, 제품 아키텍처, 조직 아키텍처, 밸류 체인 아키텍처의 변화는 양방향이라고 보는 것이 합당하다. 조직의 변화, 밸류 체인의 변화가 제품 아키텍처에 영향을 주기도 한다.

마지막은 산업 구조와 제품 아키텍처 간의 관계에 따른 변화로 찰스 파인 교수가 만든 이중나선 모형으로 설명할 수 있다.

아키텍처의 산업의 진화 속도를 생물의 진화 속에 비유하여 설명한 『클락 스피드』[15]는 산업 구조의 변화와 제품 아키텍처의 변화 사이의 관계를 설명하기 위한 이중나선 곡선이다. 수직/수평vertical/horizontal으로 변화하는 산업 구조와 조율형/조합형integral/modular으로 변화하는 제품 아키텍처 간의 변화 압력/양상을 설명한 곡선이다.

---

15 클락 스피드. 찰스 파인. 어진소리(민미디어). 2004.

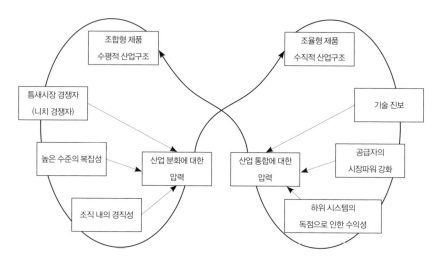

그림 56. 산업 구조와 제품 아키텍처와의 관계[15]

『클락 스피드』의 기본 개념은 DNA의 이중 나선 곡선의 개념을 차용한 것이다. 그림 56에 대해 간략하게 설명하면 니치niche, 틈새 개체들이 등장하고, 높은 산업 복잡성이 유발되며, 조직상의 경직성이 올라가면서 변화에 둔감해진다. 결국 산업은 수평적으로 분할되도록 압력을 받게 되고, 이에 따라 제품 아키텍처는 조율형integral에서 조합형modular으로 변화된다.

반대로 기술적 진보가 일어나면서 공급자의 시장 파워가 강력해지고, 독점력을 가진 시스템의 수익성이 올라갈수록 산업은 수직적으로 통합되도록 압력을 받는다. 이에 따라 제품 아키텍처는 조합형에서 조율형으로 전환된다.

제13장

소프트웨어 영역에서의 모듈러 디자인

"소프트웨어 영역에서의 모듈러 디자인은
'모듈로써의 소프트웨어'와
'소프트웨어 모듈화'로 나눠볼 수 있다."

소프트웨어 영역에서의 모듈러 디자인 수행 시에 겪게 되는 저항은 이미 모듈화 설계를 하고 있다는 생각과, 우리는 다르기 때문에 소프트웨어 모듈러 디자인이 필요 없다고 단정 짓는 생각이다. 물론 모듈러 디자인은 하나의 툴이다. 그 자체가 목적이 아니다. 만약 모듈러 디자인보다 더욱너 효과적이고 효율적인 활동이 있다면 소프트웨어에서 그걸 차용하면 된다. 어떻게 하면 효율적으로 변동에 대응할 것인지, 변동에 따른 소프트웨어 변화를 최소한의 리소스로 대응할 것인지를 고민해야 한다. 고민이 끝났을 때부터 소프트웨어 영역의 모듈러 디자인을 수행할 수 있다.

1. 모듈로써의 소프트웨어와 소프트웨어 모듈화

표 29. 소프트웨어 모듈러 디자인

	소프트웨어 모듈러 디자인software modular design	
활동	**모듈로써의 소프트웨어**software as module	**소프트웨어 모듈화**software modularization
설명	• 문제 영역의 모듈화 • 소프트웨어 모듈화 방향성 정의 • 다양성에 대응하는 방식 정의 → 최대한 폭넓게 수용 또는 유연하게 대응	• 솔루션 영역의 모듈화 • 소프트웨어 구조 최적화 수행 • 변동성에 대응하는 방식 정의 → 결과물을 구현
해결 문제	"무엇이 소프트웨어 변화를 일으키는가?" **추적성 문제**traceability problem	"어떻게 하면 소프트웨어를 효율적으로 변화시킬 것인가?" **재구조화 문제**reconstruction problem

제품이라는 시스템 측면에서 보면 소프트웨어는 변동 영역에 가깝다. 시장이나 고객으로 인한 변화에 영향을 크게 받는 것보다는 소프트웨어의 특성인 유연성 때문에 의도적으로 변동 영역으로 성격을 규정하는 것이 강하다. 그렇다면 소프트웨어 영역에서는 모듈러 디자인을 어떻게 적용해야 할까? 두 가지 입장이 있다.

첫 번째는 소프트웨어 공학 관점에서 소프트웨어는 모듈화 설계를 이미 적용하여 만들고 있다는 입장이다. 게다가 라이브러리, 프레임워크, 모듈 등 이미 재사용 기법을 쓰고 있기 때문에 모듈러 디자인 관점에서 할 것이 없다는 의견이다.

두 번째는 소프트웨어는 시스템 전체에서 변동 영역이기 때문에 모듈러 디자인을 적용하기 어렵다는 입장이다. 어차피 기구나 하드웨어의 변화에 의해서 쉽게 바뀌기 때문에 모듈러 디자인을 적용하기가 어렵다는 의견이다.

독자는 어떤 의견에 더욱 공감이 가는가? 두 의견 모두 맞는 의견이고 필요한 의견이기도 하다. 그래서 소프트웨어 영역에서의 모듈러 디자인은 두 가지 관점으로 나눠서 접근해야 한다. 첫 번째가 모듈로써 소프트웨어이고, 두 번째가 소프트웨어 모듈화다. 소프트웨어를 포함한 전체 시스템 관점에서 모듈로써 소프트웨어의 정의, 역할, 방향성을 명확히 하고, 방향성이 명확해진 상황에서 소프트웨어 모듈화를 진행해야 한다.

기구나 하드웨어에 대한 모듈 구조 정의 결과에 소프트웨어는 하나 또는 소수의 모듈로 정의한다. 이후에 소프트웨어에 변동을 일으키는 사양 요인을 포함한 파생 요인을 정의해야 한다. 파생 요인을 정의하기 위해서는 기준이 필요하다. 그래서 소프트웨어 또한 기구나 하드웨어와 동일하게 기능 분석을 수행하고, 기능 분석을 통해서 도출된 요소를 기초로 파생 요인을 찾아야 한다.

기계, 전기전자, 소프트웨어 구성 요소가 결합한 복합시스템에서 점차 소프트웨어의 비중이 커지고 있다. 우리가 흔히 볼 수 있는 자동차만 보더라도 누가 봐도 자동차를 기계 장치라고 말할 수 없을 정도로 소프트웨어 비중이 커지고 있다. 특히 자동차가 서비스를 제공하는 객체가 되면서 웬만한 소프트웨어 시스템보다 자동차의 소프트웨어의 복잡도가 높은 상황이기도 하다.

소프트웨어 중요성과 비중이 커지면서 소프트웨어 모듈러 디자인에 대한 관심도 커지고 있다. 혹자는 이미 소프트웨어는 모듈화 설계 개념을 포함하고 있는데 무슨 소리냐고 물을 수도 있겠지만, 기계나 전기전자와 같이 일반의 모듈러 디자인 개념에서 소프트웨어를 바라봤을 때는 당장 무엇을 해야 하는지 막막한 것이 사실이다.

소프트웨어라고 해서 기계나 전기전자와 모듈러 디자인 개념이 다르지 않다. 다만 소프트웨어 모듈러 디자인은 다음 두 가지 개념을 나눠서 생각해야 한다.

① 모듈로써의 소프트웨어
② 소프트웨어 모듈화

먼저 '모듈로써의 소프트웨어'의 의미를 살펴보겠다. 전체 시스템에서 소프트웨어는 하나 또는 하나 이상의 모듈로 동작한다. 모듈로 동작한다는 것은 특정 소프트웨어를 통해서 고객에게 제공하는 서비스가 타 서브 시스템과 독립적으로 개발 및 운영이 가능함을 의미한다.

예를 들어 자동차에 자율주행 기능이 필요할 때 기존 자동차에 인스톨하면 다른 소프트웨어를 포함한 서브 시스템에 영향을 미치지 않고 서비스가 가능하고, 언인스톨 하면 역시나 다른 서브 시스템에 영향을 미치지 않고 서비스를 제거할 수 있어야 함을 의미한다. 자동차가 스마트폰처럼 다양한 구성이 가능함을 의미한다.

이것이 소프트웨어 모듈러 디자인의 목적이라, 소프트웨어 모듈화는 이것을 이루기 위한 수단이다. 모듈로써의 소프트웨어를 달성하기 위해서 서브 시스템으로 소프트웨어의 모듈성을 높이는 활동을 소프트웨어 모듈화라고 한다.

소프트웨어도 하나의 시스템이고 전체 제품 관점에서는 서브 시스템이기 때문에 개발 효율성, 시장 대응력을 높이기 위해서 소프트웨어 아키텍처를 모듈화해야 한다. 여기서 모듈화하는 방법론은 기계나 전기전자 서브 시스템과 크게 다르지 않다. 다만 소프트웨어는 가시성이 없기 때문에 가시성이 없는 것을 고려해서 진행해야 한다.

정리하면 소프트웨어 모듈러 디자인은 모듈로써의 소프트웨어를 달성하기 위해서 소프트웨어 모듈화를 수행해야 한다. 두 가지 개념을 포함하는 것이 소프트웨어 모듈러 디자인의 핵심이다.

2. 소프트웨어 모듈러 디자인 개념

소프트웨어 영역에서의 모듈러 디자인 활동은 크게 두 가지로 구분할 수 있다. 시스템 엔지니어링 측면에서 기구, 전장, 소프트웨어 영역이 통합하여 모듈러 디자인을 적용하는 것과 소프트웨어 영역 자체에 모듈러 디자인을 적용하는 것으로 구분할 수 있다. 첫 번째는 지금까지 살펴본 모듈러 디자인이 여기에 해당한다. 본 절에서는 두 번째 소프트웨어 영역 자체에서의 모듈러 디자인을 적용하는 것을 다루도록 하겠다.

기본적으로 소프트웨어 개발의 역사는 모듈화와 재사용을 통한 효율화의 과정과 함께했다. 라이브러리, 객체 지향 개발 방법론, 프레임워크, 플랫폼 등 결국은 소프트웨어에서 재사용할 영역을 모듈화하고 이를 재사용하여 개발 비용과 리소스를 낮추는 작업을 꾸준히 해왔다.

그래서일까? 오히려 소프트웨어에서 모듈러 디자인을 자연스럽게 접목해 왔음에도 하드웨어 영역과 같이 모듈러 디자인을 적용하자고 하면 적용하기 어렵다고 난색을 표한다. 아마도 시스템 엔지니어링 측면에서의 모듈러 디자인을 고려해서 그렇게 말하는 것일 것이다.

소프트웨어 영역에서의 모듈러 디자인은 결국 재사용이 중심이될 수밖에 없다. 여기서 재사용과 재활용을 구별하자. 재사용은 기본적으로 재사용을 목적으로 하여 만들어진 코드, 라이브러리, 프레임워크 등의 정제된 자산을 다양한 신규 애플리케이션에 적용하는것을 의미한다. 반면에 재활용은 기적용된 애플리케이션의 특정 코드, 라이브러리, 모듈 등을 독립시켜서 다른 애플리케이션에 적용하는 것을 의미한다.

이 둘의 차이는 무얼까? 재활용은 이미 특정 애플리케이션에 특화하여 만들어진 자산이기 때문에 이를 분석하고, 원하는 기능에 맞는지 확인하고, 다른 애플리케이션에 쓸 수 있도록 정제하고, 적용하고 검증하는 과정을 거쳐야 하기 때문에 의도했던 리소스 절감 효과를 모두 얻기가 어렵다.

예를 들어 코드 30%를 재활용한다고 할 때 원래 기대했던 것은 30% 정도의 리소스 절감이었을지 모르겠으나 분석하고, 기능을 확인하고, 정제하고, 검증하고 나면 오히려 새롭게 만드는 게 낫겠다는 생각이 들 수 있다. 그리고 의도하지 않은 재활용은 문제를 일으킬 수밖에 없다. 사전에 재사용을 고려하지 않았기 때문에 처음 최적화된 설계에서 벗어나서 땜빵 때우기 식으로 코드를 수정할 수밖에 없다.

소프트웨어 영역에서의 모듈러 디자인에서 재사용을 중심에 두는 것을 전제로 한다면 무엇을 재사용할 것인지를 결정해야 한다.

소프트웨어 자산을 재사용으로 해야 하는데, 이것은 기능 정의를 우선 해야 한다. 기능 정의가 우선 해야만 어떤 상황에서 무엇을 재사용할 것인지가 확실해진다.

요약한다면 재사용을 고려하여 소프트웨어 자산을 설계하고 개발해야 할 때 무엇을 소프트웨어 자산으로 삼을 것인지를 고려한다면 먼저 기능 정의를 해야 한다는 것이다. 하드웨어 영역에서는 구조에 대한 모듈화가 결국 기능에 대한 모듈화가 된다. 구조가 어느 정도 안정화가 되었기 때문에 구조를 가지고 모듈화를 해도 기능에 내한 모듈화를 포함하는 활동이 된다. 기능에 대한 모듈화는 해결하고자 하는 문제에 대한 모듈화이고, 구조에 대한 모듈화는 솔루션에 대한 모듈화다.

반면에 소프트웨어 영역에서는 구조가 무궁무진하게 다양하게 만들어질 수 있다. 문제를 먼저 정의하고 이를 토대로 재사용할 모듈을 정하지 않으면 솔루션, 즉 구조로는 원하는 재사용할 자산을 얻지 못한다. 이후에는 소프트웨어 영역의 모듈러 디자인에서 자세한 내용을 다루도록 하겠다.

앞에서 소프트웨어 영역에서의 모듈러 디자인을 위해서는 재사용을 중심으로 하는 개발이 필요하다고 언급했다. 이를 위해서는 먼저 재사용할 대상을 선정해야 하고 그것은 기능을 중심으로 정의를 해야 한다. 그런데 현재 만들어진 소프트웨어에서 자산을 추출해야 한다면 어떻게 해야 할까?

먼저 코드 품질을 확보해야 한다. 코드의 복잡도가 높고, 상호 참조 비율이 높고, 이해하기가 어렵다면 재사용할 대상을 선정한다고 해도 쉽게 추출하기가 어렵다. 우선은 현재 소프트웨어의 코드 품질을 확보해야 한다. 그다음은 설계 품질을 확보해야 한다. 코드 품질에 이어서 설계 품질은 기본적으로 소프트웨어 아키텍처 명확화 및 가시화를 기초로 진행해야 한다. 레이어드 아키텍처를 가지고 있다면 계층 간의 호출관계와 의존관계가 어떻게 되는지, 인터페이스를 표준화한 형태인지 등 설계에 대한 품질을 살펴볼 수 있다.

이를 위해서는 먼저 소프트웨어 아키텍처를 명확하게 정리하기 위한 재구조화를 해야 하고 가시화해야 한다. 소프트웨어 아키텍처가 명확화된다면 이를 기준으로 설계 품질을 평가할 수 있다. 그다음에 재사용할 모듈을 분리하는 작업을 해야 한다. 이를 위해서 기능 정의가 필요하다. 소프트웨어가 담당하고 있는 전체 기능을 계층화하여 정리한 후에 그것과 현재 재구조화된 아키텍처 상의 모듈과 연결한다. 그리고 기능별로 이후에도 반복해서 사용할 가능성이 큰 모듈을 추출한다.

추출한 모듈들은 정제 과정을 거친다. 막 추출을 마친 모듈은 기존 소프트웨어에 최적화된 상태로 구현했을 가능성이 크다. 이를 정제 과정을 거쳐서 다른 소프트웨어에서 재사용이 가능하도록 정비하고, 본 모듈을 사용할 수 있는 인터페이스 정의서를 작성하는 과정이 필요하다. 이후에는 모듈 라이브러리에 인터페이스 정의서와 모듈을 등록한 후에 모듈 적용률 관리를 수행한다.

모듈을 적용할 때는 신규 소프트웨어에 대한 기능 요구사항을 작성하는 시점에서 동일한 기능의 모듈이 모듈 라이브러리에 등록된 경우, 재사용할 수 있는 여부를 검토한 후에 활용하도록 한다. 모듈 라이브러리에 등록된 모듈에 대한 적용률과 적용 효과에 대해서 관리하고, 모듈에 대한 문제가 제기되거나 향상 요청을 받으면 검토하여 반영하도록 한다. 반영하는 내용은 특정 소프트웨어에 종속되지 않는지 검토하여 재사용 용이성을 잃지 않도록 적용한다.

보통 소프트웨어에서 모듈러 디자인을 적용한다고 하면 무작정 재사용할 모듈을 모집해서 풀pool에 관리하고, 이것에 대한 표준화율과 공용화율을 관리하는 경우가 있다. 이럴 경우에는 모듈의 크기에 대한 이슈가 있을 수 있다. 모듈이 클 경우는 적용이 어렵고 작은 경우에는 석용 시에 효과가 작다. 그래서 형식적으로 모듈을 제공하고, 그 이후에는 관리가 안 되는 경우가 대부분이다.

이 때문에 기능 단위로 모듈의 단위를 명확히 결정해야 하고, 신규 소프트웨어 개발 시마다 점검해야 한다. 즉, 아이디어 모집하듯이 "모듈을 모아서 재사용하려면 해라"라는 식으로 방임하는 것이 아니라 정확히 재사용할 기능 모듈을 정의하고, 이를 구현한 자산을 추출하여 정제하고, 당연하게 신규 개발 시에 이를 적용하는지 관리하는 것이다.

3. 소프트웨어의 특성

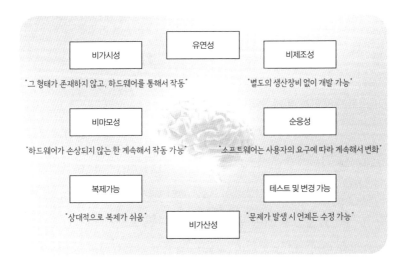

그림 57. 소프트웨어의 특성

앞서 소프트웨어 모듈러 디자인의 개념을 살펴보았는데, 순서상 소프트웨어의 특성을 파악하는 것이 도움이 된다. 소프트웨어는 하드웨어와 달리 비가시성, 비마모성, 복제 가능, 비가산성, 비제조성, 순응성, 유연성, 테스트 및 변경 가능 등의 특성을 갖는다.

소프트웨어 모듈러 디자인 개념 이해에 도움이 되는 몇 가지 속성에 대해서 살펴보자.

(1) 소프트웨어는 비가시적이다.

소프트웨어는 그 자체로는 눈에 보이지 않고, 하드웨어를 통해서만 기능을 발휘할 수 있다. 소프트웨어의 비가시적인 특성으로 인해서 복잡성이 발생하고, 소프트웨어 자체는 개선하기 어렵다는 선입견을 갖게 한다. 요즘처럼 소프트웨어가 제품의 중심 역할을 담당하는 시점에서는 소프트웨어의 비가시성 그 자체가 개선할 현황을 파악하는지조차 포기하게 만들기도 한다.

(2) 소프트웨어는 비가산적이다.

모듈러 디자인은 다양성 메커니즘의 한 종류이다. 그러나 소프트웨어에서는 다양성 메커니즘이 통하지 않는다. 셀 수 없기 때문이다. 소프트웨어 자체가 상당히 변동성이 크기 때문에 셈을 한다는 것 자체가 불가능한 일이 된다. 셀 수 없다면 모듈러 디자인 활동을 포기해야 할까? 다양성 메커니즘이 아니라, 소프트웨어는 변동성을 관리해야 한다. 소프트웨어를 구성하는 모듈 간의 의존성을 최소화하고, 모듈 내 응집성을 높여서 변동은 국지적으로 정해진 규칙에서 일어나도록 한다.

(3) 소프트웨어는 복제 가능하다.

소프트웨어가 얼마나 복제하기 쉬냐고 묻는다면 ctrl+C, ctrl+V만 알아도 소프트웨어를 복제할 수 있다고 말할 수 있다. 물론 컴파

일하고 빌드할 수 있다는 역량을 보유했다는 가정하에, 소스 코드만 복사할 수 있다면 소프트웨어 복제는 식은 죽 먹기이다. 그래서 소프트웨어는 소스 코드를 포함한 라이브러리, 클래스, 프레임워크 등 소프트웨어 자산을 재사용하는 개발 방식이 상식이다.

그런데 이렇게 복제가 쉽다 보니 정해진 규칙에 따라서 재사용하는 게 아니라 원래 기대했던 효과의 일부만 취할 수 있는 재활용을 하게 된다. 소프트웨어 모듈러 디자인에서는 정해진 규칙에 따라서 재사용할 자산을 만들어야 하고, 이를 정해진 규칙에 따라서 재사용할 것을 권한다.

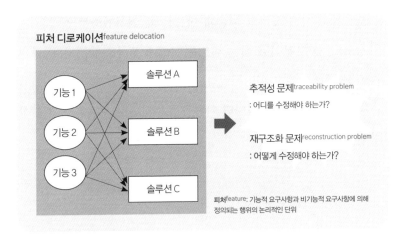

그림 58. 피처 디로케이션 문제

위에 나열한 소프트웨어의 특성으로 인해서 소프트웨어 개발 시 피처 디로케이션feature delocation 문제가 발생한다. 피처 디로케이션 문제는 소프트웨어 기능이 다양해지면서 소프트웨어가 소비자에게 제공하는 특성인 피처에 대해서 추가하거나 변경을 원할 때 어디를 수정해야 할지 모르거나(traceability problem), 어떻게 수정해야 할지 모르는 상황(reconstruction problem)을 의미한다.

예를 들어서 이미 완성된 소프트웨어를 가지고 고객이나 내·외부 이해관계자의 요청에 따라서 신규 기능을 추가하거나, 기존 기능을 변경하기 위해서는 어쨌든 소스 코드를 수정해야 한다. 그 정도나 분량의 차이이지 수정을 해야 하는 건 확실한데, 문제는 어디를 수정할지 모르는 상황이다. 혹시 알더라도 그곳을 수정했을 때 문제가 없는지 확신을 갖기 어려울 때도 있다.

문서화가 잘 되어있지 않다면 수정할 부분을 찾기 위해서는 기존 코드를 분석해야 하고 새롭게 만드는 게 편하겠다는 생각을 가질 정도로, 코드 분석 후에는 새로운 문제에 봉착하게 된다. 어떻게 수정해야 할까? 기능끼리 독립적으로 구현되어 있다면 그나마 쉽게 고칠 텐데 연결이 되어 있다면 기능을 추가하면서 새로운 버그를 심는 결과를 얻을 수도 있다.

4. 소프트웨어 모듈러 디자인 절차

앞서 모듈로써의 소프트웨어와 소프트웨어 모듈화를 분리한 이유는 문제 영역problem space과 솔루션 영역solution space를 분리하기 위함이다. 이전 절에서 다룬 소프트웨어의 비가시적 특성에 따라서 한정할 수 있는 문제 영역 대비해서 솔루션 영역은 무한대의 종류를 가질 수 있다. 즉, 문제 영역에서 어떤 방식으로 소프트웨어의 변동성을 일으킬 것인지 규정하지 않으면 솔루션 영역에서는 이전 절에 설명한 피처 디로케이션을 겪을 수밖에 없다. 본 절에서는 소프트웨어 모듈러 디자인 절차를 소개하도록 하겠다.

첫째, 모듈로써 소프트웨어의 외부 변동 요인을 파악한다. 기구나 전장 등과 함께 구성되는 복합 시스템이 아닌 순수 소프트웨어로만 구성된 제품인 경우는 외부 변동 요인을 현재, 미래 시점에서 정리하면 된다. 복합 시스템의 경우에는 기구와 전장으로 인한 소프트웨어 변동도 있을 수 있기 때문에 소프트웨어를 모듈로 포함하는 시스템 내에서 소프트웨어에 변동을 일으킬 수 있는 요인을 모두 파악하도록 한다.

둘째, 소프트웨어를 포함하는 시스템이 소프트웨어에게 원하는 방향이 무엇인지 정한다. 시스템 입장에서 소프트웨어에게 기대하는 바는 외부 변동을 모두 수용하거나 변동에 유연하게 대응하는 것이다. 여기서 먼저 소프트웨어의 대응 방식을 결정해야만 문제 영역에서 문제 모듈화problem modularization을 수행할 수 있다.

셋째, 문제 모듈화를 수행한다. 문제 모듈화라고 해서 거창한 것이 아니다. 소프트웨어가 가지고 있는 기능을 계층형으로 나열하고, 첫째 단계에서 조사한 외부 변동 요인에 따라서 앞서 정리한 기능을 묶고, 이를 기능 모듈로 정의하고, 둘째 단계에서 파악한 변동 방향성에 따라서 개별 기능 모듈의 구현 방안을 확정한다.

넷째, 기능 모듈에 따라서 기존 소프트웨어를 재구조화한다. 즉 솔루션 모듈화solution modularization 를 수행한다. 기능 모듈에 따라서 소프트웨어 아키텍처를 재구조화하는데, 재구조화하는 방식은 기능 모듈을 따른다면 상관없다.

지금까지 소프트웨어 모듈러 디자인 절차에 대해서 간단하게 살펴봤다. 실제로 구현하는 과정은 간단하지 않고 고려해야 할 사항이 많다. 중요한 건 지금까지 살펴본 모듈러 디자인 활동 기준으로는 단순히 소프트웨어를 재구조화하는 것만으로는 상황은 전혀 나아지지 않는다는 점이다.

이전에 소프트웨어 모듈러 디자인을 수행하는 방식은 재구조화의 일환이었다. 아키텍처를 재사용 용이하게 모듈 단위로 분할하는 식으로 코드 품질 개선, 재구조화 활동을 수행했다. 앞서 말한 것처럼 소프트웨어는 이미 모듈화 설계를 하고 있다는 말을 되풀이하면서 같은 활동을 반복했다. 그러나 중요한 건 소프트웨어 그 자체의 구조를 바꾸는 일이 아니다. 제품 전체 관점에서 소프트웨어를 어떻게 하면 효율적으로 개발, 운영할 것인가이다.

결론적으로 소프트웨어 모듈러 디자인은 소프트웨어를 하나의 모듈로 어떻게 하면 잘 활용할 것인가를 해결한 후에, 그에 맞춰서 소프트웨어를 재구조화하는 방식을 취해야 한다.

5. 소프트웨어 모듈러 디자인 유의사항

이번 절에서는 소프트웨어 모듈러 디자인 수행 시에 유념해야 할 몇 가지를 적었다. 굳이 기구나 전장과 같은 하드웨어를 대상으로 모듈러 디자인이 아니라, 소프트웨어 모듈러 디자인에 대해서만 유의사항을 남기는 건 소프트웨어를 대상으로 하는 활동이 까다롭거나 특별해서 그런 건 아니다. 오히려 소프트웨어 모듈러 디자인은 까다롭다, 특별하다는 인식 때문에 적게 되었다.

먼저 소프트웨어 모듈러 디자인의 대상이 기구, 전장, 소프트웨어 등으로 구성된 복합 시스템인 경우에는 소프트웨어 모듈러 디자인의 방향성은 무조건 시스템 전체의 방향성과 맞춰야 한다. 소프트웨어가 독특하니까, 소프트웨어의 성격은 다른 하드웨어와는 다르니까 소프트웨어만의 독립적인 방향성을 갖겠다고 하는 것 자체가 소프트웨어 모듈러 디자인을 고립시키고, 지속하지 못 하게 하는 원인이 된다.

전체 시스템을 최적화하는 데 있어서 소프트웨어의 역할은 무엇이고, 그 역할을 제대로 수행하기 위해서 소프트웨어의 아키텍처를 어떻게 바꿔야 할지를 고민해야 한다. 점점 제품 내에 소프트웨어의 비중은 커진다. 비중은 커져 가는데 순수하게 소프트웨어만의 특성을 유지하겠다는 생각 자체가 제품의 경쟁력을 떨어뜨릴 수밖에 없다.

두 번째, 소프트웨어 모듈러 디자인 활동은 특별한 것이 아니다. 과거부터 이루어진 소프트웨어 발전사는 소프트웨어 개발의 효율화와 함께해왔다. 재사용을 위한 설계design for reuse, 재사용을 고려한 설계design with reuse의 개념을 기초로 라이브러리, 클래스, 프레임워크, 패턴 등 소프트웨어 공학 기법들이 발전해왔다. 소프트웨어 모듈러 디자인은 결국 소프트웨어 개발의 효율화와 연결된다. 즉, 개선 활동 자체는 특별한 것이 없다.

세 번째, 소프트웨어의 코드 품질과 설계 품질이 먼저 확보되어야 한다. 재사용하려는 대상의 코드와 설계가 엉망이면 재사용한 소프트웨어의 코드와 설계도 엉망이 된다. 오히려 재사용 효과를 보는 게 아니라 재사용의 폐해를 겪게 된다. 그래서 소프트웨어를 재구조화하기 전에 먼저 코드 품질, 설계 품질을 확보해야 한다.

마지막으로 소프트웨어 코드나 설계만 바뀐다고 해결되지 않는다. 개발하는 프로세스, 조직의 변화가 수반해야 한다. 모듈러 디자인에서 제품 변화뿐만 아니라 프로세스와 조직의 변화가 필요하다고 한 것과 같이, 소프트웨어 모듈러 디자인도 동일하다. 소프트웨어 그 자체는 시작이고, 그것을 만드는 프로세스와 조직이 같이 변화해야 한다.

결론적으로 소프트웨어 모듈러 디자인은 특별하다고 생각할지 모르겠지만, 특별한 것이 하나도 없다. 오히려 앞서 언급한 것과 같이 모듈화 설계의 심화된 수준은 소프트웨어가 더욱 클지도 모른다 다만, 소프트웨어의 특성을 고려하지 않는 채 기존에 경험해온 기구나 전장의 모듈러 디자인 활동과 동일하게 수행하면 적지 않은 시행착오를 겪을 수밖에 없다.

마지막으로 가벼운 이야기를 전하고 글을 마치도록 하겠다. 소프트웨어 모듈러 디자인에는 두 가지 피해야 하는 태도가 있다고 본다.

첫 번째는 소프트웨어는 내가 전문가이니까 누구도 나보다 잘 알지도 못하고, 잘 알지도 못하니 제안도 하지 말라는 옹고집 태도이다. 두 번째는 기구나 전장 같은 하드웨어 모듈러 디자인하고 똑같이 맞추라고 하는 무데뽀 태도이다. 둘 다 경험해본 바 있는 태도이다.

저자도 10년 이상 소프트웨어 개발을 하고, 특히 소프트웨어 아키텍처, 패턴, 프레임워크와 같은 소프트웨어 공학 영역에서는 나름 공부를 많이 했다고 생각한다. 결과적으로 모듈러 디자인 이론 정립에 그것들이 큰 도움을 준 것이 사실이다. 그런데 이런 저자에게도 소프트웨어도 잘 모르면 끼어들지 말라고 폐쇄적인 태도를 보이는 소프트웨어 개발자가 몇몇 있었다. 그래서 소프트웨어 개발 효율화 관점에서 의견을 제시해달라고 하면, 대화 자체를 거부하는 태도에 내가 개발자일 때도 저렇게 행동했는지 반성하기도 했다.

기존 틀을 벗어난 변화를 거부하는 건 당연한 태도이다. 그런데 협의 자체를 거부하는 건 비즈니스맨의 자세가 아니라고 본다. 무데뽀 태도를 가진 사람은 모듈러 디자인에 대한 이해도, 공부도 안 하려는 사람일 가능성이 크다. 아무리 제품의 특성을 이해하라고 설명해도 자기 나름대로의 이론과 잣대를 가지고 와서는 억지로 끼워 맞추려고 한다.

경험상 첫 번째 유형은 모듈러 디자인을 수행하는 사람이 조금 더 노력하고 이해시키면서 시간이 지나면 나아진다. 그러나 두 번째 유형은 절대로 좋아지지 않는다.

소프트웨어 모듈러 디자인은 하드웨어를 대상으로 하는 모듈러 디자인과 다르지 않다는 것이 본 절의 결론이다. 다만 소프트웨어 고유의 특성 때문에 발생하는 문제를 해결하기 위해서 몇 가지 유념해야 하는 사항이 있는 것일 뿐, 모듈러 디자인의 기본 원리와 방법론을 명심한다면 오히려 소프트웨어 모듈러 디자인은 초기에 활동 준비하는 데 수월할 가능성이 크다.

초반에 다양한 시스템에 분산되어 있는 제품 설계 요소들의 정보와 다양성을 정리하여 하나의 자료로 만들어야 한다. 자료를 수집하여 편집하는 것이 어려운 것도 있지만, 시스템화, 디지털화가 안된 자료는 설계자에게 직접 인터뷰를 통해서 파악해야 하는 어려움이 있다.

반면에 소프트웨어에서 가장 중요한 자료는 소스 코드이다. 소스 코드에서 대부분의 정보를 수집, 정제, 분석할 수 있고, 그렇지 않은 자료들도 문서 파일과 같이 대부분 디지털화가 되어있기 때문에 자료 수집이 원활한 편이다. 물론 설계자에게 직접 파악해야 하는 데이터들이 적지 않겠지만, 보완 자료 성격이 강해서 기존에 시스템에서 파악한 자료를 기초로 정리하면 수집 로드를 줄일 수 있다.

예를 들어 클러스터링을 위한 인터페이스 정의를 하드웨어의 경우는 설계자에게 직접 조사를 요청해야 하고 리뷰해야 하지만, 소프트웨어 경우는 소스 코드를 대상으로 인터페이스 파악이 손쉽게 이루어질 수 있다. 기능 정의 또한 요구사항 문서를 분석하면 어느 정도는 계층화하여 정리하기 쉽다.

그렇기 때문에 소프트웨어 모듈러 디자인을 수행하고자 하는 사람은 목적과 방향성을 먼저 명확히 하는 데 힘을 써야 한다. 왜 하고자 하는지, 무엇을 원하는 지 명확하면 상대적으로 해법은 단순한 편이다.

제14장

경영자를 위한 제언

"모듈러 디자인 활동은 지속적인 성장을 위해서
기업의 역량을 포함한 체질을 개선하는 활동이다.
장기적인 관점과 지속적인 실행이 필요하다."

모듈러 디자인 활동을 일반적인 개선 활동과 동일하게 보고 단시간 내에 성과를 보려고 하는 행동은 안타깝게도 일반적이다. 하지만 모듈러 디자인 활동은 장기적인 관점으로 지속 수행을 해야 하는 활동이다. 일부 영역과 일부 제품을 개선하는 활동이 아니라, 전사 체질을 바꾸는 활동이기 때문이다. 마지막 장에는 모듈러 디자인 활동을 추진하는 회사의 경영진에게 전하고 싶은 제언을 담았다.

흔히 모듈러 디자인 활동은 유행을 탄다고 이야기한다. 기업 내에서 모듈러 디자인이 모든 문제를 해결해줄 것처럼 한번 붐이 불었다가, 단기간에 성과를 내지 못한다고 하니까 갑자기 식었다가 다시 부는 식을 반복한다는 의미이다. 그 이유는 모듈러 디자인 활동을 단기간에 완성할 수 있는 개선 활동으로 인식하기 때문이다. 처음에는 개념이 재미있고, 뭔가 해야만 하는 활동처럼 보이니까 대폭적으로 지원을 해준다. 그러나 단기간에 완성하거나 성과의 일부라도 보길 원하다보니 처음 의도에서 벗어나게 된다. 단기 성과를 낼 수 있는 활동을 수행하고, 억지로 지표를 재무적인 성과로 표현하게 된다.

생각보다 그 과정이 쉽지 않거나 효과를 보는 게 당장 몇 년 안에 어려울 수 있다고 생각하자마자 활동에 대한 열정이 식어버리고 관심을 버리게 된다. 경영진이 관심을 버리면 현업 담당자의 관심도 멀어진다. 그렇게 모듈러 디자인은 유행처럼 묻혀버린다. 그렇게 1~2년이 지나는 동안 회사는 성장하고 회사의 수익성이 안 좋아질 때 다시 모듈러 디자인의 가치가 부상한다. 과거 몇 년 전 그랬던 것처럼 처음부터 다시 시작하고, 앞선 과정이 반복된다.

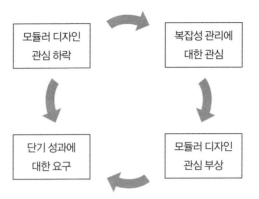

그림 59. 모듈러 디자인에 대한 악순환

이렇게 되면 컨설팅 회사가 할 일만 많아진다. 유행처럼 주기적으로 반복하니까 수임하는 프로젝트도 반복적으로 발생하기 때문이다. 결과적으로 이렇게 해서는 모듈러 디자인을 정착하고자 하는 회사 입장에서 도움이 되지 않는다. 가장 큰 문제는 회사 입장에서 무언가 성과를 내려고 노력했던 사람들의 의욕을 꺾는 일이다. 어렵게 개념 이해시키고, 설득하고, 활동에 참여를 시켰는데 종국에는 모두 쓸데없는 활동이라고 치부해버리면 어렵게 참여한 사람들은 다시는 이런 활동에 참여하는 것을 꺼리게 된다.

그래서 경영자를 위해서 몇 가지 제언을 하고자 한다. 물론 실무 담당자도 같이 숙지하면 좋겠지만, 다음 조언의 대상은 1차적으로 경영자임을 밝힌다.

(1) **모듈러 디자인 활동은 장기적인 체질 개선 활동으로 단기적인 성과를 얻기가 어렵다.**

모듈러 디자인 활동은 단기적으로 재료비를 절감하거나 단기적으로 큰 효과를 볼 수 있는 활동이 아니라, 오히려 긴 호흡을 갖고 장기적으로 수익성을 높이는 데 회사 전체를 변화시키는 활동이다. 그런데 그런 특성을 무시한 채 단기적으로 뭔가를 성과를 구하고자 하는 행위 자체가 활동을 왜곡하고, 활동의 본질을 잊게 만든다.

(2) **모듈러 디자인은 조직의 역량을 키우는 활동으로, 구성원의 역량 향상 활동을 병행해야 한다.**

모듈러 디자인은 이익을 내는 방식, 복잡성에 대응하는 방식 등 장기적인 체질 개선 활동이다. 그런 의미에서 모듈러 디자인은 조직의 역량을 키우는 활동이라고 볼 수 있다. 조직의 역량을 키운다는 건 결국 구성원의 역량을 키운다는 것이고, 지속적인 구성원의 교육이 필요하다는 뜻이 된다.

(3) **잘못된 방향성은 오히려 회사의 체질을 해칠 가능성이 있다.**

경영자의 관심이 결국 활동 자체의 방향성을 제시하고, 이때 잘못된 방향성이 제시되면 오히려 회사에 악영향을 미칠 수 있다. 예를 들어 제품의 다양성에 효과적으로 대응하기 위해서 모듈러 디자인을 수행했는데 부품 수나 모듈 수를 줄이는 데 혈안이 되어서 오히려 제품 경쟁력을 잃게 만들거나, 지표상으로만 개선된 것으로 만들어서 본질은 변화하지 않은 상태에서 구성원들에게 부정적인 인식만 증가시킬 수 있다. 모듈러 디자인은 정해진 방향성을 이루기 위한 툴인데 모듈러 디자인에 맞춰서 뭔가를 하려는 의욕이 앞서는 상황이 발생한다. 내 손에 망치가 있으니까 드릴 대신 구멍을 뚫으려는 시도를 쉽게 저지른다.

(4) 모든 것을 수치화하거나 지표화할 수 없다. 활동 자체의 가치와 당위성을 인지해야만 한다.

수치로 표현하거나 지표화할 수 없는 것들이 있다. 특히 모듈러 디자인 활동은 복잡성을 관리하는 방식을 포함하고 있기 때문에 복잡성 자체를 수치화하는 건 불가능하다. 그런데 복잡성을 수치화하려는 유혹을 떨쳐내지 못하거나 무엇이든지 제단하고 표현하려고 노력하면 활동의 본질을 잊게 된다.

(5) 본질을 잊은 채 지표 중심의 활동으로 전락하는 것을 막아야 한다.

앞서 말한 것과 같이 활동 자체의 가치를 잊은 채 지표만 관리하다 보면 '지표만 개선'하도록 독려하는 모양새가 된다. 그러다 보면 정작 제대로 일하던 사람들이 온당한 평가를 못 받게 되고, 지표만 손보던 사람들이 좋은 평가를 받게 된다. 그렇게 되면 결국 '모듈러 디자인 활동은 열심히 해도 인정해주지 않는구나.'라고 생각해서 더욱 관심을 버리게 되고, 지표로 꼼수를 부리는 사람만 남게 된다.

⑹ 경영자의 관심과 생각이 모듈러 디자인 초기 정착 여부와 지속성을 결정한다.

모듈러 디자인은 경영자의 관심과 생각이 초기 동력의 절반을 차지한다고 볼 수 있다. 내 일에 치이다 보면 장기적으로 생각할 수 있는 여유를 잃게 되고, 당장 남는 결과에 노력을 기울일 수밖에 없다. 그런 과정에서도 경영자가 3년, 5년, 10년 앞의 회사의 목표를 생각하고 모듈러 디자인이 그에 도달하는 방법론으로 인식을 하고 있으면, 최소한 열심히 하려는 사람들에게는 모듈러 디자인을 해야 한다는 생각을 갖게 만든다.

모듈러 디자인 방법론은 점차 성숙도가 올라가고 상세해지지만 경영자에게 전하는 제언은 거의 바뀌지 않는다. 그만큼 동일한 문제를 겪는다는 의미이다. 폭스바겐의 빈터 코른 전 회장은 모듈화 전략의 표준화 활동을 입에 질리도록 달고 살았다고 한다. 표준화할 수 있는 영역을 확인하고, 회장이 신경 쓰지 않아도 될 부분까지 확인해가며 활동의 중요성을 강조했다고 한다. 그만큼 구성원들은 활동의 중요성과 최고 경영자의 관심을 인지하고 있었을 거다.

여기서 마지막 제언을 하고자 한다. 모듈러 디자인이나 모듈러 아키텍처 개념은 어려운 것이 아니다. 간단히 생각해보면 당연한 이야기를 담고 있다. **모듈러 디자인의 최소한의 개념과 중요성은 경영진도 충분한 이해를 하고 있어야만 한다.** 그래야만 잘못된 지시나 요구를 하지 않을 수 있다. 관심을 두지 않는 것도 문제이지만, 잘못된 지시나 요구를 하는 건 모듈러 디자인 활동의 방향성을 왜곡시키는 결과를 낳을 수 있다.

몇 년 전 모듈러 디자인 활동을 현업에서 수행했을 때의 경험이다. 모듈러 디자인 업무 자체가 어려웠던 적은 거의 없다. 어렵더라도 재미있고 보람차게 일할 수 있다. 항상 문제는 경영자의 잘못된 지시사항이었다. "당장 회사의 가진 복잡성을 수치화해 봐라", "금형 관련된 복잡성 비용을 뽑아봐라", "모델 하나당 증가하는 다양성 비용을 추려봐라" 등 딱 봐도 쉽지 않고, 어떨 땐 어려운 과제를 당장 내일까지 해오라는 요구사항이 끊기지 않았다. 잘못된 이해로 발생한 지시사항을 똑바로 잡기 위해서 설명하는 것도 듣지 않았고, 이런 지시 때문에 활동이 말 그대로 산으로 가는 경우가 있었다. 이런 지시를 하는 경영자는 결국 자신의 성과를 돋보이게 하기 위한 수단으로 모듈러 디자인을 바라본 것이다.

그런 경영자 밑에서는 그걸 맞추려 활동을 왜곡하는 담당자들이 있다. 모듈러 디자인에 대해서 제대로 이해하지 못했거나, 경영자의 잘못된 지시사항을 바로잡지도 않고 실무자만 압박하는 중간 관리자가 있다. 이것들 모두 모듈러 디자인을 통해서 기업을 좀먹는 행태이다. 결국 모듈러 디자인 활동을 위해서 키운 사람들은 하나둘씩 떠나고, 수치로 만들어진 성과로 임원은 영전하고, 중간 관리자나 그에 부화뇌동한 담당자는 좋은 평가를 받는다. 실무자들은 떠나거나 안 좋은 평가를 받고 모듈러 디자인 활동을 다시는 하지 않겠다고 다짐을 한다.

최소한 열심히 일하는 사람에게서 보람을 뺏지 않기 위해서 경영자나 임원이 할 일은 제대로 이해하고, 방향을 명확히 잡는 것이다. 제대로 알아야만 제대로 지시할 수 있다.

명확한 방향성을 가지고,
전사 체질 개선을 통한 성공을 설계하라

전작 『모듈러 디자인』은 본 활동을 수행하는 실무자를 위한 필드 북으로 작성했다. 부족한 점이 많았고, 실무적으로 적용하기에는 자세하지 않다는 생각이 있었다. 그래도 모듈러 디자인 활동에 대해서 가이드라인을 제공한다는 평가는 그 책을 출간하길 잘했다는 생각을 갖게 했다. 그러나 『모듈러 디자인』이 출간된 후에도 달라지지 않았던 건 모듈러 디자인을 만능 실버 불릿처럼 여기는 사람들이 있다는 사실이었다. 모듈러 디자인을 수행하는 데 있어서 명확한 방향성을 갖길 원하는 마음에서 출간한 책이 『모듈화전략』이었다. 실무자보다는 중간 관리자 또는 경영자를 위한 책이길 바랐다.

두 책의 출간으로 여러 회사에 세미나나 교육을 요청받았고, 그중 일부 회사에서 실제로 모듈러 디자인 프로젝트를 수행했거나 모듈러 디자인 프로젝트를 수행하고 있다. 그 과정에서 실무적으로 부족하다고 느꼈던 점, 『모듈러 디자인』과 『모듈화전략』에 보완이 필요하다고 생각한 내용을 이 책에 담았다.

물론 완벽하게 모두 포함하고 있다고는 볼 수 없다. 세미나나 프로젝트를 수행하면서도 계속해서 새로운 아이디어와 보완해야 할 내용은 노트에 적고 있다. 이 책은 그 과정에서 만들어진 중간 산출물이자 첫 책의 출간 이후부터 지금까지 저자가 생각하고 수행했던 결과라고 보면 좋을 것 같다.

『모듈러 디자인』, 『모듈화전략』, 『모듈러 아키텍처』 세 권의 책을 하나의 문장으로 표현하면 다음과 같다.

"명확한 방향성을 가지고, 전사 체질 개선을 통한 성공을 설계하라"

『모듈러 디자인』을 통해서는 모듈러 디자인에 대한 기본 개념, 활동에 필요한 구성을 파악한다. 『모듈화전략』은 원래 『모듈러 디자인』보다 먼저 읽어야 할 책이다. 『모듈화전략』을 통해서 모듈러 디자인 활동의 방향성을 정하는 데 도움을 받았다면, 책의 역할을 다했다고 볼 수 있다. 마지막으로 『모듈러 아키텍처』는 모듈러 디자인 활동을 진행하면서 알았으면 하는 내용을 정리했다.

개인적으로는 『모듈러 디자인』은 저자가 L사에서 배우고 경험하고 공부한 내용을 기초로 정리한 책이다. 그래서 그 당시의 좁은 관점과 입장이 담겨 있다. 지금 읽으면 부끄럽고 완성도가 떨어진 부분이 많이 눈에 띈다. 그래도 의미 있다고 생각한 건 그 당시에 저자의 노력과 경험이 헛되지 않게 느끼게 해주는 여러 독자의 의견이었다. 『모듈화전략』은 L사에서 퇴직하여 모듈러 디자인 관련 공부하고 사례를 연구하면서 쓴 글의 모음이었다. I사에 있으면서 함부로 언급하지 못했고, 가장 아쉽다고 느낀 내용을 담고 있다. 『모듈러 아키텍처』는 이후에 모듈러 디자인 컨설팅 프로젝트를 하면서 한정된 경험이 아니라 다양한 세미나와 프로젝트를 통해서 얻게 된 경험을 이전 두 권의 책을 기초로 풀어 쓴 책이다.

이 책들이 독자에게 작더라도 실질적인 도움이 되길 바란다. 항상 원하는 바는 한번 읽고 마는 책이 아니라 옆에 두고두고 있는 책이 되는 것이다.

누구보다 남편을 믿고 지원해준 아내 이랑에게 고마운 마음을 전하고 싶다. 활발한 아들 둘을 도맡아 키우면서도 불평불만을 내보이지 않는 좋은 엄마이자 좋은 아내인 이랑이 없었다면 이 책은 만들어질 수 없었다. 고달픈 삶의 활력소가 되어주는 두 아들 태인, 효인에게도 사랑한다고 전하고 싶다. 아빠 책을 보면서 나도 책을 만들고 싶다던 아들 태인에게 넌 아빠보다 더욱더 좋은 책을 만들 것이라고 전하고 싶다. 귀염둥이 효인은 존재 그 자체로 아빠가 힘을 얻는다고 말하고 싶다.

자주 찾아 뵙지도 못하고 살갑지 않은 아들이지만 믿고 응원해 주시는 아버지께 감사드린다고 말하고 싶다. 가끔 연락드릴 때마다 좋은 말씀과 함께 따뜻하게 반겨 주시는 장인어른과 하늘에서 지켜 봐 주시는 장모님께도 감사의 말씀 전해드리고 싶다.

모듈러 디자인의 가능성을 믿고 응원과 지원을 해주신 오원근 회장님, 유영진 대표님께 감사의 말씀을 드린다. 힘든 프로젝트에

군말 없이 따라와 성과를 내준 동료와 후배에게도 이 자리를 빌려서 감사의 말씀을 드리고 싶다. 모듈러 디자인 컨설팅을 포함한 프로젝트를 수행하면서 만나 뵙던 현업 파트너분께도 감사의 말씀을 드리며, 믿어 주신 만큼 성과로 보답하겠다고 말씀드리고 싶다.

마지막으로 이 책을 포함하여 『모듈러 디자인』, 『모듈화전략』을 읽고 작으나마 도움을 받았다고 응원해 주신 독자이자 같은 관심사를 공유한 동료에게 감사를 전한다.

김진회

모듈러 아키텍쳐

2022년 4월 25일 1판 1쇄 펴냄

지은이 | 김진회
펴낸이 | 김철종

펴낸곳 | 한언
출판등록 | 1983년 9월 30일 제1-128호
주소 | 서울시 종로구 삼일대로 453(경운동) 2층
전화번호 | 02)701-6911 팩스번호 | 02)701-4449
전자우편 | haneon@haneon.com

ISBN 978-89-5596-928-3 (13320)

만든 사람들
기획·총괄 | 손성문
편집 | 김세민
디자인 | 박주란

한언의 사명선언문

Since 3rd day of January, 1998

Our Mission – 우리는 새로운 지식을 창출, 전파하여 전 인류가 이를 공유케 함으로써 인류 문화의 발전과 행복에 이바지한다.

– 우리는 끊임없이 학습하는 조직으로서 자신과 조직의 발전을 위해 쉼 없이 노력하며, 궁극적으로는 세계적 콘텐츠 그룹을 지향한다.

– 우리는 정신적·물질적으로 최고 수준의 복지를 실현하기 위해 노력하며, 명실공히 초일류 사원들의 집합체로서 부끄럼 없이 행동한다.

Our Vision 한언은 콘텐츠 기업의 선도적 성공 모델이 된다.

저희 한언인들은 위와 같은 사명을 항상 가슴속에 간직하고
좋은 책을 만들기 위해 최선을 다하고 있습니다.
독자 여러분의 아낌없는 충고와 격려를 부탁드립니다.

· 한언 가족 ·

HanEon's Mission statement

Our Mission – We create and broadcast new knowledge for the advancement and happiness of the whole human race.

– We do our best to improve ourselves and the organization, with the ultimate goal of striving to be the best content group in the world.

– We try to realize the highest quality of welfare system in both mental and physical ways and we behave in a manner that reflects our mission as proud members of HanEon Community.

Our Vision HanEon will be the leading Success Model of the content group.